Bernd Stemmann

Die Erfolgswahrscheinlichkeit von Standards für Geschäftsdaten

WIRTSCHAFTSINFORMATIK

Bernd Stemmann

Die Erfolgswahrscheinlichkeit von Standards für Geschäftsdaten

Deutscher Universitäts-Verlag

Bibliografische Information Der Deutschen Nationalbibliothek
Die Deutsche Nationalbibliothek verzeichnet diese Publikation in der Deutschen Nationalbibliografie; detaillierte bibliografische Daten sind im Internet über <http://dnb.d-nb.de> abrufbar.

Dissertation Universität Marburg, 2006

1. Auflage Juni 2007

Lektorat: Frauke Schindler / Anita Wilke

Der Deutsche Universitäts-Verlag ist ein Unternehmen von Springer Science+Business Media.
www.duv.de

Umschlaggestaltung: Regine Zimmer, Dipl.-Designerin, Frankfurt/Main
Gedruckt auf säurefreiem und chlorfrei gebleichtem Papier
Printed in Germany

ISBN 978-3-8350-0739-0

Vorwort

Es ist hinlänglich bekannt, dass das Verfassen einer Doktorarbeit eine eigenständige, bisweilen auch einsame Angelegenheit ist. Und auch wenn die hier veröffentlichten Gedankengänge letztendlich durch mich zu verantworten sind, so sind sie doch in einem Prozess ausgiebigen Ideenaustauschs nicht nur mit Wissenschaftlern, sondern auch mit Studenten, Praktikern und Fachfremden entstanden. Dabei wechselten sich Phasen erhöhter Kommunikations- und Diskussionsbereitschaft, gelegentlich unmittelbar, mit Phasen der Zurückgezogenheit ab. Ich danke meinem Familien- und Freundeskreis für die Fragen, Ratschläge und den Zuspruch sowie für die Nachsicht und Geduld. Es hat ja doch etwas länger als geplant gedauert.

Besonders danke ich dem Erstgutachter Prof. Dr. Ulrich Hasenkamp. Auch wenn ich die Freiheit bei der Themenwahl und beim Legen der Schwerpunkte vielleicht zu sehr genossen habe und sich die Festlegung und Erstellung der Arbeit in die Länge zog, schätze ich es sehr, stets ein offenes Ohr und Vertrauen gefunden zu haben.

Ebenso danke ich dem Zweitgutachter Prof. Dr. Elmar Gerum nicht nur für wertvolle Tipps, sondern auch für mitunter bohrende Fragen, die sowohl auf inhaltliche Aspekte als auch auf den Abschluss der Arbeit zielten.

Entscheidende Unterstützung in der letzten Phase der Arbeit fand ich bei Dr. Markus Pfuhl und speziell bei Dr. Annette Kleinbrod. Auch wenn es nicht immer leicht fällt, wenn man einsehen muss, dass viele Seiten sorgfältig formulierten Textes in einer Fußnote, einer kleinen Tabelle oder im Papierkorb enden, sind dieses entscheidende Punkte, die meine Arbeit zum Abschluss brachten. Herzlichen Dank!

Letztendlich hoffe ich, in der Arbeit einen Abstraktionsgrad getroffen zu haben, der zum einen die Halbwertzeit des Erarbeiteten ausdehnt und zum anderen auch für aktuell anstehende Entscheidungen Nutzen stiftet. Es ist weiterhin zu beobachten, dass die Etablierung von XML voranschreitet und das während der Bearbeitungszeit beobachtete Kommen und Gehen verschiedenster Standardisierungsinitiativen weitergeht, sodass die technische und organisatorische Integrationsfähigkeit zentrales Element betriebswirtschaftlicher Entscheidungen bleibt.

Bernd Stemmann

Inhaltsverzeichnis

Abbildungsverzeichnis

Abkürzungsverzeichnis

ADO	ActiveX Data Objects
ALE	Application Link Enabling
ANSI	American National Standards Institute
API	Application Programming Interface
ASCII	American Standard Code for Information Interchange
BAPI	Business Application Programming Interface
BGB	Bürgerliches Gesetzbuch
BIE	Business Information Entities
BME	Bundesverband Materialwirtschaft, Einkauf und Logistik e. V.
BMECat	BME Catalog
BPEL	Business Process Execution Language
BPEL4WS	Business Process Execution Language for Web Services
BPSS	Business Process Specification Schema
COM	Component Object Model
CORBA	Common Object Request Broker Architecture
CPA	Collaboration Partner Agreement
CPFR	Collaborative Planning Forecasting and Replenishment
CPP	Collaboration Partner Profile
CRM	Customer Relationship Management
CSS	Cascading Style Sheet
CSV	Comma Separated Value
cXML	Commerce XML
DAKOSY	Datenkommunikationssystem
DAML	DARPA Markup Language
DCOM	Distributed Component Object Model
DOM	Document Object Model
DTD	Document Type Definition
DV	Datenverarbeitung
EAI	Enterprise Application Integration
EAN	International Article Number
EANCOM	International Article Numbering Association Communication
EBCDIC	Extended Binary Coded Decimals Interchange Code

ebMS	ebXML Messaging Specification
E-Business	Electronic Business
ebXML	Electronic Business XML
EDI	Electronic Data Interchange
EDIFACT	EDI for Administration, Commerce and Transport
EDIFICE	EDI Forum for Companies Interested in Computing and Electronics
EGG	Elektronischer Geschäftsverkehr-Gesetz
ERM	Entity Relationship Model
ESB	Enterprise Service Bus
F&E	Forschung und Entwicklung
FTP	File Transfer Protocol
GDPdU	Grundsätze zum Datenzugriff und zur Prüfbarkeit digitaler Unterlagen
HTML	Hypertext Markup Language
HTTP	Hypertext Transfer Protocol
IDL	Interface Definition Language
IDoc	Intermediate Document
IEEE	Institute of Electrical and Electronics Engineers
IETF	Internet Engineering Task Force
IIOP	Internet Inter ORB Protocol
IP	Internet Protocol
ISIS-MTT	Industrial Signature Interoperability Specification - Mailtrust-Spezifikation
ISO	International Organization for Standardization
IT	Informationstechnologie
ITU	International Telecommunication Union
J2EE	Java 2 Platform Enterprise Edition
JDBC	Java Database Connectivity
JSON	Java Script Object Notation
MOM	Message Oriented Middleware
NFS	Network File System (Service)
NTFS	New Technology File System
o. V.	ohne Verfasser

OASIS	Organization for the Advancement of Structured Information Standards
ODBC	Open Database Connectivity
ODETTE	Organization for Data Interchange Through Teletransmission in Europe
OFTP	ODETTE File Transfer Protocol
OIL	Ontology Interchange Language
OMG	Object Management Group
ORB	Object Request Broker
OWL	Web Ontology Language
PKI	Public Key Infrastructure
PRICAT	Price Catalogue Message
RDF	Resource Description Framework
RegTP	Regulierungsbehörde für Telekommunikation und Post
RFC	Remote Function Call
RINET	Reinsurance and Insurance Network
RMI	Remote Message Invocation
RPC	Remote Procedure Call
SAML	Security Assertion Markup Language
SCC	Supply Chain Council
SCM	Supply Chain Management
SCOR	Supply Chain Operation Reference Model
SEDAS	Standardregelungen einheitlicher Datenaustauschsysteme
SGML	Standard Generalized Markup Language
SigG	Signaturgesetz
SigV	Signaturverordnung
SLA	Service Level Agreement
SMTP	Simple Mail Transfer Protocol
SOA	serviceorientierte Architektur
SwA	SOAP with Attachments
SWIFT	Society for Worldwide Interbank Financial Telecommunication
TCP	Transmission Control Protocol
TRADACOMS	Trade Data Communication Standards
UBL	Universal Business Language

UCC	Uniform Code Council
UDDI	Universal Description, Discovery and Integration
UML	Unified Modelling Language
UMM	UN/CEFACT Modeling Methodology
UN	United Nations
UN/CEFACT	UN Centre for Trade Facilitation and Electronic Business
UN/SPSC	UN Standard Products and Services Code
UPC	Universal Product Code
URI	Unique Resource Identifier
VAN	Value Added Network
VDA	Verband der Automobilindustrie
VMI	Vendor Managed Inventory
VPN	Virtual Private Network
W3C	World Wide Web Consortium
WfMC	Workflow Management Coalition
WfMS	Workflow-Managementsystem
WS	Web Services
WS-BPEL	Web Services Business Process Execution Language
WSDL	Web Service Description Language
WS-I	Web Services Interoperability
WSLA	Web Service Level Agreement
WS-RM	Web Services Reliable Messaging
WSS	Web Services Security
WWW	World Wide Web
xCBL	XML Common Business Library
XML	Extensible Markup Language
XOP	XML-binary Optimized Packaging
XSL	Extensible Style Sheet Language
XSLT	XSL Transformations
ZPO	Zivilprozessordnung

1 Strukturierter Datenaustausch und Prozessintegration: XML als neue Antwort auf scheinbar gelöste Fragen

Zum Erlangen von Wettbewerbsvorteilen bilden Informationssysteme neben materiellen und personellen Potenzialen seit langem die dritte große Kraft im Rahmen des strategischen Managements eines Unternehmens.[1] Ebenso werden in der Standardisierung zunächst von Komponenten auf den Vorstufen der individuellen Produktherstellung, später auch bei Arbeitsabläufen und technologischen Schnittstellen in der gesamten Wertkette traditionell wesentliche Erfolgskonzepte für Unternehmen gesehen.[2]

Nachdem die Potenziale der innerbetrieblichen IT[3]-Unterstützung weitestgehend ausgereizt schienen, konzentrierte sich die Diskussion mehr und mehr auf den überbetrieblichen Datenaustausch, der heute unter den Begriff E-Business[4] eingeordnet werden kann.[5] Auch heute noch bergen überbetriebliche Geschäftsprozesse und der dazu notwendige Datenaustausch ein erhebliches Erfolgspotenzial.[6] Diese sollen z. B. schneller und effizienter ablaufen und so zu Produktivitäts- und Wohlstandsgewinnen führen,[7] aber auch durch die Neukombination oder Zusammenlegung einzelner Prozessschritte effektiv und flexibel auf Kundenbedürfnisse ausgerichtet werden. Dabei erscheint eine Unterscheidung zwischen unternehmensinterner und unternehmensübergreifender Kommunikation aus technischer Sicht nicht generell notwendig, da die Anforderungen vergleichbar sind.[8] Es sind jeweils z. T. heterogene Systeme vorhanden, die verbunden und in die Wertschöpfungskette integriert werden müssen. Auch die Sicherheitsanforderungen ähneln sich, da vertrauliche Daten nicht nur gegenüber Geschäftspartnern, sondern auch gegenüber den eigenen Mit-

---

1 Vgl. Fischer, J.: „Datenmanagement“, 1992, S. 48.
2 Vgl. Dorloff, F.-D.: „Standards – die neue Sprache für E-Business?“, 2002, S. 46.
3 Informationstechnologie.
4 E-Business ist ein Überbegriff für die Anwendung von computergestützten Informations- und Kommunikationstechnologien zum Erreichen von Unternehmenszielen und schließt eine entsprechende Ausgestaltung und Neuordnung von Geschäftsprozessen ein. E-Business beinhaltet somit den auf die Abwicklung von Vertriebs- und Beschaffungsprozessen im Internet fokussierten Begriff des E-Commerce und erfasst zusätzlich die elektronische Unterstützung aller Stufen des Wertschöpfungsprozesses. Vgl. Kersten, W.: „Geschäftsmodelle und Perspektiven des industriellen Einkaufs im Electronic Business“, 2001, S. 23.
5 Vgl. Otto, B.; Wäsch, J.: „A Model for Inter-Organizational Business Process Integration“, 2003, S. 425.
6 Vgl. Otto, B. u. a.: „E-Business-Standards“, 2002, S. 37.
7 Vgl. Berlecon Research: „E-Business-Standards in Deutschland“, 2003, S. 15.
8 Vgl. Hildebrand, U.: „Wer Edifact kann, ist für XML gerüstet“, 2003, S. 19.

arbeitern zu schützen sind. Der Unterschied besteht in erster Linie darin, dass innerhalb eines Unternehmens die Möglichkeit der zwangsweisen Durchsetzung eines bestimmten Geschäftsprozesses bzw. einer bestimmten Technologie besteht.[9] Die Unternehmensleitung hat sich aber auch hier wirtschaftlichen Zwängen in Form von Kundenbedürfnissen, Mitarbeitermotivation oder dem Investitionsschutz vorhandener Technologien unterzuordnen.

Für die Unterstützung von Geschäftsprozessen durch den Einsatz von IT ist es notwendig, geschäftsrelevante Informationen elektronisch abzubilden. Neben technischen Standards zur Übertragung der Daten ist u. a. die Verwendung semantischer Standards bzgl. des inhaltlichen Verstehens der Informationen notwendig, da Computer unscharfe, nicht eindeutig strukturierte Informationen noch nicht zuverlässig verarbeiten können. Erst bei weitestgehendem Verzicht auf manuelle Eingriffe spricht man von EDI (Electronic Data Interchange). Neben flat-file-basierten EDI-Formaten, wie EDIFACT (EDI for Administration, Commerce, and Transport) oder ANSI (American National Standards Institute) X12 hat sich die Auszeichnungssprache XML (Extensible Markup Language) in den letzten Jahren für den Nachrichtenaustausch im E-Business,[10] zur Erstellung von Datenformaten, zur Konvertierung von Datenbeständen[11] sowie allgemein als plattform- und programmiersprachenunabhängige Basistechnologie zum Datenaustausch etabliert.[12] Da XML[13] nur ein Regelwerk liefert, müssen für jeden Anwendungsbereich Formate entwickelt und festgelegt werden. Aufgrund des Wettbewerbs unter den Softwareherstellern und verschiedenen Standardisierungsinitiativen sowie den unterschiedlichen Bedürfnissen der Anwender ist eine Vielzahl z. T. konkurrierender brancheninterner und branchenübergreifender Standardisierungsvorschläge entstanden.[14] Die Vorteile von EDI können dabei prinzipiell mit jedem semantischen Datenformat realisiert werden, das den Anforderungen der Teilnehmer gerecht wird. Die Ursachen dafür, dass E-Business bisher hinter

---

[9] Vgl. Kubicek, H.: „Erfordert die informationstechnische Entwicklung einen Funktionswandel im Management?“, 2000, S. 68.

[10] Vgl. Rawolle, J.; Ade, J.; Schumann; M.: „XML als Integrationstechnologie bei Informationsanbietern im Internet“, 2002, S. 19-28.

[11] Vgl. Buxmann, P.; Ladner, F.; Weitzel, T.: „Anwendung der Extensible Markup Language (XML): Konzeption und Implementierung einer WebEDI-Lösung“, 2001, S. 257-267.

[12] Vgl. Tesch, T.; Frankhauser, P.; Weitzel, T.: „Skalierbare Verarbeitung von XML mit Infonyte-DB“, 2002, S. 469.

[13] XML, die vom W3C standardisiert wurde, wird hier somit als Faktum angesehen. Ihr Standardisierungsprozess wird nicht beleuchtet. Vgl. diesbezüglich Egyedi, T. M.: „Beyond Consortia, Beyond Standardization? Redefining the Consortium Problem“, 2006, S. 98-100 sowie dort angegebene Literatur.

[14] Vgl. Berlecon Research: „E-Business-Standards in Deutschland“, 2003, S. 152.

den Erwartungen zurückgeblieben ist, werden u. a. im Fehlen allgemein anerkannter Datenformate sowie in der dadurch bedingten unterschiedlichen Interpretation der ausgetauschten Informationen bzw. den notwendigen Anpassungsleistungen gesehen.[15]

Die vorliegende Arbeit untersucht die ökonomische Auswahl semantischer und pragmatischer Geschäftsdatenformate. Angesichts der vielfältigen Bemühungen einer Standardisierung von Datenformaten stellt sich die Frage, auf welche Formate zurückgegriffen werden soll. Dabei wird davon ausgegangen, dass die Entscheidung zwischen alternativen, bereits verfügbaren Datenformaten fällt. Die eigene Entwicklung und Durchsetzung von Datenformaten wird zunächst nicht behandelt. Diese Haltung kann als typisch für kleine und mittlere Unternehmen angesehen werden.[16] Unternehmen stehen vermeintlich vor der Entscheidung für *ein* umfassendes Datenformat, auf das die eigene IT dann einmalig angepasst werden kann. Bei der Auswahl des Formats für Geschäftsdaten steht das Unternehmen in einem Spannungsfeld zwischen den Vorteilen der Standardisierung und denen der Individualität. Auf der einen Seite sollen die Vorteile der Standardisierung, u. a. große Auswahl möglicher Lieferanten und Abnehmer, realisiert werden. Auf der anderen Seite sind die Vorteile der Differenzierung gegenüber dem Wettbewerb hervorzuheben, indem das Format eigene Produkte und Prozesse optimal, aber zu Lasten des Netznutzens, wiedergibt. Die Abbildung von Kernprozessen bedarf dabei bspw. individueller Formate, da sich Unternehmen über diese gegenüber den Wettbewerbern behaupten wollen. Aber auch die Verwendung eines Standardformats in Supportprozessen muss die Möglichkeit bieten, Vorzüge des eigenen Produkts im Markt darzustellen. Sowohl die Wettbewerbsstrategie als auch der Markt für ein Produkt kann sich in dessen Lebenszyklus ändern, sodass eine enge Bindung an einen bestimmten, starren Standard, der festlegt, welche Informationen in welcher Ausprägung zu transportieren sind, die Gefahr birgt, sich späteren Veränderungen nicht optimal anpassen zu können. Den Veränderungen der Wettbewerbsumwelt muss sich das Unternehmen anpassen bzw. es gilt diese selbst zu initiieren, um sich im Wettbewerb hervorzuheben.

---

[15] Vgl. Mertens, P.; Griese, J.; Ehrenberg, D.: „Virtuelle Unternehmen und Informationsverarbeitung", 1998, S. 69-70.

[16] Diese passive Haltung im Standardisierungsprozess spiegelt das Verhalten der Mehrheit der Unternehmen wider. Das ECIF (Integrated Forum on Electronic Commerce) quantifiziert den Anteil der passiven Unternehmen für Süd-Korea auf über 80 %. Vgl. ECIF: „2002 Survey of Demands for E-Business Standardization in Korea", 2002, S. 23.

Zur Dynamik kommt für Unternehmen mit Produkten, die in verschiedenen Prozessen für unterschiedliche Märkte und ggf. mit unterschiedlichen Wettbewerbsstrategien angeboten werden, die Notwendigkeit, verschiedene Datenformate unterstützen zu müssen, auch um diese für die Unternehmenssteuerung zu konsolidieren.

Eine dauerhafte, einheitliche und vollständige Abbildung und Durchführung von elektronischen Transaktionen auf verschiedenen Märkten und zur Befriedigung heterogener Nachfragerpräferenzen wird daher auch zukünftig nicht stattfinden.[17] Die IT muss diesem Wandel gerecht werden, sodass Flexibilität[18] eine wesentliche Komponente der IT-Strategie sein muss.[19] Flexibilität in der IT wird mittels Integrationstechnik erreicht. Abhängig u. a. von der Heterogenität und Dynamik des Markts, der vorhandenen Technik sowie des Know-hows des Personals muss Integrationskompetenz von am Markt agierenden Dienstleistern eingekauft oder durch den eigenen Einsatz von Integrationstechnik aufgebaut werden.

Elektronische Marktplätze sind konkrete Orte des Zusammentreffens von Angebot und Nachfrage (hauptsächlich) im Internet. Da diese Transaktionsphasen teilweise oder ganz abdecken, weitere Koordinationsaufgaben wahrnehmen und ggf. Zusatzdienstleistungen erbringen, kommt ihnen im E-Business eine entscheidende Bedeutung zu. Damit Handel stattfinden kann, bilden sie Informationen zu Angebot und Nachfrage elektronisch ab; dabei kann ein bestimmtes Datenformat vorgeschrieben und / oder eine Integrationsdienstleistung erbracht werden, sodass die Diskussion um die Auswahl bestimmter Geschäftsdatenformate eine Berücksichtigung elektronischer Marktplätze erfordert. Für Unternehmen stellt sich die Frage, welchem Marktplatz bzw. welchen Marktplätzen es sich anschließen soll. Die Entscheidung für einen einzigen Marktplatz, vorausgesetzt dieser verfügt über die gewünschten Produkte bzw. Abnehmer, bietet die Möglichkeit des raschen Aufbaus von Bekanntheit und Reputation. Zudem kann das Unternehmen seine IT auf die Integration mit diesem einen Marktplatz optimal ausrichten. Dies birgt aber die Gefahr der Abhängigkeit, was zu hohen Gebühren führen kann, zudem begibt sich das teilnehmende Unter-

---

[17] Vgl. Garbe, H.: „Verwendungsmöglichkeiten unternehmungsindividueller Gesamtmodelle zur Ableitung organisatorischer Gestaltungsalternativen", S. 134.

[18] Zum Begriff der Flexibilität im Rahmen unternehmensübergreifender Geschäftsprozesse, deren Bedarfsermittlung und deren Messung vgl. auch Göbel, C.; Hocke, S.; Heinzl, A.: „Simulative Flexibilitätsanalyse interorganisatorischer Geschäftsprozesse", 2002, S. 322-327.

[19] Vgl. Hasenkamp, U.: „Ausrichtung der betrieblichen IT in Abhängigkeit von E-Business-Strategien", 2003, S. 215-216.

nehmen in Abhängigkeit von dessen wirtschaftlicher Entwicklung. Da sich in Konkurrenz stehende Marktplätze durch ein spezifisches Angebot an Zusatzdiensten, die in unterschiedlichen Datenformaten abgebildet werden, im Wettbewerb zu behaupten versuchen, bedarf es wiederum Integrationsdienste, um sich dem jeweiligen Marktplatz anzupassen.

Methodisches Vorgehen:
Das methodische Vorgehen fußt auf der aus den anwendungsorientierten, qualitativen Sozialwissenschaften stammenden Topik.[20] Dabei werden alle für die Problemlösung potenziell relevanten Aspekte aufgezeigt und vor dem Hintergrund ihrer Relevanz gegeneinander abgewogen. Durch diese Form des konstruktiven Vorgehens wird schrittweise nachvollziehbar ein Vorschlag begründet.[21] Topik dient dem Erkennen und der Relativierung der Wirkungsfaktoren von Argumenten sowie dem Aufzeigen von Alternativen unterschiedlicher Begründbarkeit und ergründet die Rationalität verschiedener Wertestandards und Meinungen.[22] Dabei begrenzt sich der Entscheidungsraum auf ein handhabbares Maß und dient somit der Orientierung. Topik dient weiterhin der Ideologiekritik, indem Standpunkte, die zu einem Prinzip und Dogma erstarrt sind, systematisch hinterfragt werden, um schließlich zu einer taktischen Auswahl relevanter Argumentationsfelder zu gelangen.[23] Zur Lösung aktueller Probleme postuliert Topik den Rückgriff sowohl auf tradierte als auch auf innovative Verfahren.[24]

---

[20] Zum Begriff Topik und seinen verschiedenen Auffassungen vgl. Boscher, R.: „Formale oder materiale Topik", 1999, WWW. Für die Anwendung im Kontext der Strategielehre vgl. Schreyögg, G.: „Unternehmensstrategie", 1994, S. 281 ff.

[21] Vgl. Sjurts, I.: „Kollektive Unternehmensstrategie", 2000, S. 12.

[22] Vgl. Herzog, M.: „Mit Topik zum konsensfähigen Argument", 2003, WWW.

[23] Vgl. Herzog, M.: „Topik – Eine archaische Forschungsmethode", 1995, WWW.

[24] Vgl. Boscher, R.: „Formale oder materiale Topik", 1999, S. 59.

2 Standardisierte Geschäftsdatenformate

Im Folgenden werden standardisierte Geschäftsdatenformate zunächst als Netzeffektgüter sowie technische und institutionelle Grundlage von Netzwerken dargestellt. Ihre Aufgabe ist die einheitliche Abbildung geschäftsrelevanter Informationen. Sie sind Grundvoraussetzung für automatisiert ablaufende Transaktionen in elektronischen Netzen und somit Basis für automatisiertes E-Business.

Die Erforschung von Märkten für Netzeffektgüter ist geprägt von der Analyse der Kaufentscheidungen einzelner Marktteilnehmer; Interaktionen potenzieller Übernehmer innerhalb ihres sozioökonomischen Umfelds sowie Auswirkungen dezentraler Netzwerkkoordination werden dagegen oft vernachlässigt. Weitere Beschränkungen sind die Annahme konstanter oder steigender Netzeffekte, die Vernachlässigung heterogener Präferenzen der Marktteilnehmer sowie die Abgrenzung von erfülltem Nutzen und Nutzenmaximierung.[25] Im Endeffekt ist die Entstehung und Durchsetzung von Standards oder die Existenz von kleinen stabilen Märkten für Netzeffektgüter mit den herkömmlichen Erklärungsansätzen trotz positiver nachfrageseitiger Netzeffekte oft nicht zu erklären. Im weiteren Verlauf des Kapitels wird, nachdem elementare Beschreibungsdimensionen standardisierter Geschäftsdaten analysiert wurden, das Spannungsfeld aus Möglichkeiten und Grenzen der Standardisierung von Geschäftsdatenformaten aufgezeigt, in dem sich Unternehmen befinden, die sich für ein passendes Format entscheiden wollen. Zur Auflösung wird ein möglicher Bezugsrahmen für verschiedene Formate vorgestellt, an dem Unternehmen ihre individuellen Anforderungen festmachen und einzelne Formate vergleichen können.

2.1 Geschäftsdatenformate als Netzeffektgüter

Wirtschaftliche Tätigkeiten werden in zunehmendem Maße durch Netzeffektgüter vernetzt; dem entsprechend sind diese für die Wettbewerbsfähigkeit von Unternehmen und den überbetrieblichen Datenaustausch von zentraler Bedeutung. Dieses Kapitel diskutiert daher zunächst grundlegende Merkmale von Information und deren Abbildung in Datenformaten, widmet sich daran anschließend den Eigenschaften von Netzeffektgütern und erläutert schließlich die Grundzüge des Wettbewerbs um einen Standard.

---

[25] Vgl. Weitzel, T.; Wendt, O.; Westarp, F. v.: „Reconsidering Network Effect Theory", 2000, S. 484-486.

2.1.1 Information und deren Abbildung in Datenformaten

Information kann im betriebswirtschaftlichen Kontext als zweckorientiertes Wissen interpretiert werden.[26] Die bedeutenden Eigenschaften von Information im Rahmen der elektronischen Datenübertragung sind:[27]

- Information ist ein immaterielles Gut und
- verursacht hohe Fixkosten (durch die Notwendigkeit einer aufwändigen, teuren Infrastruktur) und nur sehr geringe Grenzkosten.
- Der Preis orientiert sich an der Wertschätzung der Kunden und nicht an den Kosten, wobei die Kunden den Wert erst ermessen können, nachdem sie die Information erlangt haben.
- Informationen führen zu geringen Imitationskosten, wobei aber hohe Kosten für die technische Integration neuer Informationen entstehen können.
- Information bedarf gemeinsamer Standards, um verstanden zu werden.
- Eigentumsrechte an Informationen lassen sich derzeit nur eingeschränkt schützen.

Daten sind Informationen, die zum Zweck der Übertragung, Interpretation oder Verarbeitung formalisiert dargestellt sind.[28] Geschäftsdaten sind sämtliche Daten, die zwischen Unternehmen für die komplette Abwicklung eines Geschäfts anfallen.[29] Datenformate definieren die Struktur mindestens einer Datei mittels einer Grammatik oder eines Schemas und repräsentieren die relevanten Daten einer bestimmten Anwendungsdomäne. Im Gegensatz zu unstrukturierten Daten, deren inhaltliche Bedeutung nicht aus ihrer Form hervorgeht, haben strukturierte Daten die Eigenschaft, dass jeder Inhalt innerhalb eines Dokuments einer eindeutigen Beschreibung zuge-

---

26 Vgl. Stahlknecht, P.; Hasenkamp, U.: „Einführung in die Wirtschaftsinformatik“, 2005, S. 9.

27 Vgl. Picot, A.; Reichwald, R.; Wigand, R. T.: „Die grenzenlose Unternehmung“, 2003, S. 60-61; McGee, J.; Sammut-Bonnici, T.: „Network industries in the new economy“, 2002, S. 117.

28 Vgl. Stahlknecht, P.; Hasenkamp, U.: „Einführung in die Wirtschaftsinformatik“, 2005, S. 11.

29 Zur Abgrenzung gegenüber Handelsdaten verwendet Niggl den Terminus transaktionsbegleitende Daten, den er umfassend interpretiert und dort auch die Kommunikation mit Zoll und öffentlicher Verwaltung einschließt. (Vgl. Niggl, J.: „Die Entstehung von Electronic Data Interchange Standards“, 1994, S. 11-12.) Da Daten zur Kommunikation mit dem Zoll oder der öffentlichen Verwaltung in der Regel nicht frei wählbar sind, werden diese in dieser Arbeit nicht berücksichtigt. Handels- und Geschäftsdaten werden hier als weitgehend synonym betrachtet, wobei dem Terminus Geschäftsdaten letztlich der Vorzug gegeben wird, um diesen vom institutionellen Verständnis von Handel abzugrenzen. Zu den Geschäftsdaten sind auch Betriebsdaten zu zählen. Diese fallen im Produktionsprozess an, z. B. produzierte Menge, benötigte Zeiten, Lagerbewegungen. Im weiteren Sinne werden dazu auch Auftragsdaten z. B. zur Berechnung der Auslastung gezählt. Vgl. Kurbel, K.: „Produktionsplanung und -steuerung“, 1993, S. 291 f.; Scheer, A.-W.: „Wirtschaftsinformatik“, 1998, S. 99, 342.

ordnet ist. Sie bedürfen daher keiner inhaltlichen Interpretation und können automatisiert verarbeitet werden. Anwendungen können so die Daten verwenden, die zuvor von einer anderen Anwendung bereitgestellt wurden.[30]

Datenformate sind selbst ein ökonomisches Gut. Unvollkommene Information und Unsicherheit kennzeichnen die Situation, in der sich Anbieter und Nachfrager auf dem Markt für Geschäftsdatenformate befinden. Dem Nachfrager fällt es schwer, die Vielfalt an Anbietern und Formaten zu überblicken, und die Anbieter sehen sich unvollkommener Information bzgl. der augenblicklichen und zukünftigen Bedürfnisse und Erwartungen der Nachfrager gegenüber. Die unvollkommenen Informationen sind dafür verantwortlich, dass Nachfrager Informationsbeschaffungsmaßnahmen und Anbieter Informationsübertragungsmaßnahmen ergreifen, da Markttransaktionen z. B. zum Einsatz von Geschäftsdatenformaten nur stattfinden, wenn vorher ein Austausch von Informationen zwischen Anbieter und Nachfrager stattgefunden hat. Sind die Kosten für die Beschaffung von Information zu hoch und resultiert daraus Informationsasymmetrie, kann dies zum Marktzusammenbruch für Geschäftsdatenformate führen.[31]

In der Informationsökonomie werden Möglichkeiten der Informationsbeschaffung und Informationsübertragung zwischen Transaktionspartnern diskutiert, die zu einem Abbau der Informationsasymmetrie und der daraus resultierenden Unsicherheit führen.[32] Unsicherheit bzgl. der Entscheidung für oder gegen ein bestimmtes Gut tritt besonders bei Produkten in den Vordergrund, die als risikobehaftet angesehen werden, und bestimmt das Ausmaß der Informationsaktivitäten.[33] Geschäftsdatenforma-

---

30 Vgl. Mendling, J.: „A Survey on Design Criteria for Interchange Formats“, 2004, WWW.

31 Vgl. Akerlof, G. A.: „The Market for „Lemons“: Quality Uncertainty and the Market Mechanism“, 1970, S. 488-500.

32 Vgl. Schumacher, A.: „Unvollkommene Information in der neoklassischen Informationsökonomik und im evolutionsökonomischen Ansatz“, 1994, S. 12.

33 Vgl. Lingenfelder, M.; Lauer, A.; Funk, C.: „Die Markenbereitschaft und Markenakzeptanz von Konsumenten im Lichte der Informationsökonomie“, 1998, S. 3. In der Informationsökonomie werden Güter nach dem Ausmaß der mit ihnen verbundenen Qualitätsunsicherheit klassifiziert. Auf Nelson geht die Unterscheidung in Such- und Erfahrungsgüter zurück. Bei Suchgütern können deren Qualitätseigenschaften vor dem Kauf ohne größeren Aufwand festgestellt werden. Qualitätseigenschaften von Erfahrungsgütern lassen sich vor dem Kauf nur zu sehr hohen Kosten feststellen, sodass es vorteilhafter ist, Qualitätseigenschaften durch Erfahrungsbildung, also Kauf und Gebrauch, festzustellen. (Vgl. Nelson, P.: „Information and Consumer Behavior“, 1970, S. 312.) Darby / Karni erweitern diese Klassifizierung um Vertrauensgüter, bei denen sich die Qualitätseigenschaften weder vor noch nach dem Kauf effizient beurteilen lassen. Sie fordern zudem eine Abkehr von der diskreten Einteilung in eine Kategorie. Jeder Informationsprozess erfordert danach die Beurteilung der drei Qualitätskategorien Such-, Erfahrungs- und Vertrauenseigenschaften.

te weisen Such-, Erfahrungs- und Vertrauenseigenschaften, den in der Informationsökonomie hauptsächlich diskutierten Eigenschaftskategorien von Gütern, auf. Während aktuelle Anforderungen, wie z. B. Forderungen von Geschäftspartnern oder die Möglichkeit zur Verarbeitung mit bestehender Technik, der Such- bzw. Erfahrungskategorie zugeordnet werden können, müssen zukünftige, wie z. B. die erwartete Wertschätzung und Verbreitung, als Vertrauenseigenschaft eingestuft werden. Mit der Unsicherheit bezüglich der Eigenschaften und Zweckdienlichkeit von Geschäftsdatenformaten lässt sich die geringe Verbreitung standardisierter Geschäftsdatenformate begründen.

Information bzw. die Kopplung eines Produkts mit Information dient Unternehmen zur Differenzierung gegenüber den Wettbewerbern.[34] Porter / Millar beschreiben anhand verschiedener Beispiele, wie Information und IT die gesamte Wertkette durchdringt, sowie ihre Auswirkungen auf die Aktivitäten in einem Unternehmen und deren Verknüpfungen.[35] Sie stellen eine wachsende Bedeutung der Informationskomponente eines Produkts fest, wobei sie aber verschiedenen Branchen, Produkten und Prozessen eine unterschiedliche Informationsintensität zuweisen, die unterschiedliche Auswirkungen auf die Wettbewerbskräfte in der jeweiligen Branche hat. Insgesamt betonen sie die branchenübergreifende, strategische Bedeutung von Information zum Erreichen von Wettbewerbsvorteilen[36] und die notwendige Integration der Informationssysteme.[37] Für den elektronischen Geschäftsverkehr müssen die differenzierenden Informationen in Datenformaten abgebildet werden, um automatisiert verarbeitet werden zu können. Erlaubt nur ein bestimmtes Datenformat die Abbildung der differenzierenden Information, trägt es so zur Produktdifferenzierung bei.

(Vgl. Darby, M. R.; Karni, E.: „Free Competition and the Optimal Amount of Fraud", 1973, S. 69.) Vertrauen ist dabei die Bereitschaft, bewusst Unsicherheit in Kauf zu nehmen, in der Hoffnung, dass mögliche negative Folgen nicht eintreten, und kann als riskante Vorleistung betrachtet werden. (Vgl. Luhmann, N.: „Vertrauen. Ein Mechanismus zur Reduktion sozialer Komplexität", 1989, S. 23 f.) Vertrauen verringert somit trotz objektiv gleich bleibender Unsicherheit das subjektiv wahrgenommene Ausmaß an Unsicherheit und ermöglicht durch diese Komplexitätsreduktion überhaupt erst Handeln. (Vgl. Petrovic, O. u. a.: „Vertrauen in digitale Transaktionen", 2003, S. 55.) Bei Vertrauensgütern ist die Reputation das Kauf entscheidende Kriterium. Vgl. Lingenfelder, M.; Lauer, A.; Funk, C.: „Die Markenbereitschaft und Markenakzeptanz von Konsumenten im Lichte der Informationsökonomie", 1998, S. 29.

34 Vgl. Porter, M. E.: „Wettbewerbsvorteile", 2000, S. 210.

35 Vgl. Porter, M. E.; Millar, V. E.: „Wettbewerbsvorteile durch Information", 1999, S. 88.

36 Vgl. Simon, H.: „Management strategischer Wettbewerbsvorteile", 1988, S 462. Danach besitzt ein Unternehmen Wettbewerbsvorteile, wenn sich seine angebotene Leistung in mindestens einem für den Kunden wichtigen Merkmal positiv von Angeboten konkurrierender Unternehmen unterscheidet. Der Kunde muss diesen Unterschied wahrnehmen und der Unterschied darf durch die Konkurrenz nicht sofort einholbar sein.

37 Vgl. Porter, M. E.; Millar, V. E.: „Wettbewerbsvorteile durch Information", 1999, S. 92 f.

2.1.2 Eigenschaften von Netzeffektgütern

Unternehmen, die dasselbe Geschäftsdatenformat verwenden, bilden ein virtuelles Netzwerk.[38] Allgemein wird unter einem Netzwerk die Menge aller Gütereinheiten verstanden, die einem bestimmten Standard entsprechen.[39] Diese Standards sind sowohl technische als auch institutionelle Grundlage von Netzwerken.[40]

Standardisierung ist die Vereinheitlichung nach bestimmten Mustern. Sie dient dem Ziel, allgemein akzeptierte und öffentlich zugängliche Regeln aufzustellen, die es z. B. ermöglichen, verschiedenartige IT-Systeme im Verbund einzusetzen. Als Ergebnis der Standardisierung ist ein Standard ein technisches oder logisches Muster für die einheitliche Strukturierung und die Harmonisierung von Gütern, Leistungen oder Prozessen. Kommunikationsstandards definieren Regeln für die einheitliche Gestaltung betrieblicher Informationssysteme.[41] Diese betreffen die Übertragung, Interpretation, Verarbeitung und Speicherung von Informationen und bewirken eine Vereinfachung von Integrationslösungen.[42] Durch die Anwendung von Standards für Geschäftsdatenformate, die die Interpretation und Verarbeitung von geschäftsrele-

---

38 Vgl. Shapiro, C.; Varian, H. R.: „Information Rules", 1999, S. 174 f. Sie unterscheiden zwischen realen und virtuellen Netzwerken. Während die Verbindung in realen Netzwerken physisch fassbar ist, ist diese bei virtuellen Netzwerken immateriell. Reale Netzwerke liegen in der Eisenbahn- oder Telefonindustrie vor, wohingegen virtuelle Netzwerke im Bereich von Betriebssystemen und Software vorliegen.

39 Vgl. Katz, M. L.; Shapiro, C.: „Network Externalities, Competition, and Compatibility", 1985, S. 424.

40 Vgl. Gerum, E.; Sjurts, I.; Stieglitz, N.: „Der Mobilfunkmarkt im Umbruch", 2003, S. 53; Stieglitz, N.: „Strategie und Wettbewerb in konvergierenden Märkten", 2004, S. 166.

41 Der Begriff des Systems weist eine große Schnittmenge zum Begriff des Netzwerks im Kontext der Wirtschaftswissenschaften auf. Auch ein System besteht aus mehreren Elementen, die untereinander in Wechselwirkung stehen, aber nur in Ihrer Gesamtheit einen Nutzen stiften. Charakteristisch ist daher die starke komplementäre Beziehung der Komponenten. (Vgl. Johannes, H.: „Standardisierungsanreize bei technischen Systemen", 1999, S. 1.) Über die Definition zweckmäßiger Systemgrenzen lässt sich das System von der Umwelt weitgehend abgrenzen, um es isoliert als Modell betrachten zu können, und dient somit als „Erkenntnismittel zur Fremdabstraktion des Gegenstands" (Siehe Tacke, V.: „Systemtheorie", 2004, Sp. 1399.). Ein System kann daher als Modell der Realität verstanden werden, das nicht richtig oder falsch ist, sondern nur mehr oder weniger zweckmäßig ist. (Vgl. diesbezüglich auch Kap. 4.1.) Die Abgrenzung von Systemen gegeneinander, das Herausgreifen bestimmter Elemente und bestimmter Wechselwirkungen und das Vernachlässigen anderer Elemente und Beziehungen und damit die Identifikation eines bestimmten Systems und seiner Umwelt ist stets subjektiv und dem jeweiligen Untersuchungszusammenhang angepasst. (Vgl. Wikipedia: „System", WWW.) Vom Verständnis des Systems als Modell ist der Begriff des Systems im empirischen Sinne zu trennen. Empirische Systeme sind beobachtbar und produzieren bzw. reproduzieren sich selbst. Ein empirisches System ist die operative Handhabung der Unterscheidung zwischen dem Gegenstand und seiner Umwelt. (Vgl. Tacke, V.: „Systemtheorie", 2004, Sp. 1399.) Ein Produktnetzwerk ist demnach als ein empirisches System zu verstehen. Ebenso lässt sich ein Unternehmensnetzwerk als empirisches System verstehen. Vgl. Kap. 5.2.

42 Vgl. Huber, T.; Alt, R.; Lehmann, G.: „Templates: Standardization for Business Networking", 2001, S. 212; Voigtmann, P.; Zeller, T.: „Enterprise Application Integration und B2B Integration im Kontext von Electronic Business und Elektronischen Marktplätzen Teil I", 2002, S. 18.

vanten Informationen festlegen, werden ursprünglich unabhängige IT-Systeme bspw. zu einem zusammengehörigen Handelssystem. Prinzipiell verspricht Standardisierung von Geschäftsdaten eine Senkung der Transaktionskosten[43] in allen Phasen einer Transaktion und verbessert so tendenziell die Qualität von Entscheidungen. Dabei werden mehrere Standards gemeinsam eingesetzt, die unterschiedlichen Ebenen[44] oder Transaktionsphasen (jeweils nicht immer trennscharf) zugeordnet werden können. Obwohl weltweit akzeptierte Standards insbesondere unter Kostengesichtspunkten wünschenswert erscheinen, spiegelt die bestehende Vielfalt an Standards die reale Heterogenität der Anforderungen bzw. realen Machtkonstellationen wider[45] und so betonen Huber / Alt / Lehmann, dass Standards nicht umfassend, sondern lediglich in einer bestimmen Anwendergruppe akzeptiert sind.[46] Weiterhin unterliegen Standards einer Dynamik und somit einer technischen oder auch künstlichen Veralterung und gelten folglich nur für eine bestimmte Zeit. Unter Standards für Geschäftsdaten sollen im Folgenden also Muster für IT-unterstützte Transaktionen einer bestimmten Gruppe für eine bestimmte Zeit verstanden werden.

Standards sind selbst Netzeffektgüter;[47] diese liegen allgemein bei Vorhandensein von Netzeffekten bzw. Netzexternalitäten vor. Externalitäten sind allgemein die nicht intendierten positiven oder negativen Auswirkungen individueller Entscheidungen auf

---

43 Vgl. Williamson, O. E.: „The Economic Institutions of Capitalism: Firms, Markets, Relational Institutions", 1985, S. 20 ff.; Dorloff, F.-D.: „Standards – die neue Sprache für E-Business?", 2002, S. 46. Die in der volkswirtschaftlichen Institutionenökonomik entwickelte Transaktionskostentheorie findet auch in der betriebswirtschaftlichen Organisationstheorie Anwendung und soll hier lediglich zur Beschreibung von unternehmensinternen und übergreifenden Transaktionen herangezogen werden. (Zu den Grenzen der Transaktionskostentheorie insbesondere bzgl. der Gestaltung von Wettbewerb und Unternehmensstrategie vgl. Stieglitz, N.: „Strategie und Wettbewerb in konvergierenden Märkten", 2004, S. 98-107.) Die Transaktionskostentheorie bedeutet eine Abkehr vom vollkommenen Markt. Ein Markt als Koordinationsform wirtschaftlicher Aktivitäten wird in der ökonomischen Theorie als der Ort des Zusammentreffens von Angebot und Nachfrage mit dem Ziel des Leistungsaustauschs zwischen den Beteiligten verstanden (Zu weiteren Begriffsauffassungen vgl. Stieglitz, N.: „Strategie und Wettbewerb in konvergierenden Märkten", 2004, S. 16-20.). Die Marktteilnahme verursacht Kosten. Zur Identifikation dieser Kosten werden Transaktionen in Phasen aufgeteilt, denen dann jeweils Kosten zugeordnet werden. Eine Transaktion kann bspw. in eine Informations-, eine Vereinbarungs-, eine Abwicklungsphase und eine Nachkaufsphase aufgeteilt werden. Die richtige Anzahl und Benennung der einzelnen Phasen wird in der Literatur seit langem kontrovers diskutiert. Mit Informations- und Kommunikationstechnologie soll der Idealvorstellung des vollkommenen Markts näher gekommen werden, die Markttransparenz soll erhöht, Ortsungebundenheit in bestimmten Transaktionsphasen hergestellt und somit die Transaktionskosten insgesamt gesenkt werden.

44 Das ISO/OSI-Referenzmodell unterteilt bspw. in sieben Schichten.

45 Vgl. Brousseau, E.: „EDI and Inter-Firm Relationships: Toward a Standardization of Coordination Processes?", 1994, S. 323.

46 Vgl. Huber, T.; Alt, R.; Lehmann, G.: „Templates: Standardization for Business Networking", 2001, S. 213.

47 Vgl. Buxmann, P.: „Standards und Standardisierung", 2001, S. 434.

den Nutzen oder den Gewinn anderer Wirtschaftssubjekte; sie beschreiben die Interdependenzen im Konsum, die resultieren, wenn die Wertschätzung eines Guts durch die Nutzerzahl beeinflusst wird.[48] Der Begriff geht ursprünglich auf Katz / Shapiro[49] zurück, wobei diese nur die positiven Netzexternalitäten im Blickfeld hatten. Liebowitz / Margolis erweitern das Konzept um negative Aspekte.[50] Wird zwischen Netzexternalitäten und Netzeffekten unterschieden, liegt der Unterschied zwischen diesen in der Internalisierung dieser Effekte. Während Netzeffekte von den Teilnehmern internalisiert werden können, ist dies bei Netzexternalitäten nicht der Fall.[51] Für die betriebswirtschaftliche Betrachtung und die Ableitung strategischer Maßnahmen für Unternehmen eignet sich also in erster Linie der Begriff des Netzeffekts.[52]

Katz / Shapiro unterscheiden zwischen direkten und indirekten Effekten.[53] Direkte Netzeffekte liegen vor, wenn der Nutzen eines Guts unmittelbar durch dessen eigene Verbreitung beeinflusst wird (z. B. beim Telefonanschluss). Indirekte Netzeffekte liegen vor, wenn der Nutzen und die Verbreitung eines Guts durch die Verfügbarkeit komplementärer[54] Güter erhöht wird (z. B. durch eine Vielfalt an Software für ein Betriebssystem).[55] Ein weiterer indirekter Netzeffekt ist die Möglichkeit des Erfahrungsaustauschs zwischen alten und neuen Nutzern einer Technologie und die so entstehenden Synergieeffekte.[56]

Bei Netzeffektgütern hängt der Wert nicht allein von seinen inhärenten Eigenschaften, sondern auch entscheidend von der Anzahl der Nutzer ab.[57] Bei steigender Nutzerzahl in einem Netzwerk steigt zunächst der Nutzen sowohl für die bisherigen Anwender und Komplementärgutanbieter als auch für zukünftige Anwender und Kom-

---

48 Vgl. Johannes, H.: „Standardisierungsanreize bei technischen Systemen", 1999, S. 2.

49 Vgl. Katz, M. L.; Shapiro, C.: „Network Externalities, Competition, and Compatibility", 1985, S. 424.

50 Vgl. Liebowitz, S. J.; Margolis, S. E.: „Network Externality: An Uncommon Tragedy", 1994, S. 134.

51 Vgl. Liebowitz, S. J.; Margolis, S. E.: „Network Externality: An Uncommon Tragedy", 1994, S. 135; Borowicz, F.; Scherm, E.: „Standardisierungsstrategien: Eine erweiterte Betrachtung des Wettbewerbs auf Netzeffektmärkten", 2001, S. 392. Bei Netzexternalitäten liegt demnach immer ein Marktversagen vor. Für die betriebswirtschaftliche Betrachtung ist es aber unerheblich, ob Netzexternalitäten tatsächlich ein Marktversagen begründen oder als Netzeffekte lediglich eine normale Interdependenz zwischen Käufern darstellen.

52 Weitere Begriffe des Phänomens sind Mitläufer-Effekt, Netzwerkeffekt oder Bandwaggon-Effekt.

53 Vgl. Katz, M. L.; Shapiro, C.: „Network Externalities, Competition, and Compatibility", 1985, S. 424.

54 Komplementarität bedeutet, dass die Nachfrage nach einem Gut die Nachfrage nach dem zugehörigen oder darauf aufbauenden Gut positiv beeinflusst. Vgl. Köster, D.: „Was sind Netzprodukte? - Eigenschaften, Definition und Systematisierung", 1998, S. 19.

55 Vgl. Johannes, H.: „Standardisierungsanreize bei technischen Systemen", 1999, S. 2.

56 Vgl. Arthur, W. B.: „Competing technologies, increasing returns, and lock-in by historical events", 1999, S. 116.

57 Vgl. Katz, M. L.; Shapiro, C.: „Technology in the Presence of Network Externalities", 1986, S. 822.

plementärgutanbieter. In der Folge steigt auch die Zahl der Nutzer. Die Bereitschaft, ein Produkt zu kaufen, korreliert positiv mit der Kaufentscheidung anderer Marktteilnehmer. Bei sonst gleichen Bedingungen entwickelt sich ab dem Erreichen einer kritischen Masse ein sich selbst verstärkender Prozess, in dem dann die Diffusionsprozesse[58] aufgrund eines ausreichenden Angebots und entsprechender Nachfrage ohne weitere externe Aktionen ablaufen.[59] Der Wert eines Standards wächst nach Überschreiten einer kritischen Masse im Verhältnis zur Nutzerzahl exponentiell. Die Steigerung (Verringerung) des Nutzens bei steigender (sinkender) Adoption des Guts wird auch als positive (negative) Rückkopplung bezeichnet. Entscheidend sind hierfür die Erwartungen der Nutzer[60] bzgl. der Etablierung des Produkts sowie das Angebot an komplementären Gütern.[61]

Basierend auf einer Studie zur Übernahme neuer Technologien in der amerikanischen Telekommunikationsindustrie unterscheiden Majumdar / Venkataraman zwei Netzeffekte, die Einfluss auf die Entscheidung, einen Standard zu übernehmen, in virtuellen[62] Netzwerken haben. Beim Konsumeffekt ist die steigende Nachfrage der Beweggrund zum Wechsel. Je größer und attraktiver das Angebot ist, desto stärker werden die Nachfrager angezogen. Dieser Effekt tritt vermehrt in späteren Diffusionsphasen einer Technologie auf, da das Angebot einer Vielzahl unterschiedlicher, komplementärer Produkte der Diffusion des originären Netzwerkguts hinterher läuft. Richten sich Unternehmen bei der Entscheidung für oder gegen die Übernahme einer neuen Technologie nach der Entscheidung anderer, nennen die Autoren dies Imitationseffekt. Dadurch sinken Informations- und Entscheidungskosten. Da neue

---

58 Rogers definiert Diffusion als intendierten oder unintendierten „process in which an innovation is communicated through certain channels over time among the members of a social system". Siehe Rogers, E. M.: „Diffusion of Innovations", 2003, S. 5. In der Betriebswirtschaftlehre, insbesondere im Marketing, hat die Diffusion die Adoption der Innovation durch ein Individuum oder eine Organisation zum Ziel. Daher wird Diffusion dort zusammenfassend auch als Prozess der Ausbreitung von Produkten in einem sozialen System angesehen. Vgl. Markenglossar: „Diffusion", WWW; Nieschlag, R.; Dichtl, E.; Hörschgen, H.: „Marketing", 2002, S. 1274.

59 Vgl. McGee, J.; Sammut-Bonnici, T.: „Network industries in the new economy", 2002, S. 128.

60 Vgl. McGee, J.; Sammut-Bonnici, T.: „Network industries in the new economy", 2002, S. 127; Besen, S. M.; Farrell, J.: „Choosing How to Compete: Strategies and Tactics in Standardization", 1994, S. 118.

61 Vgl. Farrell, J.; Saloner, G.: „Installed Base and Compatibility", 1986, S. 940.

62 Ein dritter, der *conversion-effect*, veranlasst zum Wechsel zur neuen Technologie aufgrund steigender Erträge in realen, physischen Netzwerken. Dabei sinken die Wechselkosten in späteren Diffusionsphasen einer neuen Technologie, weil dann bereits Größen- und Erfahrungsvorteile auftreten. Vgl. Majumdar, S. K.; Venkataraman, S.: „Network effects and the adoption of new technology: evidence from the U.S. telecommunications industry", 1998, S. 1046-1048.

Netzeffektgüter Entscheider immer mit Unsicherheit bzgl. Funktion und Verbreitung konfrontieren, erscheint die Imitation als Lösung mit nur geringem Risiko.[63]

Im Fall konkurrierender Produktnetzwerke spricht man vom Umkippen eines Markts, wenn die Entscheidung für oder gegen einen bestimmten Standard fällt. Bis zu diesem Zeitpunkt wechseln Standardbeurteilungen und Mehrheiten, ohne den Markt entscheidend zu beeinflussen. Die Unsicherheit der Marktteilnehmer ist in der Phase vor dem Umkippen am größten. Das Umkippen eines Markts bzw. das Erreichen der kritischen Masse wird positiv von der Stärke des Netznutzens sowie negativ von der Heterogenität der Nachfragerpräferenzen beeinflusst.[64] Aus diesen wird das Standardisierungspotenzial abgeleitet. Zusätzlich spielen aber auch branchenstrukturelle, institutionelle und politische Einflüsse zur Beurteilung des Standardisierungspotenzials eine Rolle.[65]

Der Gesamtnutzen eines Netzeffektguts setzt sich aus dessen originärem Nutzen, der unabhängig vom Netzwerk realisiert wird, und dessen Netznutzen, der in Abhängigkeit von der Größe des Netzwerks bzw. aus den Wechselwirkungen mit der installierten Basis entsteht, zusammen (siehe Abbildung 1).

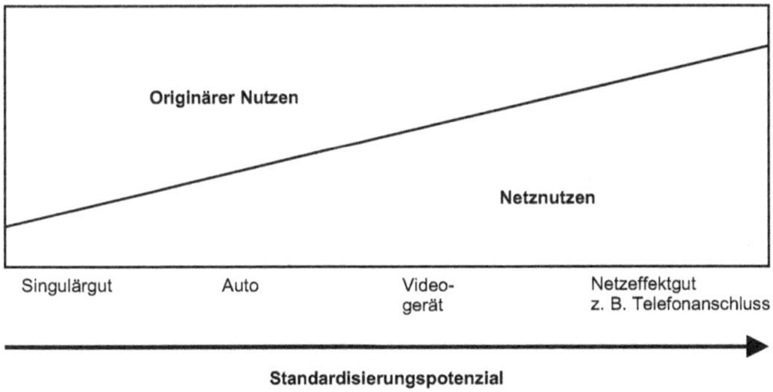

Abbildung 1: Standardisierungspotenzial[66]

[63] Vgl. Majumdar, S. K.; Venkataraman, S.: „Network effects and the adoption of new technology: evidence from the U.S. telecommunications industry", 1998, S. 1046-1048.
[64] Vgl. Shapiro, C.; Varian, H. R.: „Information Rules", Boston, 1999, S. 177.
[65] Vgl. Niggl, J.: „Die Entstehung von Electronic Data Interchange Standards", 1994, S. 105.
[66] Nach Borowicz, F.; Scherm, E.: „Standardisierungsstrategien: Eine erweiterte Betrachtung des Wettbewerbs auf Netzeffektmärkten", 2001, S. 398. Im Gegensatz zur Originaldarstellung wird hier auf die Einbeziehung reiner Singulärprodukte und reiner Netzeffektgüter verzichtet.

Der Netznutzen ist durch die Netzeffekte bestimmt, die in unterschiedlicher Intensität auftreten. Ein hoher Netznutzen liegt bei hohen Skalenerträgen mit geringen Grenzkosten für die Teilnehmer vor. Im Fall geringer Skalenvorteile sind mehrere konkurrierende Netzwerke ökonomisch tragfähig. Je nach Zusammensetzung des Gesamtnutzens lassen sich Produkte auf einem Kontinuum anordnen, wobei mit steigender Bedeutung des Netznutzens das Standardisierungspotenzial ebenfalls wächst. Je größer der Netznutzen eines Guts ist, desto größer ist die Wahrscheinlichkeit, dass ein einzelnes Netzwerk zur Befriedigung der Nachfrage entsteht. Die Pole stellen einerseits Singulärgüter mit fast ausschließlich originärem Nutzen und andererseits Netzeffektgüter mit fast ausschließlichem Netznutzen dar. Borowicz / Scherm ordnen Autos eher den Singulärgütern zu, weil es bei diesen in erster Linie auf Fortbewegungseigenschaften, wie Höchstgeschwindigkeit, Laufruhe etc. ankäme. Telefonanschlüsse hingegen sind das Standardbeispiel für Netzeffektgüter.[67]

Schon die Bewertung der Gutseigenschaften erfolgt auf subjektiver Basis und hängt von den Bedürfnisstrukturen der Nachfrager ab, sodass Niggl von relativem Netznutzen spricht.[68] Entgegen der Annahme einer stetigen Steigerung des Netznutzens bei Anwachsen der Netzwerkgröße weisen McGee / Sammut-Bonnici darauf hin, dass ab einer bestimmten Netzwerkgröße der Nutzenzuwachs jedes einzelnen Teilnehmers mit jedem zusätzlichen Teilnehmer abnimmt. Aus dem Schnittpunkt von Kosten- und Nutzenkurve ergibt sich die optimale Größe eines Netzwerks.[69]

Das Standardisierungspotenzial eines Produkts wird zudem von der Heterogenität der Nachfragerpräferenzen bestimmt. Bei homogenen Nachfragerpräferenzen besteht eine starke Tendenz zum Monopol, weil die Wünsche der meisten Nachfrager durch einen Standard abgedeckt werden. Bei heterogenen Nachfragerpräferenzen sind wiederum mehrere konkurrierende Netzwerke ökonomisch tragfähig. Dies geht allerdings zu Lasten der Skalenvorteile, sodass die Nachfrager einen höheren Preis für ihr Bedürfnis nach Individualität zu zahlen bereit sein müssen.

---

67 Vgl. Borowicz, F.; Scherm, E.: „Standardisierungsstrategien: Eine erweiterte Betrachtung des Wettbewerbs auf Netzeffektmärkten", 2001, S. 397-398.

68 Vgl. Niggl, J.: „Die Entstehung von Electronic Data Interchange Standards", 1994, S. 105.

69 Vgl. McGee, J.; Sammut Bonnici, T.: „Network industries in the new economy", 2002, S. 129.

Weitzel / Beimborn / König betonen zwei Hauptprobleme, die zur Etablierung und Durchsetzung von Netzeffektgütern gelöst werden müssen.[70] Zum einen ist dies das Start-up-Problem.[71] Hier warten potenzielle Teilnehmer, um nicht Gefahr zu laufen, einen Standard als einziger einzusetzen und somit als einziger die Kosten der Einführung zu tragen, ohne den erwarteten Nutzen zu erlangen. Diejenigen, die eine neue Technik als erstes übernehmen, tragen ein besonders hohes Risiko, da sie sich nicht sicher sein können, dass sich eine Technik am Markt durchsetzen wird. Wenn sich die betrachtete Technik einmal als Standard etabliert hat, ist der realisierbare Nutzen der frühen Netzteilnehmer nicht größer als der Nutzen der Teilnehmer, die dem Netzwerk später beigetreten sind.[72] Klassisches Instrument zum Überwinden des Start-up-Problems bzw. zum Erlangen einer möglichst hohen Verbreitung ist die Penetrationsstrategie, bei der anfangs Produkte zu einem sehr geringen Preis oder sogar kostenlos angeboten werden, um so möglichst schnell eine große installierte Basis zu erlangen. Im weiteren Diffusionsverlauf können dann entweder die Preise erhoben bzw. erhöht oder Gewinne bei Komplementärgütern erzielt werden, um die Anfangsinvestitionen zurechtfertigen. In der Regel erlangen Standardanbieter durch einen Zeit- und Wissensvorsprung aber Wettbewerbsvorteile bei Komplementärgütern.
Zum anderen gilt es, einen Ausgleich zu schaffen, der Unternehmen unterstützt, die von der Teilnahme am Netzwerk entweder gar nicht oder nicht in ausreichendem Maße profitieren, wobei ihre Teilnahme aber für die anderen Teilnehmer wünschenswert ist, um das Potenzial ausschöpfen zu können.

Zur Überwindung der genannten Probleme werden auch Versicherungslösungen diskutiert. Diese Ansätze scheitern aber allesamt an den prohibitiv hohen Kosten zur notwendigen Kosten- / Nutzenbewertung, sofern überhaupt möglich, und somit an der Quantifizierung von Versicherungsleistungen und Kompensationszahlungen.[73]

---

[70] Vgl. Weitzel, T.; Beimborn, D.; König, W.: „Coordination in networks: An economic equilibrium analysis“, 2003, S. 191.

[71] Farrell / Saloner nennen dieses den Pinguin-Effekt. Frühe Nutzer eines Standards ziehen nur einen geringen Nutzen aus diesem. Unsicherheit bezüglich der Reaktion der anderen Marktteilnehmer kann dazu führen, dass die Wirtschaft aufgrund von Koordinationsproblemen in ihrem bisherigen Zustand verharrt. Vgl. Farrell, J.; Saloner, G.: „Competition, Compatibility and Standards: The Economics of Horses, Penguins and Lemmings“, 1987, S. 13-14.

[72] Vgl. Dybvig, P. H.; Spatt, S.S.: „Adoption Externalities As Public Goods“, 1983, S. 231-247.

[73] Vgl. Weitzel, T.; Beimborn, D.; König, W.: „Coordination in networks: An economic equilibrium analysis“, 2003, S. 206.

Anderenfalls genügte ein reiner Informationsaustausch zur Überwindung des Start-up-Problems.

2.1.3 Wettbewerb um die Etablierung eines Standards

Netzeffektgüter wurden zunächst im Telekommunikationssektor vor dem Hintergrund der Annahme untersucht, dass diese einem einzelnen Anbieter gehörten, sodass sich die Diskussion auf Aspekte der effizienten Nutzung und gerechten Kostenverteilung innerhalb des Monopols konzentrierte.[74] Mit dem Kartellrechtsfall gegen AT&T, der mit dessen Zerschlagung endete, verlagerte sich der Fokus auf die Verbindung mehrerer Netzwerke. Parallel dazu verringerte sich in den 1980ern und 1990ern der Einfluss von IBM bei der Entwicklung von technischen Standards in der Computerindustrie. Als Ergebnis dieses Prozesses liegen heute eher oligopolistische Marktstrukturen vor und die Diskussion hat sich auf Fragen der Kopplung,[75] Interoperabilität,[76] Kompatibilität[77] und Koordination[78] verlagert.[79]

---

[74] Vgl. Economides, N.: „The Economics of Networks", 1996.

[75] Der Begriff der Kopplung wird als Vehikel zur Integration und schließlich zur Interoperabilität angesehen. Vgl. Kap. 4.1.3.

[76] „Interoperabilität ist die Fähigkeit von Softwaresystemen unterschiedlicher Herkunft, korrekt miteinander kommunizieren zu können." (Siehe Pedersen, S.; Hasselbring, W.: „Interoperabilität für Informationssysteme im Gesundheitswesen auf Basis medizinischer Standards", 2004, S. 175.) Der Weg zur Herstellung von Interoperabilität ist die Standardisierung von Schnittstellen, die den Übergang zwischen mehreren Einheiten darstellen. Neben Hardware- und Softwareschnittstellen sind im weiteren Sinne auch Benutzerschnittstellen zu vereinheitlichen. Datenformate sind den Softwareschnittstellen zuzuordnen.

[77] „Kompatibilität umschreibt die Fähigkeit von zwei oder mehr Funktionseinheiten zusammenwirken zu können, ohne dass (zusätzliche) Kosten entstehen." (Siehe Borowicz, F.; Scherm, E.: „Standardisierungsstrategien: Eine erweiterte Betrachtung des Wettbewerbs auf Netzeffektmärkten", 2001, S. 393.) Die Bedeutung der Kompatibilität unterstreicht Rogers. Danach korreliert Kompatibilität positiv mit der relativen Verbreitungsgeschwindigkeit einer Innovation in einem sozialen System. Rogers betont aber, dass Kompatibilität einer individuellen Wahrnehmung und Bewertung unterliegt. (Vgl. Rogers, E. M.: „Diffusion of Innovations", 2003, S. 265.) Kompatibilität kann generell über zwei Mechanismen erreicht werden: „standardization, whereby systems are designed to have interchangeable components; and adapters, which attach to a component of one system to allow it to interface with another system. With adapters, the principal cost is that of the adapters themselves, plus the fact that adapters may work imperfectly." (Siehe Katz, M. L.; Shapiro, C.: „Systems Competition and Network Effects", 1994, S 110.) Farrell / Saloner zeigen, dass die Verfügbarkeit eines Adapters für Technologien, die ohne Adapter inkompatibel sind, sich nicht zwingend positiv auf die Wohlfahrt auswirkt, wenn dadurch der Zielkonflikt zwischen Standardisierung und der Heterogenität der Nachfragerpräferenzen vermieden wird. Kompatibilität einer inferioren Technologie kann so die Durchsetzung der wünschenswerten Technologie verhindern. (Vgl. Farrell, J.; Saloner, G.: „Converters, compatibility, and the control of interfaces", 1992, S. 32.) Ebenso zweifeln Matutes / Rigebeau, die generelle Vorteilhaftigkeit von Adaptern an. Sie zeigen, dass Kompatibilität Anreize zur Preissenkung bei den Anbietern senkt. Vgl. Matutes, C.; Regibeau, P.: „'Mix and match': product compatibility without network externalities", 1988, S. 232-233.

[78] Koordination kann als „managing dependencies between activities" (Siehe Malone, T. W.; Crowstom, K.: „The interdisciplinary study of coordination", 1994, S. 87-119.) definiert werden. Es handelt sich also um das gegenseitige Abstimmen verschiedener Objekte. Objekte, die im Interessensbereich der Wirtschaftsinformatik liegen, können technische Komponenten, wie Computer, soziale Gebilde, wie Abteilungen, oder eine Kombination aus beiden, wie interne und externe Ge-

Der Wettbewerb um die Durchsetzung eines Standards wird Inter-Standardwettbewerb bezeichnet. In vielen, von Technik getriebenen Industrien findet vor dem Wettbewerb um das eigentliche Produkt ein Wettbewerb um Standards statt, da sich der definierende Anbieter langfristige Wettbewerbsvorteile sichert[80] bzw. erhofft. Während der Nutzen des eigenen Produktes mit dessen Verbreitung steigt, werden die Produkte von Wettbewerbern im gleichen Zuge unattraktiver. Im Extremfall entsteht durch Netzeffekte ein Markt, in dem ein Anbieter seinen Vorteil bis hin zu einem Monopol ausbauen kann, wenn er ein Umkippen des Markts bzw. ein Überschreiten der kritischen Masse erreicht hat. Nachdem sich ein Standard durchsetzen konnte, verlagert sich der Schwerpunkt auf einen Intra-Standardwettbewerb[81] und lenkt die wettbewerblichen Aktivitäten in für Ökonomen konventionellere Bahnen, wie Preis, Dienstleistungen oder sonstige Produkteigenschaften, die mit dem Standardformat abzubilden sind.[82]

Im Gegensatz zu Konsumenten treten Unternehmen sowohl als Anbieter als auch als Nachfrager auf Märkten in Erscheinung. Bei der Wahl eines Standardformats für Geschäftsdaten müssen Unternehmen die Wettbewerbssituation auf beiden Seiten berücksichtigen. Zur Abbildung des Handlungsspielraums eines Unternehmens im Inter-Standardwettbewerb um Netzeffektgüter ziehen Borowicz / Scherm die Dimensionen Zugang und Rolle heran (siehe Abbildung 2).[83]

		Zugang		
		proprietär-geschlossen	**proprietär-offen**	**öffentlich**
Rolle	**aktiv**	Monopolstrategie	Vergabestrategie	Sponsorstrategie
	passiv	Umgehungsstrategie	Lizenznehmerstrategie	Trittbrettfahrerstrategie

Abbildung 2: Typologie von Standardisierungsstrategien

schäftsprozesse, sein. Eine gestörte Koordination führt zu einem Verlust an Effektivität und / oder Effizienz.

79 Vgl. McGee, J.; Sammut-Bonnici, T.: „Network industries in the new economy", 2002, S. 126.

80 Vgl. Borowicz, F.; Scherm; E.: „Standardisierungsstrategien: Eine erweiterte Betrachtung des Wettbewerbs auf Netzeffektmärkten", 2001, S. 391.

81 Intra-Standardwettbewerb wird der Wettbewerb zwischen unterschiedlichen Anbietern im gleichen Standard bezeichnet.

82 Vgl. Besen, S. M.; Farrell, S.: „Choosing How to Compete: Strategies and Tactics in Standardization", 1994, S. 119-120.

83 Vgl. Borowicz, F.; Scherm, E.: „Standardisierungsstrategien: Eine erweiterte Betrachtung des Wettbewerbs auf Netzeffektmärkten", 2001, S. 399-402.

Zugang[84] beschreibt die Möglichkeiten eines Unternehmens, einen Standard nutzen zu können. Die Autoren unterteilen in proprietär-geschlossenen Zugang, wobei der Standard hier einem Unternehmen gehört, das nicht gewillt ist, diesen anderen Herstellern zu öffnen. Öffentliche Standards[85] stellen den Gegensatz zu proprietär-geschlossenen Standards dar. Keinem Unternehmen kann oder soll der Zugang zu öffentlichen Standards verwehrt werden. Bei proprietär-offenen Standards entscheidet der Eigentümer durch die Gestaltung seines Geschäftsmodells über die Vergabe. Der Zugang zu proprietär-offenen Standards ist durch Maßnahmen, wie z. B. Lizenzgebühren oder Mitgliedschaft in Verbänden, die mit z. T. hohen Mitgliedsbeiträgen verbunden sind, beschränkt.

Die zweite Dimension der Typologie beschreibt die Rolle, die ein Unternehmen im Standardisierungsprozess einnehmen möchte. Eine aktive Rolle nimmt ein Unternehmen ein, das den Standard selbst (mit)setzen will, eine passive Rolle wird eingenommen, wenn das Unternehmen bereit ist, sich dem Standard anzupassen. Aus diesen Dimensionen ergeben sich sechs Strategiealternativen. Aktive Unternehmen können als Standardanbieter und passive als Standardnachfrager interpretiert werden.

In der Regel haben Standardnachfrager nur ein geringes Interesse am Prozess bis zur Verabschiedung eines Standards.[86] Für Unternehmen, die vor der Entscheidung für ein Geschäftsdatenformat stehen, ist die Betrachtung von Strategiealternativen aktiver Unternehmen im Prozess der Standardentwicklung und -durchsetzung jedoch zur Beurteilung der Erfolgswahrscheinlichkeit einer solchen Initiative relevant.

Aus Anbietersicht stehen dem Unternehmen die Monopolstrategie, die Vergabestrategie oder die Sponsorstrategie zur Verfügung. Bei der Monopolstrategie versucht ein Unternehmen, einen proprietären Standard – in diesem Fall ein Geschäftsdatenformat – samt seiner Komplementärgüter selbst am Markt durchzusetzen. Bspw. wird ein Datenformat entwickelt, das nur auf dem elektronischen Marktplatz des Entwick-

---

84 Die Art des Zugangs zu Standards wird auch als Grad der Offenheit bezeichnet und als Beschreibungsdimension herangezogen. Vgl. Berlecon Research: „E-Business-Standards in Deutschland“, 2003, S. 18.

85 Zum Begriff des öffentlichen Standards, verschiedenen Auffassungen, Abstufungen, Interessengruppen und Anforderungen vgl. Krechmer, K.: „Open Standards Requirements“, 2006.

86 Vgl. Krechmer, K.: „Open Standards Requirements“, 2006, S. 34.

lers verwendet werden soll. Bei der Vergabestrategie entscheidet das Unternehmen fallweise, ob es Lizenzen vergibt oder nicht. Nur bei der Sponsorstrategie ist der Zugang immer gewährleistet. Diese wird als glaubwürdiges Handeln des Standardentwicklers angesehen, potenzielle Standardnutzer bspw. vor höheren Zahlungen für komplementäre Leistungen in späteren Perioden zu bewahren, insbesondere weil im Nachhinein ein Intra-Standardwettbewerb entstehen kann.[87] Als zentrale Entscheidungsfelder aktiver Standardisierung von Geschäftsdatenformaten werden die Organisation externer Beziehungen, das Senden von Marktsignalen und der Markteintrittszeitpunkt gesehen (siehe Abbildung 3).[88]

Für sich passiv verhaltende Unternehmen ergeben sich durch die Analyse der Entscheidungsfelder Rückschlüsse auf das zukünftige Verhalten der aktiven Standardisierer und somit auf die Konformität mit der eigenen Unternehmensstrategie. Für alle Entscheidungsfelder gelten strategieabhängige Verhaltensdeterminanten.

Entscheidungsfeld	**Erläuterung und Handlungsoptionen in Abhängigkeit von der gewählten Strategievariante**
Organisation externer Beziehungen	Bei der Monopolstrategie empfiehlt sich für das aktive Unternehmen, Kooperationen mit sog. Lead-usern einzugehen, die eng mit dem Entwickler zusammenarbeiten und bestenfalls schon jetzt einen Bedarf haben, den andere Unternehmen erst später entdecken werden, wenn der Standard entwickelt und zur Etablierung bereit ist. Die bestehende Kundenbasis muss auf die Veränderungen vorbereitet und von diesen überzeugt werden, indem bspw. evolutionäre Migrationsstrategien gemeinsam entwickelt werden. Notwendig sind nicht nur Innovationsfähigkeit in Bezug auf den Standard selbst, sondern auch in Bezug auf komplementäre Produkte sowie der Schutz der Eigentumsrechte, bspw. in Form von Patenten.[89] Des Weiteren ist es entscheidend, eng mit Vertriebs- und Distributionskanälen zusammenzuarbeiten. Gelingt es dem entwickelnden Unternehmen nicht, eine Präsenz, auch in den entscheidenden Medien, zu erlangen wird eine Übernahme unwahrscheinlich. Daneben empfiehlt sich für Unternehmen, die eine Vergabestrategie verfolgen, Beziehungen zu Wettbewerbern und Herstellern von Komplementärprodukten aufzubauen.

[87] Vgl. Farrell, J.; Gallini, N.: „Second-Sourcing as a Commitment: Monopoly Incentives to Attract Competition", 1988, S. 676.

[88] Vgl. Borowicz, F.; Scherm, E.: „Standardisierungsstrategien: Eine erweiterte Betrachtung des Wettbewerbs auf Netzeffektmärkten", 2001, S. 404. Ein viertes Entscheidungsfeld Preisstrategische Maßnahmen bleibt hier unberücksichtigt, weil Standards für Geschäftsdaten fast ausnahmslos kostenlos angeboten werden.

[89] Vgl. Shapiro, C.; Varian, H. R.: „Information Rules", 1999, S. 270-272.

	Schließen sich andere Unternehmen dem Standard an, erleichtert dies die Etablierung. Bspw. gilt es andere Hersteller von Systemen für elektronische Marktplätze oder sonstigen Systemen für den elektronischen Handel für den Standard zu gewinnen. Für die Sponsorstrategie werden gute Beziehungen zu den Partnern in der jeweiligen Standardisierungsinstitution als entscheidend angesehen.
Senden von Markt-signalen	Gemäß den Such-, Erfahrungs- und Vertrauenseigenschaften eines Produkts muss sich der Anwender einen Eindruck darüber verschaffen, welches Produkt für ihn den höchsten Netznutzen verspricht. Bei allen drei Strategievarianten für aktive Unternehmen ist hier die Kommunikationspolitik angesprochen. Es gilt, die Erwartungen der potenziellen Anwender oder der sonstigen Marktteilnehmer durch Marktsignale gemäß den eigenen Zielen zu beeinflussen,[90] sodass ein Markenname und Reputation als entscheidend für die Adaption angesehen werden.[91] Passive Unternehmen müssen die Informationen bewerten. Auch wenn sich das passive Unternehmen evtl. an bisherigen Erfahrungen mit dem Unternehmen oder der Reputation des signalisierenden Unternehmens orientieren kann, bleibt die Bewertung letztendlich subjektiv.[92] Teilnehmer, die einen größeren Nutzen erwarten, treten dem Netzwerk früher bei, weil sie bereit sind, ein höheres Risiko zu tragen. Das Verhalten eines Nachfragers richtet sich also nicht nur nach der tatsächlichen Entwicklung, sondern auch nach seiner Erwartung bzgl. der zukünftigen Entwicklung. Frühzeitige Ankündigungen können die Durchsetzung in einem Markt mit Netzeffekten daher deutlich beschleunigen.[93] Bei konkurrierenden Vorabankündigungen kann dies aber ebenso zu einer Verlangsamung bzw. zu einem Zusammenbruch des Markts führen.

90 Vgl. Bodendorf, F.; Robra-Bissantz, S.; Bauer, C.: „There's more to IT - vom Innovationspotenzial zur Innovationsfähigkeit", 2004, S. 14.

91 Vgl. Shapiro, C.; Varian, H. R.: „Information Rules", 1999, S. 270-272.

92 Zur Bedeutung und Ausgestaltung von Marktsignalen für die Beurteilung der Wettbewerbssituation oder die Strategieentwicklung vgl. auch Porter, M. E.: „Wettbewerbsstrategie", 1999, S. 118 ff.

93 Vgl. Hess, T.: „Netzeffekte", 2000, S. 96.

Markteintrittszeit-punkt	Da bei Netzeffektgütern eine möglichst schnelle Verbreitung zum Erreichen der kritischen Masse von großer Bedeutung ist, scheint es vorteilhaft, in einen Markt als erstes Unternehmen einzutreten.[94] Aber am Beispiel von JVC im Bereich der Videostandards und IBM im Bereich der Personal Computer lässt sich zeigen, dass auch Nachfolger in einem Markt die notwendige Marktdurchdringung zum Setzen von Standards erreichen können. So empfehlen Borowicz / Scherm nur für Unternehmen, die die Monopolstrategie verfolgen, einen frühen Markteintritt. Bei der Vergabe- und Sponsorstrategie ist eine erfolgreiche Marktdurchdringung auch zu einem späteren Zeitpunkt möglich.[95]

Abbildung 3: Entscheidungsfelder aktiver Standardisierung

Für passive Standardnachfrager ergeben sich die Umgehungsstrategie, die Lizenznehmerstrategie und die Trittbrettfahrerstrategie als Verhaltensalternativen beim Wettbewerb um die Durchsetzung eines Standards für Geschäftsdaten (siehe Abbildung 4).

Strategievarianten	Erläuterung
Umgehungsstrategie	Von einer Umgehungsstrategie wird gesprochen, wenn sich ein Unternehmen entschließt, einem proprietär-geschlossenen Standard zu begegnen. Im hier untersuchten Fall der Auswahl von Geschäftsdatenformaten handelt es sich zunächst um eine Entscheidung zwischen angebotenen standardisierten Datenformaten, sodass die Umgehungsstrategie keine Relevanz besitzt.
Lizenznehmerstrategie	Bei der Lizenznehmerstrategie entscheidet sich ein Unternehmen, ein Datenformat zu lizenzieren. Entscheidungsbeeinflussend sind bei der Lizenznehmerstrategie die drei interdependenten Aspekte des Timings[96], des Grads an Exklusivität[97] und der Lizenzkompensation[98]. Die Betrachtung der Lizenznehmerstrategie wird im Weiteren nicht vertieft, da die Datenformate für E-Business fast ausschließlich kostenlos angeboten werden.

---

94 Vgl. Shapiro, C.; Varian, H. R.: „Information Rules", 1999, S. 270-272.

95 Vgl. Borowicz, F.; Scherm, E.: „Standardisierungsstrategien: Eine erweiterte Betrachtung des Wettbewerbs auf Netzeffektmärkten", 2001, S. 408-409.

96 Beim Timing gilt es abzuwägen, ob ein Format zu einem frühen Zeitpunkt lizenziert werden soll und damit ein höheres Risiko bezüglich des Erfolgs am Markt besteht, oder ob erst zu einem späteren Zeitpunkt der etablierte Standard übernommen werden soll. Dies würde bedeuten, dass sich mit den Standards bereits Marken etabliert haben könnten und für das eigene Unternehmen nur noch Marktnischen blieben. Zudem dürften die Lizenzkosten bei einem etablierten Standard höher sein.

97 Beim Grad an Exklusivität steht die Frage im Vordergrund, ob das gewählte Datenformat zur eigenen Geschäftsfeldstrategie kompatibel ist und ob das Unternehmen mit diesem Wettbewerbsvorteile erzielen kann.

98 Bei der Frage der Lizenzkompensation stehen Kosten-/ Nutzenabwägungen im Mittelpunkt. Bzgl. des Gebührenmodells stellt sich z. B. die Frage, ob eine Einmalzahlung erbracht werden muss oder ob die Gebühren transaktionsabhängig in kleineren Raten anfallen.

Trittbrettfahrerstrategie	Bei der verbleibenden Trittbrettfahrerstrategie übernimmt das Unternehmen einen Standard nach dessen Verabschiedung. Den Vorteilen der Kosteneinsparung, insbesondere weil die aktive Teilnahme in Standardisierungsinstitutionen Fachkräfte oft lange bindet, stehen als Nachteile in erster Linie der fehlende Einfluss auf die Entwicklung und fehlende Kontakte zu Mitgliedern der Branche gegenüber. Die Trittbrettfahrerstrategie eignet sich, wenn dem Unternehmen aufgrund geringer Ressourcen oder fehlendem Zugang zum Gremium eine Einflussnahme auf den Standard nicht möglich ist.[99]

Abbildung 4: Strategievarianten von Standardnachfragern

Demnach ist der hier untersuchte Fall als Trittbrettfahrerstrategie zu klassifizieren, da sich das Unternehmen zwischen in der Regel frei verfügbaren Geschäftsdatenformaten entscheiden soll. Erst wenn sich ausreichend starke Netzwerke gebildet haben, die ihre Datenformate als Markteintritts- oder Marktaustrittsbarriere bspw. für elektronische Märkte einsetzen, müssen sich passive Unternehmen der Variante der Umgehungsstrategie zuwenden. Auch die Strategie des Lizenznehmers bekommt auf elektronischen Marktplätzen Relevanz. Dies geschieht aber nur indirekt über die vom Betreiber des Marktplatzes erhobenen Gebühren.

2.2 Beschreibungsdimensionen

Für die Beschreibung und Klassifikation von IT-Standards ist eine Vielzahl von Typologien entwickelt worden, von denen sich aber keine als umfassend anwendbar erwiesen hat. Vielmehr spiegeln sie jeweils ein bestimmtes Interessengebiet und eine fokussierte Sichtweise der Autoren wider.[100] Insbesondere für die Nutzer von Geschäftsdatenstandards, die zunächst aus der Menge vorhandener Standards mit möglichst geringem Aufwand auswählen wollen, reduzieren Huber / Alt / Lehmann[101] die Vielzahl an Beurteilungskategorien. Danach haben Standards für Geschäftsdatenformate drei bedeutende Dimensionen: Objekt, Anwendergruppe, Institution (siehe Abbildung 5).

99 Vgl. Borowicz, F.; Scherm, E.: „Standardisierungsstrategien: Eine erweiterte Betrachtung des Wettbewerbs auf Netzeffektmärkten“, 2001, S. 411-412.

100 Für eine Aufstellung und Würdigung verschiedener anzutreffender Positionen vgl. de Vries, H. J.: „IT Standards Typology“, 2006, S. 1-26.

101 Vgl. Huber, T.; Alt, R.; Lehmann, G.: „Templates: Standardization for Business Networking“, 2001, S. 213.

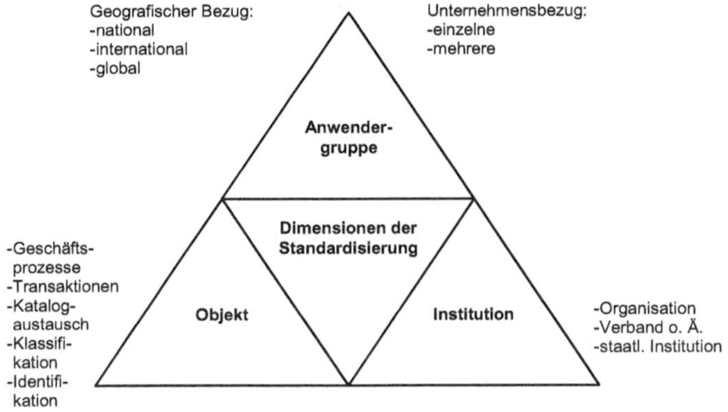

Abbildung 5: Dimensionen der Standardisierung von Geschäftsdaten

2.2.1 Objekt

Bei der Betrachtung von Standards im Bereich des elektronischen Datenaustauschs ist es hilfreich, zwischen technischen und fachlichen Standards zu unterscheiden. Technische Standards abstrahieren von konkreten Anwendungsfeldern und sind universell einsetzbar. Bspw. definieren Netzwerkprotokolle, wie TCP/IP, allgemeine Regeln zum Austausch von Informationen. Sie sind eine notwendige, nicht jedoch eine hinreichende Bedingung für das E-Business und werden deshalb diesem nicht spezifisch zugerechnet.[102]

Fachliche Standards liegen auf einer höheren Ebene, nutzen aber technische Standards zum Austausch der Daten[103] und sind für konkrete Anwendungsfelder entwickelt worden. Bspw. sollen Standards für Geschäftsdaten die automatisierte, elektronische Durchführung von Geschäftstransaktionen ermöglichen. Standards für Geschäftsdatenformate sind demnach als E-Business-Standards bzw. als fachliche Standards für den elektronischen Datenaustausch zu verstehen. Es sind Muster und Konventionen, die z. B. die durchgängige elektronische Abbildung von Informationen und Prozessen und eine fachliche Kompatibilität und Interoperabilität für eine automatisierte, bereichs- und unternehmensübergreifende Zusammenarbeit ermöglichen.

---

[102] Vgl. Institute of Electronic Business: „B2B – Entwicklung von Standards im Electronic Business", 2003, S. 14.

[103] Vgl. Buxmann, P.: „Standards und Standardisierung", 2001, S. 434.

Berlecon Research unterteilen die fachlichen Standards für den Datenaustausch in fünf Kategorien (siehe Abbildung 6).[104]

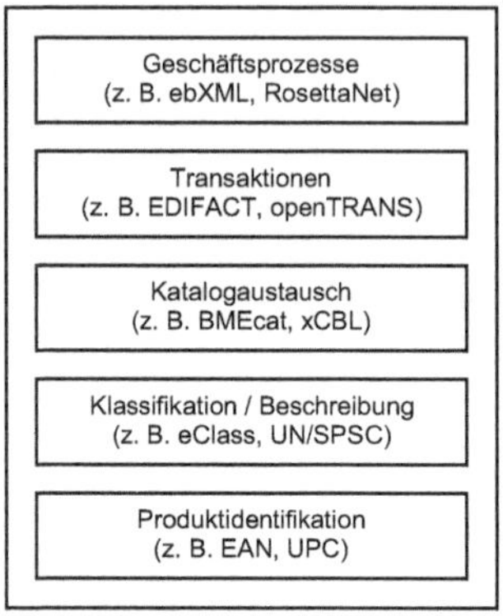

Abbildung 6: Kategorien fachlicher Geschäftsdatenformate

Sie unterscheiden in Standards zur Produktidentifikation, Standards zur Produktklassifikation und -beschreibung, Standards zum Katalogaustausch, Transaktionsstandards und Geschäftsprozessstandards. Die Standards sollen die gesamte Transaktion elektronisch abbilden, lassen sich aber selten überschneidungsfrei einer Transaktionsphase zuordnen.

2.2.1.1 Standards zur Produktidentifikation

Zunächst sollen Standards für die Produktidentifikation eine eindeutige Identifizierung bestimmter Produkte gewährleisten, indem global eindeutige Identifikationen für identische Einheiten vergeben werden. Beispiele sind Barcodes für Lebensmittel oder die ISBN (International Standard Book Number) für Bücher. Vorherrschender Identifikationsstandard in den USA ist der Universal Product Code (UPC) vom Uniform Code Council (UCC). Außerhalb der USA dominiert die International Article Number (EAN). Seit 2002 ist UCC Mitglied im EAN-Gremium und die Zusammenarbeit wird intensiviert, sodass auch von einem EAN-UCC-Standard die Rede ist. Die verschiedenen Ausprägungen der Zusammenarbeit von EAN und UCC werden unter dem Sammelbegriff GTIN (Global Trade Identification Number) zusammengefasst.

---

[104] Vgl. Berlecon Research: „E-Business-Standards in Deutschland", 2003, S. 34.

Der Umgang mit Identifikationsstandards wird in Unternehmen als wenig kritisch beurteilt. Unternehmen haben Schlüsselsysteme im Einsatz, allerdings handelt es sich oft um interne, nicht standardisierte Schlüsselsysteme. Standardschlüsselsysteme wie EAN UCC werden insgesamt von 56% der Unternehmen, in der Nahrungsmittelindustrie von über 80% genutzt. Sie sind aber häufig nur Zweitschlüssel und vereinfachen in erster Linie die Kommunikation mit Geschäftspartnern. Die internen Schlüsselsysteme ersetzen diese aber nicht. Das Nebeneinander verschiedener Schlüsselsysteme wird nicht als Problem gesehen.[105]

2.2.1.2 Standards zur Klassifikation und Beschreibung

Standards zur Klassifikation und Beschreibung von Produkten bauen auf Identifikationsstandards auf. Sie haben die Aufgabe, jedes Produkt eindeutig einer Produktgruppe entsprechend gemeinsamen Merkmalen oder Anwendungsgebieten zuzuordnen. Die Gruppenstruktur in ihrer Gesamtheit wird Klassifikationssystem genannt. Häufig wird eine mehrstufige Klassifikationsstruktur in Gestalt eines umgekehrten Baums definiert. Um ähnliche Produkte nicht nur gleichen Gruppen zuzuordnen, sondern die Produkte auch einheitlich beschreiben zu können, greifen einige Klassifikationssysteme auf vorgegebene Merkmalslisten mit vorgegebenen Einheiten zurück. Eine Merkmalsliste wird immer genau einer Gruppe auf Blattebene zugewiesen und enthält spezifisch für diese Gruppe die notwendigen, beschreibenden Merkmale. Insbesondere für die Produktsuche und den qualifizierten Produktvergleich in Katalogen, die eine Vielzahl von Produkten verschiedener Hersteller enthalten können, werden Klassifikationen als notwendiges Instrument angesehen. Je nach Kenntnisstand über das zu suchende Produkt können verschiedene Such- und Zugriffswege beschritten werden. Kennt der Katalognutzer die Struktur des Produktspektrums nicht ausreichend, bietet der hierarchische Zugriff von der obersten Ebene hinunter bis zu den Blättern im Baum die Möglichkeit, die Menge der relevanten Produkte immer weiter einzugrenzen und so gezielter und schneller zu den in Frage kommenden Produkten zu gelangen. Einzelne Gruppen können auch direkt angewählt werden, indem man die Gruppennummer für den direkten Zugriff nutzt. Sind beide Identifikationen nicht bekannt, kann die Suche nach einzelnen Gruppen durch Synonyme unterstützt werden. Ist eine Gruppe der untersten Ebene gefunden, so hilft die Klassifi-

---

[105] Vgl. Berlecon Research: „E-Business-Standards in Deutschland“, 2003, S. 36.

kation durch die Merkmalsleisten, Produkte innerhalb dieser Gruppe mittels einer Suche nach bestimmten Parametern zu finden.[106]

Neben der Suche ermöglichen Klassifikationen durch ihre Struktur auch die Beschreibung von Beschaffungs- und Vertriebsmärkten. Ebenso können sie genutzt werden, um Sortimente von Lieferanten zu beschreiben und damit auch als Basis von Rahmenverträgen dienen. Es können unternehmensinterne Zuständigkeiten oder Workflows definiert werden, da entlang der Gruppenhierarchie die Produktbereiche überschneidungsfrei abgegrenzt sind. Schließlich können die verschiedenen Ebenen und Gruppen verwendet werden, um statistische Analysen der Beschaffungs- bzw. Vertriebsaktivitäten durchzuführen.[107]

In der Beziehung von Gruppen zu Merkmalslisten liegt der strukturelle Hauptunterschied verschiedener Klassifikationssysteme. Zusätzlich unterscheiden sich Klassifikationssysteme im Detaillierungsgrad und in den Bezeichnungen der Datenelemente.[108]
Beispiele für branchenübergreifende Standards sind UN/SPSC (United Nations Standard Products and Services Code) und eClass. Die Standards bilden die Produkte in einer fünf- bzw. vierstufigen Hierarchie ab. Während UN/SPSC weltweit verbreitet ist, z. B. in den USA die größte Verbreitung hat, ist eClass nur in Deutschland von Bedeutung. Ähnlich wie bei den Identifikationsstandards werden von Unternehmen aber größtenteils eigene Klassifikationssysteme (84%) genutzt.[109]

An UN/SPSC wird vor allem kritisiert, dass Merkmale, Einheiten und Synonyme zur Beschreibung der Produkte fehlen, die Struktur zu wenig an den Bedürfnissen der Lieferanten und Einkäufer ausgerichtet und die Strukturierung für vertikale Anwendungen zu flach ist.[110] Als Reaktion darauf wurde eClass entwickelt. Zunächst defi-

---

106 Vgl. auch Althaus, M.; Sareyka, J.: „Entwicklung und Nutzung von Produktklassifikationssystemen aus Sicht des Contentmanagement“, 2004, S. 139. Nach ihrer Nomenklatur setzt sich ein Klassifikationssystem aus Klassen, Merkmalen, Einheiten, Werten und Synonymen zusammen.

107 Vgl. Dorloff, F.-D.: Standards – die neue Sprache für E-Business?“, 2002, S. 49; Althaus, M.; Sareyka, J.: „Entwicklung und Nutzung von Produktklassifikationssystemen aus Sicht des Contentmanagement“, 2004, S. 137.

108 Vgl. Althaus, M.; Sareyka, J.: „Entwicklung und Nutzung von Produktklassifikationssystemen aus Sicht des Contentmanagement“, 2004, S. 140.

109 Vgl. Berlecon Research: „E-Business-Standards in Deutschland“, 2003, S. 123.

110 Vgl. Althaus, M.; Sareyka, J.: „Entwicklung und Nutzung von Produktklassifikationssystemen aus Sicht des Contentmanagement“, 2004, S. 142.

niert eClass wie UN/SPSC eine hierarchische Struktur. Die Unterschiede von eClass sind u. a.:

- Die Bezeichnungen der 22 Sachgebiete und der darunter liegenden Gruppen sind deutlich kürzer und sollen intuitiver sein.
- Zu den Gruppen wird ein Schlagwortkatalog mit einer Vielzahl von Begriffen definiert, um über Synonyme die relevante Gruppe ansteuern zu können.
- Für viele der Untergruppen sind Merkmalsleisten verfügbar, die gruppenspezifisch die beschreibenden Merkmale bestimmen.
- eClass ist durchgängig mehrsprachig angelegt.

Der Prozess der Klassifizierung wird vielfach manuell und somit teilweise subjektiv durchgeführt. In der Regel müssen alle Produkte sogar in die Hand genommen werden, sodass die Klassifikation zeit- und kostenintensiv ist und Domänenwissen über die Produkte erfordert.[111]

Für die Elektrobranche stellen Otto u. a. fest: „Die Erstellung und Pflege der Produktklassifikation kann als wenig dynamischer Prozess bezeichnet werden. Die Änderungshäufigkeit ist recht gering und tritt insbesondere bei neuen Produkten auf."[112] Zu Inkonsistenzen im Datenbestand kommt es jedoch durch nicht durchgeführte Anpassungen bei historisch gewachsenen Datenbeständen, z. B. nach neuen Erfassungs- bzw. Änderungsregeln, nach Einführung neuer Formate und Klassifizierungen etwa nach Fusionen oder auch nach Einführung neuer Standardversionen. Des Weiteren führen Fehler bei manueller Eingabe, weil eine automatisierte Überprüfung nicht zur Verfügung steht, und fehlende interne Richtlinien, die Mitarbeitern einen zu großen Entscheidungsfreiraum lassen, zu Inkonsistenzen. So liegt es nahe, zunächst einmal klare Regeln für die Erfassung bzw. Änderung von Stammdaten[113] inklusive eines Berechtigungskonzepts zu erstellen. Die Stammdatenpflege stellt bei kleinen Unternehmen sogar das größere Problem im Vergleich zur Übertragung der Daten dar.[114]

---

[111] Vgl. Dorloff, F.-D.: „Standards – die neue Sprache für E-Business?", 2002, S. 50.
[112] Vgl. Otto, B. u. a.: „E-Business-Standards", 2002, S. 52.
[113] Stammdaten betreffen Informationen über Objekte, die sich nicht oder nur selten ändern. Vgl. Stahlknecht, P.; Hasenkamp, U.: „Einführung in die Wirtschaftsinformatik", 2002, S. 137 f.
[114] Vgl. Baal, S. v.; Hudetz, K.: „Handel: Ziele auf Online-Marktplätzen noch nicht erreicht", 2003, WWW.

Bezüglich der Beurteilung von Klassifikationsstandards kommt Berlecon Research zu folgenden zusammenfassenden Aussagen:[115]

- Klassifikationssysteme sind bei fast allen Unternehmen im Einsatz, wobei nur ca. ein Drittel auf einen Standard zurückgreift.
- Die absoluten Nutzungsraten der bekanntesten Standards UN/SPSC und eClass sind sehr niedrig. Das stärkste Wachstum ist bei eClass zu erwarten (auf 7%).
- Unterschiedliche Klassifikationssysteme werden nur selten eingesetzt. Die Kompatibilität eines standardisierten Klassifikationssystems mit einem internen System wird als größtes Einsatzhindernis gesehen.

Die unterschiedlichen Anforderungen an produktbeschreibende Merkmale einzelner Unternehmen erschweren zudem eine weitere Verbreitung, da sie zum Erlangen von Wettbewerbsvorteilen eingesetzt werden können.

2.2.1.3 Standards zum Austausch von Katalogdaten

Elektronische Produktkataloge sind zunächst Repräsentationen von Informationen über Produkte und Dienstleistungen wenigstens eines liefernden Unternehmens. In einer erweiterten Sicht dienen sie dem Abgleich von Angebot und Nachfrage und enthalten weitere für die Abwicklung der Transaktion notwendige Daten. Für die Teilnahme an elektronischen Einkaufsprozessen sind sie elementare Voraussetzung. Unternehmen haben in der Regel mehrere Lieferanten und Abnehmer und stehen somit zum einen vor dem Problem dieses möglichst wirtschaftlich zu lösen. Zum anderen sind Produktkataloge für Lieferanten über ihre Funktion der Leistungsbeschreibung und -repräsentation ein Mittel der Differenzierung gegenüber Wettbewerbern.[116] Kunden stellen zunehmend hohe Anforderungen in Bezug auf aussagekräftige Beschreibungstexte, Produktabbildungen sowie Produktkonfiguratoren[117] und fordern eine standardisierte Produktklassifizierung.[118] Folglich kommt den in Katalogen enthaltenen Daten eine besondere Bedeutung zu.

---

[115] Vgl. Berlecon Research: „E-Business-Standards in Deutschland“, 2003, S. 131.
[116] Vgl. Dorloff, F.-D.: „Standards – die neue Sprache für E-Business?“, 2002, S. 49.
[117] Vgl. Mautner, R.: „Einsatz von Produktkonfiguratoren“, 2002, S. 241-255. Sie untersucht, inwieweit Produktkonfiguratoren in die Strategie eines Unternehmens eingebunden werden können, um sich in der Informations- und Suchphase gegenüber dem Wettbewerb zu differenzieren, und welche Voraussetzungen diesbezüglich zu schaffen sind. Sie betont z.B. die Notwendigkeit einer sofortigen Baubarkeitsprüfung.
[118] Vgl. Dorloff, F.-D.: „Standards – die neue Sprache für E-Business?“, 2002, S. 48-49.

Standards zum Austausch von Katalogdaten setzen auf den Standards zur Produktidentifikation und -klassifikation auf. Sie haben zum Ziel, den Austausch von aktuellen Produktkatalogen zwischen Lieferanten und beschaffenden Organisationen zu vereinfachen. Dabei stehen insbesondere die Zusammenfassung mehrerer Kataloge zu einem Gesamtkatalog sowie die Aufteilung und Übertragung von Teilsortimenten[119] an andere Systeme über verschiedene Katalogformate[120] im Blickfeld.

Neben dem Austausch zählt auch der anforderungsgerechte Zugriff bzw. eine schnelle, zielführende Suche zu den Anforderungen an Katalogformate.[121] Die Qualität der Suchergebnisse lässt sich nach Naumann u. a. im Wesentlichen durch die Faktoren Genauigkeit der Anfrage, Struktur und Qualität des Produktdatenbestandes und die Art des Suchverfahrens bestimmen. Sie entwickeln Methoden, mit denen merkmalsbasierte Produktkataloge, durch die Kombination von Methoden des Information Retrieval mit Ansätzen aus der Fuzzy-Logik durchgemustert werden, um so Suchergebnisse zu optimieren.[122]

In erweiterter Interpretation sind insbesondere die Möglichkeit der Abbildung variabler, kundenspezifischer Informationen wie Preise, die von Rahmenverträgen oder Bestellmengen abhängen können, oder Liefermöglichkeiten, die häufig von der Unternehmenspolitik beeinflusst sind, zentrale Forderungen an Katalogformate.[123] Dabei werden auch dynamische Verfahren der Preisfindung wie z. B. Auktionen und Ausschreibungen unterstützt.

Allerdings erheben Otto u. a. für die Elektrobranche, dass auch Katalogdatenformate eher statisch sind und nur ca. 16% der von ihnen Befragten der Meinung sind, dass sich diese häufig ändern würden.[124] Folglich betonen Otto / Beckmann die Bedeutung der Entwicklung einer einheitlichen Klassifizierungssystematik für die Produkt-

---

[119] Vgl. Dorloff, F.-D.: „Standards – die neue Sprache für E-Business?“, 2002, S. 48-49.
[120] Vgl. Haas, M.: „Elektronische Kataloge als zentrales Produktinformationssystem steigern die Effizienz des Unternehmens“, 2003, S. 3-4.
[121] Vgl. Kap. 2.2.1.2. Für das Suchen sind Klassifikations- und Beschreibungssysteme von entscheidender Bedeutung.
[122] Vgl. Naumann, S. u. a.: „Such- und Klassifizierungsstrategien in elektronischen Produktkatalogen“, 2003, S. 405.
[123] Zur Vertiefung siehe auch Herrmann, F.: „Elektronische Kataloge zur Deckung maschinell disponierten Bedarfs“, 2002, S. 77-84. Anhand von E-Procurement-Systemen untersucht er Anforderungen an das Katalogmanagement und den Übergang zu Transaktionen und Prozessen für indirektes und direktes Material.
[124] Vgl. Otto, B. u. a.: „E-Business-Standards“, 2002, S. 64.

daten und die Bedeutung der Definition eines standardisierten Formats für den Katalogdatenaustausch. Sie befürworten die Verwendung existierender Standards wie eClass und BMECat, die evtl. angepasst werden sollten,[125] ohne dabei aber das Ausmaß der Anpassung und dessen Bedeutung für die Standardkonformität zu thematisieren.

Neben branchenspezifischen Standards existieren auch branchenübergreifend XML-basierte Formate, wie BMECat, und flat-file-basierte Formate, wie PRICAT. Unter den XML-basierten Formaten zum Katalogdatenaustausch dominiert BMECat in Deutschland, während xCBL und cXML als ursprünglich von Softwareanbietern für elektronische Marktplatzsysteme entwickelte Formate in den USA dominieren. 43% aller Unternehmen nutzen den elektronischen Katalogdatenaustausch; sie verwenden dabei oft mehr als ein Format. Ca. drei Viertel aller Unternehmen nutzen aber einfache Textverarbeitungs- bzw. Tabellenkalkulationsformate; ca. ein Drittel nutzt flat-file-basierte Formate, wohingegen nur ca. 18% XML-basierte Formate nutzen. Bei den Zuwachsraten liegen BMECat und EDIFACT-Formate gleich auf, sodass sich an der Dominanz flat-file-basierter Formate nichts ändern wird.[126]

2.2.1.4 Standards für Geschäftstransaktionen

Auf nächst höherer Stufe werden Formate für Geschäftsdokumente, wie Bestellung, Lieferschein, Rechnung etc. definiert, die Geschäftstransaktionen konkretisieren. Instanzen eines Standards für Geschäftstransaktionen kann man als Geschäftsdokumente bezeichnen, auf deren Basis Verträge zustande kommen. Auch hier gilt es festzulegen, welche Inhalte ausgetauscht werden und wie diese strukturiert sein müssen.

Ca. 80% der Unternehmen aus den Branchen IT- und Elektroindustrie, Nahrungsmittelindustrie, Nahrungsmittelhandel und Maschinenbau tauschen Daten für Geschäftstransaktionen elektronisch aus, wobei Bestellungen und Rechnungen dominieren (ca. 70 %). Preis- und Verfügbarkeitsanfragen, Auftragsbestätigungen, Lieferabrufe sowie sonstige Liefer- und Speditionsdokumente folgen mit ca. 40%. In erster Linie werden auch hier flat-file-basierte Datenformate genutzt. XML-basierte Formate ha-

---

[125] Vgl. Otto, B.; Beckmann, H.: „Klassifizierung und Austausch von Produktdaten auf elektronischen Marktplätzen“ 2001, S. 353.
[126] Vgl. Berlecon Research: „E-Business-Standards in Deutschland“, 2003, S. 143.

ben nur eine geringe Bedeutung (ca. 17%). Beispiele für Transaktionsstandards sind flat-file-basiertes EDIFACT mit seinen Subsets, die in Deutschland mit Abstand am weitesten verbreitet sind und auch den größten Zuwachs erwarten lassen, und XML-basiertes openTRANS, cXML und xCBL. Eine, auch allmähliche, Ablösung von Flat-file-Formaten durch XML-basierte Formate ist nicht abzusehen.[127]

Probleme bei der Nutzung von Standards für Geschäftstransaktionen entstehen in erster Linie durch das Nebeneinander mehrerer Standards, denn in keinem Bereich existieren so viele Standards wie im Bereich der Transaktionsdaten, und bei der rechtssicheren Übertragung und Archivierung.[128] Die existierenden Standards erfüllen aber größtenteils die Anforderungen der Unternehmen, wobei die Anbindung an die eigene, proprietäre IT ein Problem darstellt. Die Situation bei den Transaktionsstandards wird als komplex, aber wenig dynamisch dargestellt.[129]

2.2.1.5 Prozessstandards

Gegenstand der höchsten Ebene ist die Standardisierung ganzer Geschäftsprozesse, d.h. nicht nur die Abbildung einzelner Nachrichten oder Dokumente, sondern auch die Festlegung von Sequenzen von Nachrichten mit Vor- und Nachbedingungen, Verzweigungen sowie Berechtigungen als komplexe Abläufe. Unternehmensintern entspricht dies den Standards zur Durchführung von Workflows. Bedeutende Standards in diesem Bereich sind RosettaNet und ebXML. Zurzeit und in naher Zukunft werden Prozessstandards in Deutschland aber kaum genutzt. Lediglich ebXML soll vereinzelt eingesetzt werden.[130]

2.2.2 Anwendergruppe

Neben den Standardisierungsobjekten unterscheiden Huber / Alt / Lehmann die Dimension Anwendergruppe. Sie trennen zwischen einem organisationsbezogenen und einem geografischen Blickwinkel.[131] Da eine geografische Differenzierung marktlicher Standards für Geschäftsdatenformate wenig Sinn macht, weil sich diese selten an Grenzen von Nationen oder Wirtschaftsgemeinschaften festmachen lassen und dies dem Ziel der Schaffung eines global gültigen Formats für Geschäftsdaten auch

---

[127] Vgl. Berlecon Research: „E-Business-Standards in Deutschland“, 2003, S. 144-150.
[128] Vgl. Förderer, K.: „Elektronische Rechnungen: Herausforderung und Chance“, 2006, WWW.
[129] Vgl. Berlecon Research: „E-Business-Standards in Deutschland“, 2003, S. 152-156.
[130] Vgl. Berlecon Research: „E-Business-Standards in Deutschland“, 2003, S. 161.
[131] Vgl. Huber, T.; Alt, R.; Lehmann, G.: „Templates: Standardization for Business Networking“, 2001, S. 213.

entgegen liefe, soll insbesondere der organisationsbezogene Blickwinkel näher untersucht werden. Borowicz / Scherm unterscheiden hinsichtlich der organisatorischen Reichweite von Standards nach der Häufigkeit ihres Vorkommens in betriebliche, überbetriebliche, umfassend akzeptierte und dominante Standards. Danach gibt es viele betriebliche Standards, etwas weniger überbetriebliche Standards und nur wenige umfassend akzeptierte Standards und immer nur einen dominanten Standard.[132]

Hinsichtlich der branchenbezogenen Reichweite wird zwischen Branchenstandards und branchenübergreifenden Standards unterschieden. Branchenstandards versuchen für Betriebe eines Wirtschaftszweigs vergleichbare Anforderungen an die auszutauschende Information festzulegen und verbindliche, branchenbezogene Übertragungsmodelle zu definieren.[133] Einzelne Branchenstandards sind in der Regel inkompatibel zueinander.[134] Branchenübergreifende Standards stellen ein umfassenderes Konzept dar und versuchen diese Inkompatibilität zu überwinden, um so eine Integration zu gewährleisten.

Letztendlich unterstreicht die Dimension der Anwendergruppe lediglich die Erkenntnis, dass je nach Branche oder Konstellation der Geschäftspartner unterschiedliche Standards angewendet werden. Dominante Standards für Geschäftsdaten sind nicht zu erkennen, sodass sich ein Unternehmen bei der Wahl geeigneter Formate zunächst an den fokussierten Handelspartnern zu orientieren hat.

2.2.3 Standardisierungsinstitutionen

Einzelne Standardisierungsinstitutionen stehen in enger Beziehung zu den Anwendergruppen. Standardisierungsinstitutionen können sowohl private Unternehmen als auch Branchenverbände oder andere nationale und internationale Einrichtungen mit sehr unterschiedlichen internen Standardisierungsprozessen sein. Bei der Entstehung und Durchsetzung von Standards können Marktstandards und De-Jure-

---

[132] Vgl. Borowicz, F.; Scherm, E.: „Standardisierungsstrategien: Eine erweiterte Betrachtung des Wettbewerbs auf Netzeffektmärkten", 2001, S. 394.

[133] Vgl. Faisst, W., Stürken, M.: Daten-, Funktions- und Prozess-Standards für Virtuelle Unternehmen – strategische Überlegungen", 1997, S. 9.

[134] Vgl. Buxmann, P.: „Standardisierung betrieblicher Informationssysteme", 1996, S. 17.

Standards als grundsätzliche Formen von Standardisierungsprozessen unterschieden werden.[135]

Marktstandards entstehen, wenn sich ein Standard eines einzelnen Unternehmens auf dem Markt durchsetzt. Sie sind typisch für wettbewerblich organisierte Märkte. De-Jure-Standards werden von einer übergeordneten Instanz beschlossen. Hier kann man weiter in Komiteestandards und staatliche Standards unterscheiden. Komiteestandards werden durch freiwillige Einigung der Interessengruppen festgelegt. Auf der Basis von Verhandlungen zwischen Anbietern oder innerhalb von Standardisierungsorganisationen kommt es zur Einigung auf einen bestimmten Standard. Dabei werden häufig übergreifende Standards aus Teilen vorhandener Standards entwickelt, an denen einzelne Komiteemitglieder Verfügungsrechte besitzen. Bei Komiteestandards sind der Verzicht auf Verfügungsrechte durch den Eigentümer und der einfache Zugang oft Voraussetzung für eine Akzeptanz im Komitee.[136] Da Komitees keiner Gewinnerzielungsabsicht unterliegen, lassen Komiteestandards durch Chancengleichheit einen stärkeren Wettbewerb bei den Komplementärleistungen erwarten. Die Koordination durch Verhandlung ist Marktergebnissen aus Effizienzgesichtspunkten häufig überlegen. Komitees galten daher zunächst als am besten zur Koordination von Märkten für Netzeffektgüter geeignet. Allerdings verweisen schon Farrell / Saloner auf situationsspezifische Restriktionen. Komitees bilden danach Wettbewerbsarenen für Standards. Die in ihnen ablaufenden Prozesse seien oft schlecht beobachtbar und kaum dokumentiert. Anbieter versuchten ihren Standard durchzusetzen, um sich dadurch einen zeitlichen Vorsprung, evtl. sogar Lizenzeinnahmen und schließlich einen Wettbewerbsvorteil zu sichern. Bei den Autoren wird kontextabhängig ein Hybrid aus Markt- und Komiteelösung als effektiv erkannt.[137]

Staatliche Standards werden beschlossen und sind anschließend rechtlich durchsetzbar. Die beschließende Organisation verfolgt vielfach regulierende oder auch

---

[135] Vgl. im Folgenden David, P. A.; Greenstein, S.: „The Economics of Compatibility Standards: An Introduction of Recent Research", 1990, S. 4. Die Autoren unterscheiden weiter in geförderte und nicht geförderte Marktstandards sowie freiwillige und staatlich verordnete De-Jure-Standards.

[136] Vgl. Borowicz, F.; Scherm, E.: „Standardisierungsstrategien: Eine erweiterte Betrachtung des Wettbewerbs auf Netzeffektmärkten", 2001, S. 403. Zum Problem der Eigentumsrechte bei der Standardentwicklung im Komitee vgl. auch Park, S.: „Standardization and Network Externalities", 2006, S. 273.

[137] Vgl. Farrell, J.; Saloner, G.: Coordination through committees and markets, 1988, S. 250; Weitzel, T.; Beimborn, D.; König, W.: „Coordination in networks: An economic equilibrium analysis", 2003, S. 206-207.

protektionistische Ziele.[138] Thum diskutiert Möglichkeiten und Grenzen staatlicher Standardisierung. Er kommt zum Schluss, dass staatliche Standardisierungspolitik an Grenzen stößt, wenn dynamische Prozesse die freie ex ante Festlegung von Standards einschränken.[139] Nur „in einer statischen Welt wäre die staatliche Festlegung eines Standards der geeignete Weg, das Glaubwürdigkeitsproblem in einem fragmentierten Markt zu überwinden."[140] Staatliche Standards lassen den Unternehmen keinen Entscheidungsfreiraum. Unternehmen müssen jedoch bei grenzüberschreitendem Handel z. B. mit einer anderen Wirtschaftszone in der Lage sein, ggf. unterschiedliche Formate zu unterstützen.

In Anlehnung an Besen / Saloner[141] entwickeln Picot / Reichwald / Wiegand eine Typologie von Standardisierungsprozessen (siehe Abbildung 7).[142]

		Individuelle Anreize zur Standardisierung	
		Hoch	**Niedrig**
Präferenzen für einen bestimmen Standard	**Hoch**	Konflikt	Privates Gut
	Niedrig	Koordination	Öffentliches Gut

Abbildung 7: Typologie von Standardisierungsprozessen[143]

Sie unterscheiden dabei die Dimensionen Individuelle Anreize zur Standardisierung und Präferenzen für einen bestimmten Standard. Ein Konflikt entsteht bei einem hohen Interesse an einem allgemein gültigen Standard bei gleichzeitig hoher Präferenz für einen bestimmten Standard. Dies tritt z. B. auf, wenn sich bereits unterschiedliche Standards etabliert haben und die Nutzer des dann unterlegenen Standards Umstellungskosten zu tragen haben. Hingegen führen hohe Präferenzen für einen bestimmten Standard bei geringem Interesse an einem allgemein gültigen Standard zu einem privaten Gut. Bei hohem Interesse an einem allgemein gültigen Standard und gleich-

[138] Vgl. Johannes, H.: „Standardisierungsanreize bei technischen Systemen", 1999, S. 5. Blind untersucht die Rolle des Normungswesens als Diffusionssystem für Innovationen und mögliche Einflussmöglichkeiten für Unternehmen. Vgl. Blind, K.: „Innovationen, Normen und ihr Einfluss auf die gesamtwirtschaftliche Entwicklung", S. 230.

[139] Vgl. Thum, M.: „Möglichkeiten und Grenzen staatlicher Standardisierung", 1994, S. 465-499.

[140] Siehe Thum, M.: „Netzwerkeffekte, Standardisierung und staatlicher Regulierungsbedarf", 1995, S. 140.

[141] Vgl. Besen, S. M.; Saloner, G.: „The Economics of Telecommunications Standards", 1989, S. 184.

[142] Vgl. im Folgenden Picot, A.; Reichwald, R.; Wigand, R. T.: „Die grenzenlose Unternehmung", 2003, S. 65 ff.

[143] Nach Picot, A.; Reichwald, R.; Wigand, R. T.: „Die grenzenlose Unternehmung", 2003, S. 65.

zeitig niedriger Präferenz für einen bestimmten Standard handelt es sich danach um ein reines Koordinationsproblem. Die Entscheidung für ein Rechts- oder Linksfahrgebot ist hier das Standardbeispiel. Besteht ein niedriges Interesse an einem allgemein gültigen Standard bei gleichzeitig geringen Präferenzen für einen bestimmten Standard, liegt der Fall des Öffentlichen Guts vor. Katz / Shapiro vertreten die Ansicht, dass „...an open communications network shares many features with a public good; small users may free-ride on large users who may bear the costs necessary to create and market the network.“[144] Dies kann aber nur solange gelten, wie noch keine Investitionen getätigt wurden, die geschützt werden sollen, und Information und Kommunikation nicht zur Differenzierung herangezogen werden.
Da sich sowohl das Interesse an einem gemeinsamen Standard als auch die Präferenzen der Nutzer im Zeitablauf ändern können, kann sich auch der Typ des Standardisierungsprozesses ändern. Die wenig differenzierte Betrachtung der Interessenlage der Akteure erlaubt insgesamt keine adäquate Beurteilung der Entstehung von Standards für Geschäftsdaten.[145]

Im Rahmen dieser Arbeit wird nicht auf die konkreten Standardisierungsprozesse in einzelnen Organisationen, wie z. B. W3C (World Wide Web Consortium), OASIS (Organization for the Advancement of Structured Information Standards), IEEE (Institute of Electrical and Electronics Engineers) usw. eingegangen.[146] Auch institutionelle Arrangements von Standardisierungsorganisationen bleiben weitestgehend ausgeblendet.[147] Die Entwicklung von Standards ist als hochgradig situationsspezifisch einzuordnen. Entscheidend für die Standardentwicklung sind in erster Linie die beteiligten Akteure. Das Verhältnis der Akteure zueinander entscheidet auch darüber, ob kooperativ an der Problemlösung gearbeitet wird oder ob Standardisierungsprozesse als wettbewerblich und konfliktbeherrscht einzuordnen sind, in denen technische Auseinandersetzungen nur vorgeschobene, taktische Manöver der Akteure zur Positionierung ihres Unternehmens sind. Sonstige Faktoren wie Organisationsformen oder Problemstellungen sind eher vernachlässigbar, sodass selbst ein differenzierter Vergleich von Organisationsformen und letztendlicher Durchsetzung der Standards

---

144 Siehe Katz, M. L.; Shapiro, C.: „Systems Competition and Network Effects“, 1994, S. 103.
145 Vgl. Niggl, J.: „Die Entstehung von Electronic Data Interchange Standard“, 1994, S. 57.
146 Standardisierungsprozesse bei Standardisierungsorganisationen u. a. ISO, ITU, IETF am Beispiel von E-Mail-Systemen untersucht Jacobs, K.: „Standardisationprocesses in IT“, 2000.
147 Institutionelle Arrangements von Standardisierungsorganisationen und Determinanten für einen erfolgreichen Wandel im Laufe der Zeit untersucht Genschel, P.: „Standards in der Informationstechnik“, 1995.

nur eine Ex-post-Betrachtung ist, die durch ggf. geänderte Rahmenbedingungen obsolet würden. Für Unternehmen, die zukunftsgerichtet entscheiden müssen, ist dies nur von geringem, weil deskriptiv-historischem, Interesse.

2.3 Das Spannungsfeld aus Möglichkeiten und Grenzen der Standardisierung von Geschäftsdatenformaten aus Sicht der Anwender

Aus den erwarteten Möglichkeiten und Grenzen der Standardisierung von Geschäftsdaten ergibt sich Spannungsfeld, in dem sich Unternehmen befinden, die vor der Entscheidung für ein bestimmtes Datenformat stehen. Im Folgenden werden bedeutsame Möglichkeiten und Grenzen als Pole dieses Feldes zusammengefasst, wobei die Stärke des jeweiligen Einflusses nur unternehmensindividuell ermittelt werden kann.

2.3.1 Möglichkeiten

Für die einzelnen Anwender bieten sich in erster Linie folgende Möglichkeiten der Standardisierung fachlicher Geschäftsdatenformate (siehe Abbildung 8):[148]

Möglichkeiten	**Erläuterung**
Kostenreduzierung bei der Integration	Werden in einem Unternehmen standardisierte Datenformate verwendet, verringern sich die Kosten in erster Linie durch die Reduzierung der Anzahl der Schnittstellen, die erstellt, gewartet und / oder lizenziert werden müssen. Statt, im ungünstigsten Fall, paarweise Schnittstellen zu pflegen, muss dies bei konsequenter Verwendung eines Standards nur einmal geschehen. Schon innerhalb vieler Unternehmen ist im Laufe der Zeit eine Vielzahl heterogener IT-Systeme entstanden, die zu einem kostenintensiven Informationsaustausch zwischen einzelnen Komponenten oder Akteuren führen. Bei unternehmensübergreifender Integration steigert sich die Heterogenität und Komplexität tendenziell, sodass erst die gemeinsame Nutzung von Standards im Allgemeinen zu einer Vereinfachung der Durchführung von Transaktionen zwischen Akteuren führt[149] bzw. diese überhaupt erst wirtschaftlich ermöglicht.
Zeitersparnisse	Standards stehen in der Regel sofort zur Verfügung und können nach Einigung auf diese unmittelbar eingesetzt werden. Oftmals sind auch Implementierungshandbücher in vergleichbaren Projekten erstellt worden, sodass die Einführungszeit erheblich verkürzt werden kann.

[148] Vgl. im Folgenden Faisst, W.; Stürken, M.: „Daten-, Funktions- und Prozess-Standards für Virtuelle Unternehmen – strategische Überlegungen“, 1997, S. 22-24.
[149] Vgl. Buxmann, P.; König, W.: „Das Standardisierungsproblem: Zur ökonomischen Auswahl von Standards in Informationssystemen“, 1998, S. 122.

Technisch höhere Qualität	Standards werden in der Regel durch erfahrene Entwickler erarbeitet, die zudem auf ausgereifte Prüfroutinen zurückgreifen können. Standards bieten somit ein Höchstmaß an Sicherheit vor Entwicklungsfehlern.
Verringertes Investitionsrisiko für die Anwender	Für Anwender ergibt sich durch die Verwendung von Standards eine größere Investitionssicherheit, da sichergestellt scheint, dass Nachfolgetechnologien Kompatibilität gewährleisten.[150] Die Reduktion der angebotenen Alternativen kann auch zu einer Verringerung der Unsicherheit der Marktteilnehmer und zum Marktwachstum führen. Bspw. hat die begrenzte Anzahl von Betriebssystemen für Mikrocomputer zum schnellen Anwachsen der angebotenen Software und somit zu Marktwachstum geführt.[151]
Lösung von Semantikproblemen	Durch die Einigung auf ein gemeinsames Begriffsverständnis werden Missverständnisse vermieden, da Daten gemäß den Standardvorgaben zu interpretieren und zu verarbeiten sind. Durch eine etablierte, funktionierende Lösung ergibt sich auch eine bessere Durchsetzbarkeit gegenüber neuen Geschäftspartnern. Neben der Festlegung, welche Informationen zu übertragen sind, ist dies als Kernfunktion der Standardisierung von Geschäftsdatenformaten anzusehen.
Größere Flexibilität bei der Wahl der Geschäftspartner	Standards erhöhen die Auswahlmöglichkeiten bei der Geschäftspartnerwahl, da diese einen schnellen Auf- und Abbau neuer Geschäftsbeziehungen ermöglichen. Geschäftspartner können so nach wirtschaftlichen, funktionalen Aspekten und nicht nach der technischen Kompatibilität ausgewählt werden.
Unabhängigkeit vom eigenen Personal	Bei Standards wird die Entwicklung, Einführung und Pflege auch von Dritten und in mehreren Unternehmen durchgeführt, sodass das Wissen um den Standard als unspezifisch und am Markt erhältlich eingestuft werden kann. Bei hoch spezialisierten Beziehungen mit spezifischen Formaten und sonstigen Besonderheiten ist dieses Wissen oft nur bei den eigenen Mitarbeitern unmittelbar vorhanden, sodass ein Unternehmen in Abhängigkeit von diesen geriete bzw. sich aufwändig gegen deren Ausfall absichern müsste.[152]
Automatisierter Änderungsdienst	Werden neue Versionen eines Standards eingeführt, werden vielfach Updates angeboten, die sich mittels einer Installationsroutine in die (Standard-)Unternehmenssoftware einbinden lassen. Selbst wenn die Updates kostenpflichtig sind, lassen sich im Vergleich zu individuellen Formaten Kosteneinsparungen erwarten. Müssen die Änderungen manuell durchgeführt und dokumentiert werden, sind sie zudem tendenziell fehleranfällig.

[150] Vgl. Morell, J. A.: „Standards and the market acceptance of information technology: An exploration of relationships“, 1994, WWW; Hars, A.; Schlüter-Langdon, C.: „Chancen und Risiken für verteilte Informationssysteme“, 2002, S. 17.

[151] Vgl. Morell, J. A.: „Standards and the market acceptance of information technology: An exploration of relationships“, 1994, WWW.

[152] Vgl. auch Kaib, M.: „Enterprise Application Integration“, 2002, S. 129.

	Eine automatisierte und getestete Änderung gewährleistet eine hohe Datenqualität.
Nutzung organisatorischen Know-hows	Durch die Nutzung der in den Standardisierungsinstitutionen entwickelten Formate wird gleichzeitig das dem zugrunde liegende organisatorische Know-how genutzt. Die Formate stellen funktionierende Lösungen dar, die von den Unternehmen übernommen werden können, ohne das Risiko einzugehen, dass diese nicht, zumindest grundsätzlich, problemadäquat sind. Ihnen liegen allgemein akzeptierte Konzepte zugrunde, die häufig einen langwierigen Entstehungsprozess unter Mitwirkung einer Vielzahl von Experten durchlaufen haben. Die Nutzung von Standards kann so nicht nur die technische, sondern auch die organisatorische Qualität der Geschäftsprozesse steigern. Die ggf. notwendige konzeptuelle Konsolidierung der Geschäftsprozesse bedeutet eine Anpassung der eigenen Geschäftsprozesse an den Standard.
Erhöhung der Integrationstiefe mit dem Geschäftspartner	Fachliche Standards verbessern den Informationsfluss innerhalb und zwischen Unternehmen.[153] Durch sie wird eine höhere Kompatibilität der Anwendungssysteme erreicht, die zu effizienten und flexiblen Lösungen führt.[154] Standards werden daher als Schlüssel zur überbetrieblichen Prozessintegration gesehen. Je mehr akzeptierte Standards vorliegen, desto umfassender kann eine wirtschaftliche Integration durchgeführt werden. Dies kann bei Formaten für Konstruktionszeichnungen mit zugehöriger Teileliste anfangen und bis hin zu notwendigen Zertifizierungen bestimmter Prozesse reichen.
Verfügbarkeit und Entwicklung von Komplementärgütern[155]	Des Weiteren führt Morell die Verfügbarkeit und Entstehung einer Vielzahl von differenzierten Komplementärgütern an. Neben Beratungsleistungen ist insbesondere die Verfügbarkeit von Adaptern zu nennen.

Abbildung 8: Möglichkeiten der Standardisierung

Insgesamt zeigen die mit der Standardisierung von Geschäftsdatenformaten verbundenen Möglichkeiten, dass sich Vorteile der Standardnutzung entgegen der traditionellen Annahme nicht nur auf der Beschaffungsseite ergeben. Danach sollen Unternehmen in erster Linie die Standardisierung technischer Spezifikationen in den Branchen ihrer Zulieferer fördern, um die Möglichkeiten der Produktdifferenzierung der Lieferanten abzubauen und den Aufbau von Umstellungskosten zu untergraben.[156]

---

153 Siehe Buxmann, P.; König, W.: „Das Standardisierungsproblem: Zur ökonomischen Auswahl von Standards in Informationssystemen", 1998, S. 122.

154 gl. Buxmann, P.: „Standards und Standardisierung", 2001, S. 434.

155 Vgl. Morell, J. A.: „Standards and the market acceptance of information technology: An exploration of relationships", 1994, WWW.

156 Siehe Porter, M. E.: „Wettbewerbsstrategie", 1999, S. 178.

Standardisierte Produkte würden also in erster Linie die Position der Abnehmer stärken, da sich diese sicher sein könnten, alternative Lieferanten zu finden. Sie gewännen dadurch Verhandlungsspielraum.[157] Ebenso entstehen Vorteile auf der Absatzseite, die bspw. daraus resultieren, dass Informationssysteme schnell und zu geringen Kosten integriert werden können und so intern eine optimierte Lagerhaltung erreicht oder aber gegenüber dem Kunden ein exakter Liefertermin genannt werden kann.

Obwohl passive Standardanwender im Intra-Standardwettbewerb prinzipiell sowohl eine Kostenführerschaftsstrategie als auch eine Differenzierungsstrategie wählen können, bietet sich in der Regel eine Kostenführerschaftsstrategie an, da aktive Unternehmen, die an der Entwicklung des entstandenen Datenformats beteiligt waren, in Bezug auf die Nutzung eines Datenformats bereits Erfahrungen z. B. bei der Implementierung und beim Betrieb des Formats haben und mit dem entstandenen Format eher eigene Fähigkeiten und Technologien unterstützen. Für eine Kostenführerschaftsstrategie sprechen auch die geringeren Kosten, die aus der Übernahme des Formats resultieren, u. a. da diese fast ausschließlich kostenlos angeboten werden.[158] Unternehmen, die Datenformate zunächst kostenlos anbieten, können Gewinne z. B. durch kostenpflichtige Erweiterungen oder Aktualisierungen, Preise, die sie nach Beendigung einer Testphase verlangen, Werbung oder andere komplementäre Produkte erzielen. Anbieter von Software für elektronische Marktplätze versuchen über die Etablierung ihres Formats Verkäufe ihrer Software zu forcieren.

2.3.2 Grenzen

Bei der Auswahl standardisierter Geschäftsdatenformate bieten sich den einzelnen Anwendern insbesondere folgende Grenzen (siehe Abbildung 9).

---

[157] Vgl. Steinmann, H.; Schreyögg, G.: „Management“, 2005, S. 198.

[158] Vgl. Berlecon Research: „E-Business-Standards in Deutschland“, 2003; S. 164; ECIF: „2002 Survey of Demands for E-Business Standardization in Korea“, 2002, S. 24. Auf der anderen Seite versuchen Standardentwickler mit Patenten, Lizenzgebühren usw. direkten Nutzen aus den von ihnen entwickelten Standards zu ziehen, sodass sich z. B. das W3C gezwungen sieht, seine Politik der freien Standards in Richtung des Vorgehens von OASIS zu überdenken, die auch Standards berücksichtigen, die mit Eigentümerrechten der Entwickler versehen sind. Digital Rights Management (DRM) Organisationen wie ContentGuard oder Intertrust wachen darüber, dass keines der Rechte ihrer Mitglieder verletzt wird. Vgl. Mitchell, R.: „Selling Out on Standards“, 2005, WWW.

Grenzen	Erläuterung
Schwer quantifizierbarer Nutzen	Die Einführung von Standards ist für den einzelnen Anwender grundsätzlich mit Aufwand verbunden, der aus ökonomischer Sicht nicht größer als nötig sein soll. Zudem sollen die getätigten Investitionen gut geschützt sein.[159] Der Aufwand entsteht z. B. für die Anpassung an einen bestimmten Standard oder den notwendiger Austausch einzelner Komponenten. Der einigermaßen genau bezifferbare Einführungsaufwand steht einem nur schwer quantifizierbaren Nutzen bzw. Ertrag gegenüber,[160] da dieser definitionsgemäß auf Erwartungen und Vertrauen beruht. Aufgrund der mangelnden Quantifizierbarkeit sehen Picot / Reichwald / Wiegand Hindernisse einer Standardisierung auch im sozialen Umfeld und der Akzeptanz der Marktteilnehmer. Technische Innovationen seien immer wieder aufgrund mangelnder marktlicher oder gesellschaftlicher Akzeptanz gescheitert.[161]
Mangelnde Effizienz[162]	Da Standards als Netzeffektgüter für eine breite Anwendergruppe entwickelt werden, liegt der Fokus auf der allgemeinen Verwendbarkeit, sodass Effizienzverluste hingenommen werden und Spezifika einzelner Unternehmen unberücksichtigt bleiben. Insbesondere für Unternehmen, die eine Vielzahl von Geschäftsnachrichten austauschen, die unmittelbare Antworten erfordern, z. B. Orderbestätigungen, kann dies zu Nachteilen führen, wenn diese Nachrichten nicht ausreichend schnell verarbeitet werden können.
Vielzahl an ähnlichen Standards und Standardisierungsinstitutionen[163]	Durch eine Vielzahl alternativer Standards für gleiche oder ähnliche Funktionen steigt die Unsicherheit der Marktteilnehmer. Ursache der Unsicherheit ist neben der Komplexität der Materie auch der Wettbewerb zwischen einzelnen Standardisierungsinitiativen. Während Ballnus die Schwierigkeiten bei der Entstehung von Formaten für den Geschäftsdatenaustausch noch auf die fehlenden Arenen und Institutionen zurückführt, weil in den von ihm untersuchten Branchen diese Abstimmungsprozesse ausnahmslos außerhalb der etablierten technischen Standardisierungsorganisationen stattfanden,[164] hat sich das Bild heute dahingehend gewandelt, dass es eine Vielzahl von Stan-

159 Vgl. Frank, U.: „Vergleichende Betrachtung von Standardisierungsvorhaben zur Realisierung von Infrastrukturen für das E-Business", 2000, S. 8.

160 Vgl. Dorloff, F.-D.: „Standards – die neue Sprache für E-Business?", 2002, S. 52.

161 Vgl. Picot, A.; Reichwald, R.; Wigand, R. T.: „Die grenzenlose Unternehmung", 2003. S. 7.

162 Vgl. Faisst, W.; Stürken, M.: „Daten-, Funktions- und Prozess-Standards für Virtuelle Unternehmen – strategische Überlegungen", 1997, S. 25.

163 Vgl. Faisst, W.; Stürken, M.: „Daten-, Funktions- und Prozess-Standards für Virtuelle Unternehmen – strategische Überlegungen", 1997, S. 25.

164 Vgl. Ballnus, R.: „Erfolg mit EDI und E-Commerce", 2000, S. 260. Zum gleichen Ergebnis kommt Kubicek, H.: „Organisatorische Voraussetzungen des branchenübergreifenden elektronischen Datenaustauschs", 1993, S. 143-168.

	dardisierungsorganisationen und -initiativen gibt, von denen aber keine als umfassend etabliert gelten kann. Um nicht auf den falschen Standard zu setzen, werden Entscheidungen wiederholt aufgeschoben und es tritt das Start-up-Problem auf.
Enge Anwendungsgebiete und Notwendigkeit mehrere Standards einzusetzen[165]	Geschäftsdatenstandards sind häufig auf eine bestimmte Branche, bestimmte Unternehmensverbünde oder ein bestimmtes Anwendungsfeld zugeschnitten. Sobald diese Grenzen überschritten werden, kommt es Kompatibilitätsproblemen mit anderen Standards, sodass ggf. mehrere Standards unterstützt werden müssen und Vorteile der Standardisierung schwinden.
Mangel an Konsistenztests und Haftungsprobleme[166]	Die Einführung von Standards erfolgt oft unter großem Zeitdruck, sodass häufig nicht alle Spezifikationen des Standards von Beginn an berücksichtigt werden. Die Differenz zwischen der vollständigen und der realen Umsetzung führt oft zu erheblichen Nacharbeiten. Diese Problematik wird durch fehlende verbindliche Testkriterien bzgl. der Einhaltung des Standards hervorgerufen. Durch die Schwierigkeiten beim Sicherstellen einer Standardkonformität entsteht auch eine rechtliche Unsicherheit, denn Haftungsfragen bleiben ungelöst. Dies verstärkt sich noch beim Einsatz mehrerer, aufeinander aufbauender Standards, z. B. durch den fehlenden Einfluss auf Verschlüsselungsmaßnahmen. Die Probleme werden durch Compliancewerkzeuge adressiert, die zukünftig Abhilfe schaffen sollen.[167]
Langwierige Normungsprozesse	Die Verfahren bis zur Verabschiedung eines einzelnen Standards dauern oft Jahre, sodass sie vielfach den Anforderungen nachlaufen oder Kompatibilität zugunsten von Verfügbarkeit bzw. Realisation aufgegeben wird.[168]
Lock-in	Lock-in bedeutet, dass die Abhängigkeit durch Spezifität einer Tauschbeziehung nicht den Erwartungen entspricht und / oder opportunistisch ausgenutzt wird. Dies kann z. B. bei einer Supply Chain der Fall sein, wenn der Lieferant seine Preise erhöht, nachdem die Aktivitäten der Unternehmen eng aufeinander abgestimmt wurden und so

165 Vgl. Faisst, W.; Stürken, M.: „Daten-, Funktions- und Prozess-Standards für Virtuelle Unternehmen – strategische Überlegungen“, 1997, S. 25.

166 Vgl. Faisst, W.; Stürken, M.: „Daten-, Funktions- und Prozess-Standards für Virtuelle Unternehmen – strategische Überlegungen“, 1997, S. 26. Zur Notwendigkeit und Komplexität von Testverfahren schon auf tiefer liegenden Schichten vgl. auch Moseley, S.; Randall, S.; Wiles, A.: „In Pursuit of Interoperability“, 2006, S. 321-336.

167 Vgl. Jost, W.: „Compliance-Tools werden zum Steuerpult“, 2006, S. 18.

168 Vgl. Scheckenbach, R.: „Semantische Geschäftsprozessintegration”, 1997, S. 113. Wenn Phasen des Kennenlernens und der Gruppenfindung in die Beurteilung einbezogen werden, erscheint es aber keinesfalls sicher, dass etablierte Standardisierungsorganisationen mehr Zeit bis zur Verabschiedung eines Standards benötigen. Vgl. Wegberg, M.v.: „Standardization and Competing Consortia: The Trade-Off between Speed and Compatibility“, 2006, S. 120, 125.

	hohe Wechselkosten für seine Abnehmer entstehen würden. Eine Änderung der aktuellen Situation erschiene dann unwirtschaftlich.[169] Verstärkend wirken sog. Pfadabhängigkeiten. Das Konzept der Pfadabhängigkeit betont die Bedeutung früherer Entscheidungen in aktuellen Entscheidungssituationen. Demnach determinieren Entscheidungen der Vergangenheit aktuelle Problemlösungen. Selbst bei erkannter und bleibender Suboptimalität früherer Entscheidungen kann es wirtschaftlicher sein, die bestehende Lösung weiterzuentwickeln als diese abzuschaffen.[170] Es handelt sich also um eine Situation mit prohibitiven Wechselkosten. Die Entscheidung für ein Datenformat kann zu einem Lock-in führen, wenn die Anpassungsleistungen für das Unternehmen groß und spezifisch sind. Regelmäßige Änderungen würden dadurch unwirtschaftlich, sodass Investitionen in ein starres Format für Geschäftsdaten als versunkene Kosten zu betrachten sind.
Standardisierte Datenformate als Marktein- und Marktaustrittsbarriere	Markteintrittsbarrieren erschweren allgemein den Eintritt in einen bestimmten Markt. Generelle Markteintrittsbarrieren können u. a. erschwerter Zugang zu Beschaffungs- und Vertriebskanälen, Betriebsgrößenersparnisse, absolute Kostenvorteile, Käuferpräferenzen und Umstellungskosten sein.[171] Übertragen auf standardisierte Geschäftsdatenformate und elektronischen Geschäftsverkehr ist dies in erster Linie der Zugang zu elektronischen Marktplätzen bzw. die Verbindung der Handelssysteme der Geschäftspartner für Beschaffung und Absatz. Für das anwendende Unternehmen, das auf einem bestimmten elektronischen Marktplatz aktiv werden möchte, der ein bestimmtes Format fordert, welches aber nicht oder nicht wirtschaftlich geliefert werden kann, würde das Datenformat zur Markteintrittsbarriere.[172] Könnte das anwendende Unternehmen lediglich ein Format wirtschaftlich unterstützen, geriete es in Abhängigkeit vom ent-

169 Vgl. Katz, M.; Shapiro, C.: „Technology Adoption in the Presence of Network Externalities", 1986, S. 825.

170 Vgl. Margolis, S. J., Liebowitz, S. E.: „Path dependence, WWW; David, P. A.: „Path dependence, its critics and the quest for "historical economics"", 2000, WWW.

171 Vgl. Caves, R. E.; Porter, M. E.: „From Entry Barriers to Mobility Barriers: Conjectural Decisions and Contrives Deterrence to New Competition", 1977. S. 241-262. Mobilitätsbarrieren sind ökonomische Faktoren, die zur Bildung von Eintrittsbarrieren führen. Sie verhindern den Wechsel eines Unternehmens von einer strategischen Position zu einer anderen innerhalb einer Branche. Ebenso wie die Eintrittsbarrieren können sie einer Veränderung unterliegen, sodass sie systematisch zu beobachten sind. (Vgl. Porter, M. E.: „Wettbewerbsstrategie", 1999, S. 188-189.) Während Eintrittsbarrieren nur für den Markeintritt relevant sind, sind Mobilitätsbarrieren für alle Wettbewerbskräfte relevant. Das Erkennen und Auf- bzw. Abbauen von Mobilitätsbarrieren rücken somit ins Zentrum der Strategielehre Porters.

172 Die Festlegung bestimmter Standards kann kartellrechtlich diskriminierend wirken, sodass diese auch untersagt werden kann. Vgl. Sura, M.: „Unternehmensverbände im Internet. § 6 Kartellrecht", 2003, S.129 und dort angegebene vertiefende Literaturhinweise.

	sprechenden Marktplatz und das Datenformat würde zur Marktaustrittsbarriere.
Verlust an Flexibilität und Differenzierungsmöglichkeiten	Die Einführung von Geschäftsdatenstandards bedeutet durch die Beschränkung der zu übertragenden Information immer einen Nutzenverlust durch einen Verlust an Flexibilität und eine Reduzierung der Möglichkeit zur Produktdifferenzierung.[173] Durch den Zuschnitt auf eine große Anwendergruppe können unternehmensspezifische Besonderheiten von Geschäftsdatenstandards z. T. nicht oder nicht ausreichend berücksichtigt werden. Insbesondere Standards für die Produktpräsentation und für Geschäftprozesse bieten Differenzierungspotenzial im Wettbewerb und können zu Wettbewerbsnachteilen führen, wenn die eigenen Produkte und Prozesse nicht optimal wiedergegeben werden können. Standards sind deshalb besonders bei Produktmerkmalen problematisch, für die bei den Nutzern sehr unterschiedliche Präferenzen bestehen. Den meisten ökonomischen Analysen von Märkten für Netzeffektgüter liegt die Annahme zugrunde, dass es zu einer stetigen Steigerung des Nutzens bzw. der Nachfrage mit Vergrößerung des Netzes bzw. Verbreitung des Standards kommt. Selten werden negative Auswirkungen, also eine Einschränkung des Nutzens durch eine Zunahme der Nutzerzahl diskutiert.[174] Beim Einsatz von Geschäftsdatenstandards entstehen sie in erster Linie durch einen möglichen Verlust an Individualität.[175] Unternehmen als Anwender streben nach Differenzierungsvorteilen und bevorzugen individualisierte Systemlösungen, um sich Wettbewerbsvorteile zu sichern.[176] Standards können die Vielfalt der Produkte und Angebote einschränken, wettbewerbsfeindliche Konzentrationen fördern und durch die Bündelungseffekte unerwünschte ökonomische, logistische, infrastrukturelle, kulturelle und umweltbezogene Veränderungen bewirken.[177] Das Paradoxe der Standardisierung besteht vor allem in dem Umstand, dass sie von den Nutzern gleichzeitig gewünscht wird: Interoperabilität und Kompatibilität sind aus Sicht der Nutzer wertvoll und daher werden Standards honoriert, weil sie den Wert des Netzes zunächst erhöhen, bis sie zu einer möglichen Innovationsbehinderung und der damit verbundenen Unterdrückung optimaler Lösungen führen.[178] Unternehmertum besteht aber gerade im

173 Vgl. Farrell, J.; Saloner, G.: „Standardization and variety", 1986, S. 73-74.
174 Vgl Porter, M. E.: „Strategy and the Internet", 2001, S. 68.
175 Vgl. Buxmann, P.; König, W.: „Das Standardisierungsproblem: Zur ökonomischen Auswahl von Standards in Informationssystemen", 1998, S. 122.
176 Siehe Hars, A.; Schlüter-Langdon, C.: „Chancen und Risiken für verteilte Informationssysteme", 2002, S. 17.
177 Vgl. Dorloff, F.-D.: „Standards – die neue Sprache für E-Business?", 2002, S. 46.
178 Vgl. Zerdick, A. u. a.: „Die Internet-Ökonomie", 2001, S. 216.

	Erkennen von wirtschaftlich relevanten Informations- bzw. Wissensvorsprüngen und im praktischen Ausnutzen solcher Divergenzen z. B. indem ein kreativer Brückenschlag zwischen bislang völlig unverbundenen bzw. unvollkommen verbundenen Informationssphären mit Hilfe unternehmerischer Ideen vollzogen wird.[179] Bisweilen fließt ein Großteil neuer IT in die Verbesserung bestehender Betriebsabläufe, u. a. mit Hilfe standardisierter Geschäftsdatenformate, anstatt es Unternehmen zu ermöglichen, einzigartige strategische Positionen einzunehmen. Der unbeabsichtigte Effekt dieser Entwicklung besteht darin, dass sie den Wettbewerb nivellieren, die Optionen der Konsumenten einschränken und eine für alle Seiten destruktive Rivalität auslösen wird.[180]
Soziale Komplexität	Ballnus kommt in seiner empirischen Untersuchung über die Entstehung und den Erfolg von Standards für Geschäftsdaten in verschiedenen Branchen zum Ergebnis, dass sich die Entstehungsmuster als hochgradig spezifisch erwiesen hätten und sich primär aus den Interaktionen und sozialen Beziehungen der konkreten Akteure erklären ließe. Weitere Kontextfaktoren spielten eine geringe Rolle.[181] Auch nach Weiber erweisen sich reale Diffusionsprozesse aufgrund ihrer Komplexität als einmalig, sodass selbst an Hand bestimmter Kriterien als gleichartig einzustufende Diffusionsverläufe nicht zwangsläufig auch die gleiche Entwicklung durchlaufen müssen.[182] Hanseth / Moteiro verwenden die Actor-Network-Theorie, um am Beispiel des Standardisierungsprozesses von Geschäftsdatenformaten im norwegischen Gesundheitswesen zu zeigen, dass die Durchsetzung bestimmter Nachrichtentypen nicht vorhergesagt werden kann. Der sozialkonstruktivistische Ansatz sieht Menschen und Technik als gleichberechtigte Akteure in Netzwerken, die ein gemeinsames Ziel erreichen wollen.[183] Die Autoren betonen die Bedeutung sozialer Prozesse, z. B. in Form personeller Verflechtungen, informeller Aktivitäten und vorgegebener Prozesse in Standardisierungsorganisationen. Standards sind demnach keine neutralen, technischen Spezifikationen, sondern durch die verschiedensten Interessen der Beteilig-

179 Vgl. Picot, A.; Reichwald, R.; Wigand, R. T.: „Die grenzenlose Unternehmung“, 2003, S. 37; Varian, H. R.: „Interdisciplinary Research in Information Systems“, 2005, S. 66-67.

180 Vgl. Porter, M. E.: „Wettbewerb und Strategie“, 1999, S. 21.

181 Vgl. Ballnus, R.: „Erfolg mit EDI und E-Commerce“, 2000, S. 259-260. Schmidt, S. K.; Werle, R.: „Die Entwicklung von Kompatibilitätsstandards in der Telekommunikation“, 1994, S. 436-440. Die Autoren zeichnen mehrere Beispiele erfolgreicher und erfolgloser Standardisierungsprozesse nach, die entscheidend von den persönlichen Verhältnissen der Beteiligten sowie deren Beeinflussungsmacht bestimmt wurden.

182 Vgl. Weiber, R.: „Diffusion von Telekommunikation“, 1992, S. 184.

183 Zur Kritik, insbesondere an der Forderung nach Gleichberechtigung vgl. z. B. Fuchs, C.: „Die Actor-Network-Theory“, WWW.

	ten beeinflusst, die Berücksichtigung finden müssen. In ihrer Untersuchung, Mitte der 1990er Jahre, stellen sie hemmende Vermachtungen der Standardisierungslandschaft fest.[184] Wenn Kommunikationspartner sehr unterschiedlichen lebensweltlichen Kontexten angehören, können sich zum Teil erhebliche Kommunikationsstörungen ergeben. Das kann gerade bei Kommunikationsvorgängen zwischen Unternehmen verschiedener Regionen der Fall sein, die unterschiedlichen Kulturkreisen angehören.[185] Die Komplexität lässt sich durch die Berücksichtung weiterer Aspekte sowie einer kulturellen Dynamik beliebig steigern.
Dynamik technischer Entwicklung	Bei der Auswahl von Standards für Geschäftsdaten ergibt sich aus der Dynamik der technischen Entwicklung ein weiteres Problemfeld: „It is unrealistic to hope for a single standard that covers all technical areas. Because technology is advancing at a rapid rate, organizations will always be in a situation where new standards are emerging that may need to be adopted by that organization."[186] Bspw. werden schnellere Netze und höhere Verarbeitungsgeschwindigkeiten der Rechner das Minimieren der Größe der ausgetauschten Geschäftsdokumente in naher Zukunft aus dem Fokus der Standardentwicklung rücken lassen und so auch auf fachlicher Ebene neue Formate nach sich ziehen.
IT-Industrie-induziertes Setzen und Ersetzen von Standards	Die Technologieentwicklung wird durch eine eigenständige IT-Industrie vorangetrieben und findet damit überwiegend außerhalb und unabhängig von einzelnen Anwenderunternehmen statt. Wettbewerb auf Seiten der Softwarehersteller und IT-Dienstleister um Kundenaufträge steht einer Standardisierung im Wege. „Die IT-Branche lebt davon, dass die Bedeutung ihrer Produkte so hoch wie möglich eingeschätzt wird, und die Anwender haben sich weitgehend daran gewöhnt, dass die von ihnen gekauften Produkte nur einen Teil der versprochenen Leistungen erbringen. ... Erst bei der Einführung der nächsten Innovation werden die Grenzen und Mängel der gestern noch hoch gepriesenen Technik herausgestellt, um die Überlegenheit des Neuen zu betonen, das dann im nächsten Jahr einer wiederum neuen Technik weichen muss."[187] Im Gegensatz zur technischen Veralterung unterliegen Produkte also auch einer künstlichen Veralterung, die zumeist vom Hersteller einer neueren Technologie getrie-

[184] Vgl. Hanseth, O.; Monteiro, E.: „Inscribing behaviour in information infrastructure standards", WWW. Die Autoren sprechen von EDIFACT-Mafia.
[185] Vgl. Picot, A.; Reichwald, R.; Wigand, R. T.: „Die grenzenlose Unternehmung", 2003, S. 103.
[186] Siehe Moreton, R.: „Standards, Strategy and Evaluation", 2000, S. 113.
[187] Siehe Kubicek, H.: „Erfordert die informationstechnische Entwicklung einen Funktionswandel im Management", 2000, S. 55-56.

	ben wird. Das Verhalten ist bei Herstellern aller Güterkategorien beobachtbar. Bei der Verbreitung von Standards handelt es sich letztendlich um ein klassisches Vermarktungsproblem, zumal sich die vorhandenen Standards in ihrer Funktion gleichen.[188] Zudem verbrauchen Integrationsprojekte einen erheblichen Teil des IT-Budgets und generieren vice versa einen erheblichen Umsatzanteil bei IT-Unternehmen. Sollte es eine Plug-and-Play-Verbindung zwischen Geschäftspartnern geben, würde diese Einnahmequelle für die IT-Unternehmen wegfallen, sodass auch von dieser Seite her nicht mit einem großen Interesse an einheitlichen Geschäftsdatenformaten gerechnet werden kann. Standards für Geschäftsdatenformate unterliegen daher wie andere Produkte auch einem Lebenszyklus, sodass ein anwendendes Unternehmen auch eine Phase des Rückgangs der Standardverbreitung und das Aufkommen eines neuen Standards berücksichtigen muss. Jakobs sieht so auch in der Betrachtung des Spiralmodells der Softwareentwicklung eine Möglichkeit, Probleme von Standardisierungsprozessen anzugehen, da in dieser Sichtweise Standards automatisch einem dynamischen Prozess unterworfen würden.[189]

Abbildung 9: Grenzen der Standardisierung

Insgesamt zeigt sich, dass die mit der Standardisierung von Geschäftsdatenformaten verbundenen Grenzen sowohl auf der Beschaffungs- als auch auf der Absatzseite vielfältig sind. Aus Sicht der Wettbewerbsgestaltung verdichten sie sich auf Aspekte des Verlusts an Individualität und somit des Verlusts auf Differenzierungsmöglichkeiten.

2.4 Bezugsrahmen zur Beurteilung der Zweckdienlichkeit und Gegenüberstellung einzelner Geschäftsdatenformate

Die aufgezeigte Ambivalenz bei der Auswahl von Geschäftsdatenstandards lässt sich in einer eher theoretischen und einer eher praxisorientierten Sichtweise zusammenfassen. Aus theoretischer Sicht können Netzeffekte mehrere Gleichgewichte hervorrufen, sodass die Abgrenzung und Verhaltensvorhersage einzelner Netze schwierig ist. Um Netznutzen zu erzielen, ist es notwendig Einzelne zur Teilnahme am Netz zu bewegen, von denen jeder eine Vorstellung der Kosten und des Nutzens der Teilnahme hat. Erst wenn der Nutzen die Kosten übersteigt, ist die Teilnahme vorteilhaft.

---

[188] Siehe Dorloff, F.-D.: „Standards – die neue Sprache für E-Business?“, 2002, S. 52.
[189] Siehe Jakobs, K.: „Standardisation Processes in IT“, 2000, S. 200.

Insbesondere die Probleme bei der Bewertung des Nutzens der Netzteilnahme dezentral entscheidender Kandidaten können suboptimale Netzgrößen bewirken.[190] Am Beispiel des ISO/OSI-Referenzmodells lässt sich zeigen, dass sich trotz einer breiten Unterstützerbasis, anerkannter technologischer Qualität und intensiver finanzieller Unterstützung Standardisierungsentwicklungen und insbesondere deren Durchsetzung am Markt nicht vorhersagen lassen,[191] sondern letztendlich nur einer Ex-post-Analyse zugänglich sind.[192] In jahrelanger Kommissionsarbeit wurde jede Einzelheit des Modells festgeschrieben, während sich TCP/IP in der Praxis bewähren und wachsen konnte.

Allgemein setzen sich Standards durch, wenn keine bedeutenden Differenzen bzgl. der Präferenzen für einen bestimmten Standard bestehen, wenn das Marktwachstum entscheidend von der Existenz eines allgemein akzeptierten Standards abhängt und wenn die Anbieter und Nutzer, auch von Komplementärgütern, nur einen geringen Wettbewerbsvorteil in der Inkompatibilität bestimmter technischer Lösungen sehen. Die Etablierung eines allgemein akzeptierten Standards scheitert, wenn große Unterschiede in den Präferenzen sowie große Schwierigkeiten bei der Koordination und Information der Teilnehmer bestehen und wenn einzelne Teilnehmer versuchen, einen Wettbewerbsvorteil aus der Nutzung einer bestimmten Technologie zu ziehen.[193]

Kann man bei den Standards zur Produktidentifikation noch von einem allgemeinen Interesse an einem globalen Standard ausgehen, da ein großer Netznutzen besteht und kein Differenzierungspotenzial gesehen wird, ändert sich dies ab den Standards zur Produktklassifikation. Das aus dem stationären Handel bekannte Category Management bedeutet die Strukturierung einer Geschäftsstätte nach Warengruppen. Über eine zielgruppengerechte Zusammenstellung der Produkte versuchen sich Geschäftsstätten gegenüber dem Wettbewerb zu profilieren. Eine solche Strukturierung wird auch durch Klassifikationsstandards vorgenommen, sodass schon Klassifikationsformate ein Mittel zur Differenzierung sein können. Auch die Beschreibung und Präsentation von Produkten sind elementar zur Abgrenzung gegenüber dem Wett-

---

190 Siehe Weitzel, T.; Beimborn, D.; König, W.: „Coordination in networks: An economic equilibrium analysis", 2003, S. 191.
191 Siehe Evans, P.; Wurster, T. S.: „Blown to Bits", 2000, S. 35.
192 Vgl. Borchers, D.: „20 Jahre TCP/IP", 2003, WWW.
193 Vgl. Besen, S. M.; Saloner, G.: „The Economics of Telecommunications Standards", 1989, S. 217-219.

bewerber. Dies beginnt bei den zur Verfügung stehenden Merkmalslisten und endet bei der Möglichkeit, multimediale Präsentationselemente einzubinden. Für elektronische Rechnungen gelten z. B. differenzierte Rechnungsanalysen als wichtiger Mehrwert zur Steigerung der Akzeptanz.[194] Ebenso eignen sich Geschäftsprozesse und diese abbildende Datenformate zur Differenzierung. Unternehmen müssen Präferenzen entdecken oder wecken, um individuelle Wettbewerbsvorteile zu erlangen. Die Anpassung der eigenen Geschäftsprozesse an die Bedürfnisse des Kunden stellt einen solchen Wettbewerbsvorteil dar. Mit leichtem Sarkasmus stellen Liebowitz / Margolis so auch fest: „After we economists have had our fun, thinking about network effects and considering how social interactions have a similarity to networks, we need to acknowledge that the *a priori* case for network externalities is treacherous and the empirical case is yet to be presented."[195]

Anwender, die praxisorientierte Perspektive, beurteilen die Standardisierung fachlicher Datenformate folgendermaßen:[196]

- Standards sind bedeutend und mit der Hoffnung verbunden, dass sie Integrationsprobleme lösen.
- Wünschenswert sind kostenlose E-Business-Standards, die weltweit verbreitet sind.
- Die Verbreitung ist dabei wichtiger als 100%ige Übereinstimmung mit der eigenen Geschäftsfeldstrategie. Mehr als die Hälfte der Unternehmen würden proprietäre Standards akzeptieren, die weit verbreitet sind. Das lässt darauf schließen, dass Anwender, um überhaupt E-Business betreiben zu können, zunächst bereit sind, auf die die Abbildung differenzierender Information zu verzichten.
- Anwender wünschen sich eine kontinuierliche Pflege und etablierte Gremien hinter den Standards.
- Die meisten existierenden Standards werden als verbesserungsfähig angesehen. Ein Drittel der Daten austauschenden Unternehmen meint sogar, dass sie an der Realität in den Unternehmen vorbeigingen.

---

[194] Vgl. Ryder Systems: „Digitale Rechnungen: nicht ohne Mehrwert!", 2006, WWW.
[195] Siehe Liebowitz, S. J.; Margolis, S. E.: „Network Externality: An Uncommon Tragedy", 1994, S. 149.
[196] Vgl. Berlecon Research: „E-Business-Standards in Deutschland", 2003, S. 166.

Um dem Spannungsfeld aus Möglichkeiten und Grenzen standardisierter Geschäftsdaten zu begegnen entwickelt Frank aus den Anforderungen an diese einen Bezugsrahmen zum Vergleich verschiedener Standardisierungsvorhaben (siehe Abbildung 10). Dieser wird im Folgenden exemplarisch vorgestellt.[197]

Anforderungen	**Erläuterung**
Generelle Gültigkeit	Standards beinhalten Aussagen über ein bestimmtes Anwendungsgebiet. Die Anwendung von sprachlichen Konstruktionen macht ggf. eine Änderung realer Prozesse in den anwendenden Unternehmen nötig. Die Forderung nach genereller Gültigkeit in der jeweiligen Zieldomäne zielt also auf Anwendbarkeit. Die jeweiligen Muster sollten so gestaltet sein, dass auch berechtigte individuelle Anforderungen möglichst aller Unternehmen in der Zieldomäne abgedeckt werden. Die u. U. erforderlichen Reorganisationsmaßnahmen sollten in nachvollziehbarer Weise begründet sein. Frank weist daraufhin, dass dieses Merkmal im Einzelfall schwer ex ante zu evaluieren ist. Er schlägt eine indirekte Berücksichtigung vor, indem der Prozess der Entwicklung eines Standardentwurfs betrachtet wird. So spricht eine frühzeitige Beteiligung repräsentativer Beteiligter dafür, dass wesentliche Anforderungen in der Zieldomäne in den Entwurf einfließen.
Angemessenheit und Vollständigkeit	Eine Spezifikation ist danach angemessen, wenn sie einen Detaillierungs- und Formalisierungsgrad aufweist, die dem Verwendungszweck gerecht werden, ohne dabei Bestandteile zu enthalten, die nicht benötigt werden. Sie ist vollständig, wenn alle Anforderungen, die sich aus dem Verwendungszweck ergeben, angemessen berücksichtigt wurden. Beide Kriterien messen sich an prinzipiell fehlbaren und unvollständigen Wahrnehmungen des jeweiligen Realitätsausschnitts.[198] Ein letzter Nachweis ihres Vorhandenseins ist deshalb nicht möglich. Eine an diesen Kriterien orientierte Bewertung kann allerdings indirekt durch das Aufzeigen nicht berücksichtigter Anforderungen oder fehlender Präzision durchgeführt werden.
Stabilität	Die einen anwendungsnahen Standard konstituierenden Aussagen sollten über einen möglichst langen Zeitraum anwendbar sein. Sie sollten also von veränderlichen Teilen (insbesondere von der verwendeten Technik) weitgehend abstrahieren. Gleichzeitig sollten sie auf Geschäfts- bzw. Prozessmodellen beruhen, die langfristig Bestand haben.
Flexibilität	Im Zeitverlauf können neue Anforderungen auftreten, die nicht vorhersehbar waren, sodass das Format anpassbar und erweiterbar gestaltet sein sollte. Dazu gehört bspw. die Möglichkeit, vorhandene Konzepte durch

[197] Vgl. im Folgenden Frank, U.: „Vergleichende Betrachtung von Standardisierungsvorhaben zur Realisierung von Infrastrukturen für das E-Business", 2000, S. 8-17.

[198] Vgl. Kap. 4.1.

	Spezialisierungen zu verfeinern. Für Mucha ist eine klar definierte und organisierte Weiterentwicklung eine zentrale Anforderung an Geschäftsdatenformate.[199] Insgesamt betont dies die Notwendigkeit einer dynamischen Sichtweise auf E-Business-Standards.
Wirtschaftliche Einführung und Nutzung	Die mit der Einführung eines Standards verbundenen Kosten machen sich u. a. am Lern- bzw. Schulungsaufwand und am Aufwand für die Integration mit existierenden Systemen fest. Dabei ist nicht notwendigerweise die Komplexität des gesamten Standards zu berücksichtigen, sondern lediglich die Komplexität derjenigen Teile, die für seine Verwendung notwendig sind.[200] Neben der Spezifikation ist in der Regel eine Dokumentation erforderlich, die ggf. unterschiedlichen Betrachtern einen anschaulichen Zugang bietet. Der Integrationsaufwand kann erheblich reduziert werden, wenn mit dem Standard geeignete Werkzeuge (etwa Konvertierungssoftware[201]) angeboten werden. Insbesondere wird die technische Einführung eines Standards dadurch unterstützt, dass er bereits existierende Standards verwendet bzw. Schnittstellen zu diesen, z. B. einem ERP-System, definiert.

Abbildung 10: Anforderungen an Geschäftsdatenformate

Neben den allgemeinen Anforderungen ergänzt Frank seinen Bezugsrahmen um spezifische Anforderungen, die eine Integrationsklassifikation, Aussagen zur semantischen Tiefe, zur Wiederverwendbarkeit und die verwendeten Sprachen mit deren Abstraktionsmöglichkeiten berücksichtigt. Er kommt zu insgesamt sieben Hauptkriterien, die beim Vergleich von Standardisierungsvorhaben im E-Business zum Tragen kommen und evaluiert werden sollten (siehe Abbildung 11).[202]

Hauptkriterien	Unterkriterien	Erläuterung
Zustand:	**Proprietär**	Proprietäre Festlegungen sind unter Umständen mit dem Vorteil verbunden, schneller verfügbar zu sein. Tendenziell überwiegen für die Anwender jedoch die Nachteile, die durch die Abhängigkeit von einem oder wenigen Anbietern entstehen.
	Bereits eingesetzt	Es ist in jedem Fall vorteilhaft, wenn die vorgeschlagenen Konventionen bereits eingesetzt wurden. Dabei ist allerdings zu differen-

199 Vgl. Mucha, M.: „Standards im E-Business – Austausch- und Transaktionsformate Beispiel: BMEcat und openTRANS", WWW.

200 Probleme, die mit der teilweisen Einführung eines Standards verbunden sind, wie z. B. Verlust der Standardkonformität durch fehlende Prüfkriterien, diskutiert Frank hier nicht.

201 Die Begriffe der Datenkonvertierung bzw. -transformation werden als synonym angesehen.

202 Nach Frank, U.: „Vergleichende Betrachtung von Standardisierungsvorhaben zur Realisierung von Infrastrukturen für das E-Business", 2000, S. 12-17.

		zieren, in welchem Umfang dies geschieht bzw. ob es sich dabei um einen Einsatz unter realen Bedingungen oder um eher prototypische Nutzungsszenarien handelt.
Generelle Gültigkeit	**Branchen**	Ist das Vorhaben auf einzelne Branche beschränkt oder hat es den Anspruch, branchenübergreifend einsetzbar zu sein? Tendenziell ist ein branchenübergreifende Standard unter sonst gleichen Bedingungen höher zu bewerten. Wenn allerdings die Vernachlässigung wichtiger branchenspezifischer Besonderheiten den Einsatz in einzelnen Branchen gefährdet, wird die Anwendbarkeit des Standards erheblich eingeschränkt.
	Internationalität	Hier ist einerseits an die Möglichkeit zu denken, nationale Besonderheiten zu berücksichtigen (etwa hinsichtlich der jeweils relevanten Steuergesetze oder Zollbestimmungen), andererseits an die Bereitstellung von Verzeichnissen, die korrespondierende Bezeichnungen in verschiedenen Sprachen enthalten.
	Produkte	Die Präsentation von Produkten nimmt eine herausragende Stellung ein, da Produkte in den meisten geschäftlichen Transaktionen eine Rolle spielen.
	Bezeichner	Um Produkttypen über Unternehmensgrenzen hinweg zu identifizieren, sind einheitliche Bezeichner hilfreich. Beinhaltet der Ansatz entsprechende Identifikations- und Klassifizierungsstandards?
	Strukturierung	Ist eine Beschreibung individueller Produkteigenschaften auf einem angemessenen semantischen Niveau möglich oder wird eher auf eine Beschreibung durch Volltext gesetzt?
	Varianten	Verschiedene Varianten eines Produkts haben eine Menge gemeinsamer Eigenschaften. Die explizite Identifikation von Varianten hilft, Redundanz zu verringern und trägt damit zur Konsistenz von Produktbeschreibungen bei.
	Konfigurationen	Können Konfigurationsmöglichkeiten eines Produkts abgebildet werden? Können dazu irgendwelche Integritätsbedingungen angegeben werden? Kann eine konkrete Konfiguration beschrieben werden?
Angemessenheit / Vollständigkeit	**Nachrichtentypen**	Häufig werden Konventionen zur Unterstützung des elektronischen Geschäftsverkehrs mit Hilfe von Nachrichten- oder Dokumenttypen definiert. Fokussiert der Ansatz nur bestimmte Transaktionsformen oder ist er weiter gefasst?
	Anzahl	Die Anzahl der Nachrichtentypen ist ein Indiz für den Umfang, in dem ein Ansatz rechnergestützte Transaktionen unterstützt.

	Detaillierungsgrad	Ein hoher Detaillierungsgrad verspricht die Berücksichtigung auch spezieller Anforderungen, ist allerdings ggf. mit dem Nachteil verbunden, dem durchschnittlichen Anwender eine unnötige Komplexität aufzubürden.
Flexibilität	**Individuelle Anpassungen**	Welche Maßnahmen sind für die Pflege eines Standards vorgesehen? Werden individuelle, allerdings nicht standardisierte Erweiterungen vorgeschlagen? Ist eine rasche Zertifizierung und Verbreitung von Erweiterungen vorgesehen?
	Sprache / Abstraktion	Der Spezifikationssprache kommt im Hinblick auf die Modifikation eines Standards eine erhebliche Bedeutung zu, da sie den Aufwand und das Risiko von Änderungen erheblich beeinflusst.
	Anwendungsnahe Klassen / Typen	Anwendungsnahe Klassen erlauben die Abstraktion von individuellen Instanzen. Sie erlauben es, für eine Menge von Instanzen individuelle Eigenschaften festzulegen, die im Zeitverlauf ohne Seiteneffekte erweitert werden können.
	Generalisierung / Spezialisierung	Generalisierungs- / Spezialisierungsbeziehungen erlauben die Abstraktion von Spezialfällen, die in Zukunft eintreten mögen.
	Verkapselung	Verkapselung erlaubt das Verstecken von Teilen einer Spezifikation, wodurch das Auswechseln dieser Teile erheblich erleichtert wird. Typischerweise wird dies erreicht, indem nach außen nur Schnittstellen bekannt gegeben werden.
	Polymorphie	Polymorphie erlaubt es in gewissem Maße davon zu abstrahieren, auf welche Klasse sich eine Aussage bezieht (z. B. eine bestimmte Nachricht) und wie die Aussage im Kontext der Klasse interpretiert wird. Auf diese Weise wird eine Erweiterung möglich, ohne dass die aufrufende Klasse geändert werden müsste.
Integrationsniveau	**Konzeptionelle Integration**	Jede Spezifikation gemeinsamer Schnittstellen trägt zur Integration von Anwendungssystemen bei. Eine leistungsfähige Integration ergibt sich allerdings erst dann, wenn verschiedene Softwaresysteme gleiche Konzepte verwenden. Dieses Merkmal ist nur dann erfüllt, wenn ein Ansatz auch auf Komponenten / Klassen / Datenbankschemata für die Softwarekonstruktion zielt.
	Statisch	Voraussetzung für eine statische Integration sind gemeinsame statische Konzepte wie Datentypen oder Klassen. Je mehr Semantik solche Konzepte enthalten, desto größer ist das Integrationsniveau.
	Funktional	Funktionale Integration setzt statische Integration voraus. Sie entsteht durch eine Menge von Funktionen / Prozeduren, die von mehreren Systemteilen genutzt werden.

	Dynamisch	Dynamische Integration setzt statische und funktionale voraus. Sie liegt vor, wenn die Ausführung von Aktionen in verschiedenen Systemteilen über gemeinsame Ereignisse koordiniert wird.
	Auf Instanzenebene	Eine Integration auf Instanzenebene setzt zumindest statische Integration voraus. Im besten Fall referenzieren alle beteiligten Systeme dieselbe Instanz. Falls asynchrone Zugriffe nicht vermeidbar sind, sollten Synchronisationsprotokolle festgelegt sein.
Wirtschaftlichkeit	**Verwendung existierender Standards**	Wenn existierende Standards verwendet werden, verspricht dies einen Schutz der in diese Standards getätigten Investitionen. Allerdings werden u. U. auch konzeptionelle Nachteile übernommen.
	Standardwerkzeuge	Wenn es einen Markt für Werkzeuge gibt, die im Umgang mit den Standards unterstützen, trägt dies zu einer wirtschaftlichen Nutzung bei.
	Syntaktische Validierung	Der Austausch von Dokumenten empfiehlt eine Validierung ihrer Korrektheit. Ein erster Schritt dazu ist die Überprüfung, ob ihre Syntax den jeweiligen Vorgaben entspricht.
	Semantische Validierung	Syntaktisch korrekte Dokumente können Daten beinhalten, für die keine sinnvolle Interpretation existiert bzw. solche, die widersprüchlich sind. Die Überprüfung der Semantik eines Dokuments durch Werkzeuge beschränkt sich auf die formal festgelegte Semantik – wobei die Grenzziehung zwischen syntaktischen und semantischen Regeln nicht immer eindeutig ist, da unzulässige Interpretationen auch durch syntaktische Restriktionen vermieden werden können. Die Existenz von Werkzeugen am Markt setzt voraus, dass die formale Semantik eines Dokuments expliziter Bestandteil eines Standards ist und nicht Ausdruck individueller Erweiterungen.
	Konvertierer (Transformierer)	Die Abbildung von Daten in einem betrieblichen Informationssystem auf standardisierte Dokumentstrukturen (und umgekehrt) wird erheblich erleichtert, wenn am Markt Konvertierungs- bzw. Transformationswerkzeuge verfügbar sind. Im einfachsten Fall existieren entsprechende Komponenten für die jeweils eingesetzten Anwendungssysteme. Falls dies nicht der Fall ist, sind Werkzeuge hilfreich, die die Aufgabe auf der Grundlage einer Beschreibung der semantischen Beziehungen zwischen Dokumentstruktur und Datenstrukturen / Klassen eines Anwendungssystems durchführen.

Dokumentation	**Umfang**	Der Umfang der Dokumentation ist ein Indikator, der nicht isoliert betrachtet werden darf, da ein großer Umfang keine gute Argumentation garantiert. Allerdings gibt der Umfang Hinweise auf die Ausführlichkeit und Detaillierung der Dokumentation.
	Geschäftsmodell	Die Einführung und Nutzung des jeweils empfohlenen Standards setzt eine Vorstellung darüber voraus, an welchen Stellen existierende Geschäftsprozesse betroffen sind bzw. ob ggf. Geschäftsprozesse neu zu gestalten sind. Ein entsprechendes Nutzungsmodell, das vor allem die betriebswirtschaftliche Perspektive auf den Gegenstand betont, ist dazu hilfreich.
	Technische Spezifikation	Eine standardkonforme Implementierung ist Voraussetzung für die wirksame Nutzung der jeweiligen Konventionen. Dazu ist eine detaillierte, am besten formale Spezifikation nötig.
	Beispiele	Zur Veranschaulichung der einzelnen Teile eines Standards sind Beispiele hilfreich. Hier ist vor allem an Beispielinstanzen von Dokumenten oder Beispielcode zu denken.
	Fallstudien	Fallstudien beschreiben die exemplarische Einführung und / oder Nutzung des jeweiligen Standards im Rahmen eines realitätsnahen Szenarios. Sie helfen, die wesentlichen dabei zu beachtenden Zusammenhänge anschaulich darzustellen.

Abbildung 11: Bezugsrahmen zur Beurteilung von anwendungsnahen Standards

Dieses Vorgehen macht eine unternehmensspezifische Gewichtung der Haupt- und Unterkriterien und die z. T. subjektive Bewertung, ggf. mittels eines angepassten Begriffsystems für die Ausprägungen, einzelner Faktoren notwendig. Der vorgeschlagene Bezugsrahmen hat nicht den Anspruch zu einer abschließenden Entscheidung für oder gegen einen bestimmten Standard zu kommen und kann das Spannungsfeld nicht auflösen. Er dient aber als wertvolle, umfassende Basis für einen Vergleich.

Die umfassende Durchführung einer solchen Analyse erscheint jedoch zu aufwändig, als dass sie von kleinen und mittleren Unternehmen für die Vielzahl der vorhandenen Geschäftsdatenformate durchgeführt werden könnte. Gerade vor dem Hintergrund bleibender Unsicherheit bzgl. der Durchsetzung und zu erwartender Dynamik kapitulieren Unternehmen vor einer umfassenden, systematischen Analyse und beschränken den Einsatz elektronischen Datenaustauschs häufig auf kleine Teilbereiche, in denen das Format der auszutauschenden Daten von z. T. großen Geschäftspartnern vorgegeben wird. Bei diesem zunächst sehr pragmatischen Vorgehen laufen die Unternehmen jedoch Gefahr, sich in eine noch größere Abhängigkeit zu begeben. Diese bezieht sich sowohl auf die Auswahl der Geschäftspartner als auch auf die Präsentation ihrer Produkte und die Gestaltung ihrer Prozesse.

3 Geschäftsprozesse zur Generierung von Wettbewerbsvorteilen

Nachdem Formate für Geschäftsdaten als Netzeffektgüter im Spannungsfeld von Netznutzen und Differenzierung dargestellt wurden, werden im Folgenden die Möglichkeiten der Prozessorganisation und deren Abbildung in Datenformaten zum Erlangen von Wettbewerbsvorteilen diskutiert.

Dazu wird die Prozessorganisation zunächst im Lichte strategietheoretischer Überlegungen erörtert und ein möglicher Beitrag von Geschäftsdatenformaten aufgezeigt. Anschließend werden dann Parameter und Dimensionen zur Gestaltung der Prozessorganisation genannt. Die Aufteilung in Kern- und Supportprozesse definiert dabei, welche Prozesse zur Differenzierung gegenüber dem Wettbewerb dienen sollen und welche unterstützenden Charakter haben. Nur Kernprozesse sind unternehmensindividuell und mit individuellen Datenformaten abzubilden. Dabei ist zu berücksichtigen, dass Geschäftsprozesse und die diesen zugrunde liegenden Strukturen einer Dynamik unterliegen und nicht dauerhaft mit einem starren Standard abgebildet werden können, solange sie als Wettbewerbsparameter einer Branche gelten. Auch Unternehmen, die sich im Hinblick auf die Standardisierung von Geschäftsdatenformaten zunächst passiv verhalten und ihre Supportprozesse mit einem Standardgeschäftsdatenformat abbilden, können im Verlauf des Wettbewerbs zu aktiven Standardisierern werden, um sich dem Wettbewerbsdruck zu entziehen. Sie bilden dann ihre Kernprozesse in einem individuellen Datenformat ab, um ihre spezifischen, differenzierten Leistungen, ggf. in enger Kooperation mit weiteren Mitgliedern ihrer Wertschöpfungskette, am Markt zu etablieren.

Im weiteren Verlauf des Kapitels werden Einflussfaktoren diskutiert, die das Differenzierungspotenzial begrenzen und somit Raum für die Entstehung von Standards eröffnen. Mit dem Orientierungspunkt beschreibt Porter ein Konzept, bei dem sich Branchenteilnehmer auf die Ausblendung eines Wettbewerbsparameters einigen, um die Unsicherheit der Marktteilnehmer zu verringern und eine Ausweitung des Markts herbeizuführen. Auch Datenformate können als Orientierungspunkt einer Branche dienen, allerdings erweist sich eine Prognose als schwierig, zumal auch Orientierungspunkte temporär sind.

3.1 Die Prozessorganisation in der Strategiediskussion und der Einfluss von Datenformaten

Zum Bestreiten des Wettbewerbs gewinnt die Organisation der Prozesse im und zwischen Unternehmen zunehmend an Bedeutung. Innerhalb eines Unternehmens wirkt zunächst die generelle Unterstützung durch IT verstärkend, da durch diese eine detaillierte, zeitnahe Prozessgestaltung und eine effiziente Prozessdurchführung erheblich erleichtert wird. Für die Prozessorganisation über Unternehmensgrenzen hinweg erweist sich die Verbreitung ubiquitärer, elektronischer Netze als Trendbeschleuniger. Die entstehenden Prozesse bedürfen jeweils der Abbildung in Datenformaten um elektronisch unterstützt werden zu können. Im Folgenden werden zunächst mögliche Einflüsse des Internets auf die Strategie eines Unternehmens aufgezeigt, um anschließend anhand theoretischer Erklärungsansätze zur Prozessorganisation den wettbewerbsrelevanten Einfluss von Geschäftsdatenformaten zu veranschaulichen.

3.1.1 Generische Wettbewerbsstrategien und das Internet als Wettbewerbsparameter

Dauerhafte Profitabilität, ein wesentliches Ziel der meisten Unternehmen, kann durch nachhaltige Wettbewerbsvorteile erreicht werden. Dieses Grundprinzip gilt auch auf Märkten, in denen Netzeffekte eine entscheidende Rolle spielen, und erfordert keinen fundamental neuen Ansatz für das Unternehmen, sondern vielmehr einen Rückgriff auf bewährte Verhaltensweisen,[203] wie die aus der Strategielehre bekannten generischen Strategien der Kostenführerschaft, der Differenzierung oder des Agierens in einer Nische. Um Kostenführer zu sein, muss ein Unternehmen operativ effektiver sein als seine Wettbewerber und ein Unternehmen, das die Strategie des Differenzierers wählt, muss ein Produkt anbieten, das sich in der Wahrnehmung der Käufer positiv von dem Angebot der Konkurrenz abhebt und einen einzigartigen Wert stiftet.[204] Diese Einzigartigkeit kann prinzipiell jeder Aktivität eines Unternehmens entspringen. Bei einer Nischenstrategie hingegen wird eine der Strategievarianten nicht auf den gesamten Markt angewandt, sondern nur auf ein Teilsegment eines Markts oder einer Branche[205] ausgerichtet.

---

[203] Vgl. Porter, M. E.: „Strategy and the Internet", 2001, S. 64-68.

[204] Vgl. Porter, M. E.: „Strategy and the Internet", 2001, S. 70; Porter, M. E.: „Wettbewerbsvorteile", 2000, S. 97 ff. und S. 168 ff.

[205] Vgl. Porter, M. E.: „Wettbewerbsvorteile", 2000, S. 307. Nach Porter ist eine Branche ein Markt, auf dem ähnliche oder verwandte Produkte an Abnehmer verkauft werden. Branchen bzw. Geschäftsfelder wandeln sich. Die Festlegung von unkonventionellen Einheiten ist das Ergebnis ei-

Das Internet als das bisher am stärksten verbreitete Datennetz[206] ist ein ergänzender, z. T. determinierender Parameter bisheriger Strategien. Insbesondere die gestiegene Transparenz erfordert eine Anpassung bisheriger Geschäftsfeldstrategien. Anbieter „will have to break away from competing solely on price and instead focus on product selection, product design, service, image, and other areas in which they can differentiate themselves."[207] Wie schon auf traditionellen Märkten kann es nur einen oder wenige Kostenführer, aber viele Differenzierer geben. Unterschiedliche Einsatzmöglichkeiten des Internets hat Porter anhand der Wertkette illustriert (siehe Abbildung 12).[208]

---

nes kreativen Prozesses und kann als Innovation zur Differenzierung beitragen. Vgl. Steinmann, H.; Schreyögg, G.: „Management", 2005, S. 190-191.

206 Weitere globale Datennetze werden bspw. von AT&T und GXS angeboten. Für Datennetze, die von einem Unternehmen, in der Regel mit einem vielfältigen Angebot an Zusatzdiensten, angeboten werden, hat sich der Begriff VAN (Value Added Network) etabliert.

207 Siehe Porter, M. E.: „Strategy and the Internet", 2001, S. 78. Bevor das Internet in den Fokus des wirtschaftswissenschaftlichen Interesses rückte, sprach Porter von einer Neu-Strukturierung der Wertkette, sodass sie einmalig würde und sich zur Differenzierung eigne. Vgl. Porter, M. E.: „Wettbewerbsvorteile", 2000, S. 214.

208 Die Wertkette wurde aber bereits vorher und vertiefend zur Abbildung der Einsatzmöglichkeiten von EDI herangezogen. Vgl. bspw. Niggl, J.: „Die Entstehung von Electronic Data Interchange Standards", 1994, S. 59. Die Wertkette unterteilt ein Unternehmen in neun strategisch relevante Tätigkeiten, wobei zwischen primären und sekundären Aktivitäten unterschieden wird. Bildlich sind die einzelnen Wertaktivitäten zu einer Wertkette verknüpft. Porter sieht im Aufspüren von Verknüpfungen zwischen Wertaktivitäten im Wertsystem, als die Gesamtheit der Wertketten der Lieferanten und Abnehmer des Unternehmens, eine Möglichkeit zur Entwicklung einer Wettbewerbsstrategie. Vgl. Porter, M. E.: „Wettbewerbsvorteile", 2000, S. 63 ff.

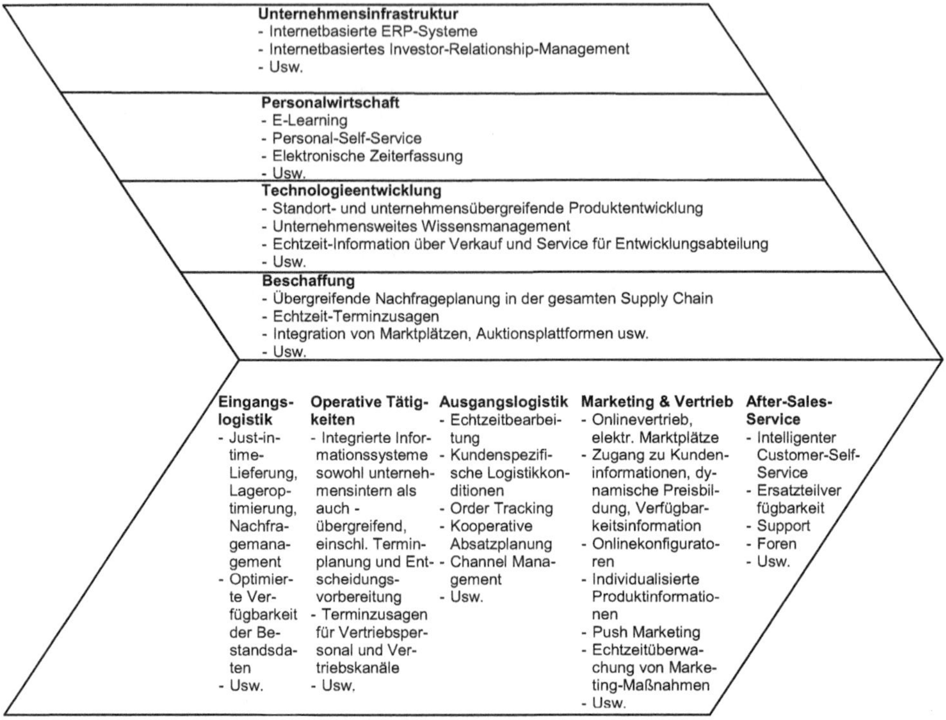

Abbildung 12: Beispiele für Internetanwendungen in der Wertkette[209]

3.1.2 Die Prozessorganisation und deren Abbildung in Datenformaten zur Steigerung der Wettbewerbsfähigkeit

In der Diskussion um die Möglichkeiten der Gestaltung der Arbeits- und Unternehmensorganisation zur Erhaltung und Steigerung der Wettbewerbsfähigkeit von Unternehmen nimmt die Prozessorganisation eine zentrale Position ein.[210] In einer zunehmend verflochtenen Geschäftswelt gewinnen Informationen, Ideen und Kundenservice, zentrale Aspekte der Prozessorganisation, eine immer stärker werdende Bedeutung für den Unternehmenserfolg,[211] da eine Differenzierung über Produkte allein nicht mehr ausreicht bzw. nur noch unzureichend möglich scheint.[212] Prozess-

209 Nach Porter, M. E.: „Strategy and the Internet", 2001, S. 75.

210 Vgl. Schober, H.: „Prozessorganisation: Theoretische Grundlagen und Gestaltungsoptionen", 2002, S. 1; 152-153.

211 Vgl. Brown, T. M.: „The Application Archipelago", 2000, S. 36.

212 Zur generellen Entwicklung einer Wettbewerbsstrategie vgl. auch Porter, M. E.: „Strategy and the Internet", 2001, S. 71. Er entwickelt sechs Prinzipien der strategischen Positionierung. Ein Prinzip

merkmale wie Auftragsabwicklungszeit oder Flexibilität sind aus Sicht des Kunden ebenso bedeutend wie physische Produktmerkmale und machen so Prozesse zum bedeutenden strategischen Faktor.[213] Allerdings entdecken Unternehmen das Thema Prozessorientierung und deren konsequente Umsetzung mittels IT nicht zum ersten Mal als Chance.[214] Spätestens seit dem Erscheinen von „Reengineering the Corporation“ von Hammer / Champy im Jahr 1993 werden Prozessorganisation und dessen radikale Form Business Process Reengineering intensiv diskutiert, obwohl die ganzheitliche Betrachtung zumindest einzelner Unternehmensaktivitäten im deutschsprachigen Raum bereits seit Gaitanides (1983)[215] bekannt war und mit dem Konzept der Wertkette[216] bereits ein Instrument zur Strategieentwicklung prozessorientierter Strukturen, auch zwischen Unternehmen,[217] bestand. Die erneute Beschäftigung mit der Prozessorganisation „mag möglicherweise an der informationstechnologischen Perspektive oder an der erwerbswirtschaftlichen Ausrichtung einiger Autoren gelegen haben bzw. liegen.“[218] Als weitere Gründe für die erneute Beschäftigung mit der Prozessorientierung nennt Jörns:

- das Scheitern bisheriger Anläufe zur Einführung der Prozessorganisation,
- die Notwendigkeit der Anpassung an neue Anforderungen,
- die Unzufriedenheit mit bisherigen Lösungen,
- einen Wandel der Unternehmensstrategie,
- den Wunsch nach größerer Flexibilität und
- die mangelnde durchgängige Integration.[219]

Der Organisationsansatz schlägt ausgehend von der Kritik an einer Überbetonung der Aufbauorganisation eine vollkommene Ausrichtung des Unternehmens an den

---

ist dabei die Differenzierung über individuelle Unternehmensprozesse. Er beschränkt sich dabei auf unternehmensinterne Prozesse.

213 Vgl. Picot, A.; Reichwald, R.; Wigand, R. T.: „Die grenzenlose Unternehmung“, 2003, S. 261.

214 Die folgende Darstellung von Prozessorganisation ist in erster Linie auf wettbewerbliche Aspekte der Prozessorganisation ausgerichtet. Fragen nach einer verhaltenswissenschaftlich optimierten Gestaltung sowie Fragen zur Gestaltung eines erfolgreichen Wandels in Organisationen hin zur Prozessorganisation bleiben hier unberücksichtigt. Vgl. diesbezüglich bspw. Schober, H.: „Prozessorganisation: Theoretische Grundlagen und Gestaltungsoptionen“, 2002, S. 155-210.

215 Vgl. Gaitanides, M.: „Prozessorganisation“, 1983.

216 Vgl. Porter, M. E.: „Wettbewerbsvorteile“, 2000, S. 63 ff.

217 Vgl. Porter, M. E.: „Wettbewerbsvorteile“, 2000, S. 63-65, der die Umwelt explizit in seine Überlegungen zur prozessorientierten Unternehmensgestaltung einbezieht und somit die bis dahin dominierende Binnenorientierung entscheidend erweitert.

218 Siehe Schober, H.: „Prozessorganisation: Theoretische Grundlagen und Gestaltungsoptionen“, 2002, S. 75.

219 Vgl. Jörns, C.: „Mit Geschäftsprozessmanagement die Chancen von SAP NetWeaver umsetzen“, 2004, S. 43-44.

Geschäftsprozessen vor, die nach Davenport allgemein Abläufe, d.h. den Fluss und die Transformation von Material, Informationen, Operationen und Entscheidungen beschreiben,[220] und aus einem „Bündel von Aktivitäten, für das ein oder mehrere unterschiedliche Inputs benötigt werden und das für den Kunden ein Ergebnis von Wert erzeugt",[221] bestehen. Betriebliche Aufgaben werden als eine ununterbrochene Leistungskette interpretiert, an der sich die Struktur des Unternehmens auszurichten hat.[222] Dabei darf sich das Unternehmen nicht allein auf die intraorganisationale Perspektive beschränken, sondern muss gleichfalls interorganisationale Verknüpfungen berücksichtigen.[223] Erfolg versprechende Prozesse sollen dabei immer wieder neu identifiziert und organisiert werden.[224] Im Fokus der Gestaltung stehen sowohl unternehmensinterne als auch -externe Kunden mit wechselnden Bedürfnissen, da diese als Abnehmer der Prozessleistung entscheidend für die Begutachtung und Wertschätzung des Prozesses sind. Ziel der Prozessorganisation ist es, gemeinsam mit Geschäftspartnern, Lieferanten, Kunden und Mitarbeitern Prozesse zu entwickeln und zu nutzen.[225] Basis für die Prozessorganisation sollte also die Strategie des Unternehmens sein. Sie basiert dabei auf der Annahme, dass die Unternehmensführung über einen Handlungsspielraum verfügt, den sie aktiv gestaltend nutzen kann, um ihre Wettbewerbsvorteilen zu erreichen.[226]

In der Wirtschaftsinformatik wird ein Geschäftsprozess, ausgehend vom Ziel, diesen zu modellieren und schließlich in Software umzusetzen, als „die mit der Bearbeitung eines bestimmten Objekts verbundenen Funktionen, beteiligten Organisationseinheiten, benötigten Daten und die Ablaufsteuerung der Ausführung"[227] beschrieben. Die benötigten Daten werden in einem Datenformat strukturiert abgebildet. Dabei ist IT zum einen die Voraussetzung einer wirtschaftlichen Leistungserstellung in einer dynamischen Umwelt und zum anderen ermöglicht sie eine Ausweitung des Hand-

---

220 Vgl. Davenport, T. H.: „Process Innovation", 1993, S. 5.

221 Siehe Hammer, M.; Champy, J.: „Business Reengineering", 1995, S. 52.

222 Vgl. Schober, H.: „Prozessorganisation: Theoretische Grundlagen und Gestaltungsoptionen", 2002, S. 80.

223 Vgl. Schober, H.: „Prozessorganisation: Theoretische Grundlagen und Gestaltungsoptionen", 2002, S. 152-153.

224 Populär wurden diesbezüglich der Begriff Kaizen bzw. der in Europa gebräuchliche Begriff Kontinuierlicher Verbesserungsprozess. Im Gegensatz zur europäischen Interpretation bedeutet dies jedoch nicht unbedingt eine qualitative Verbesserung, sondern eine Veränderung an sich, sodass jede als positiv empfundene, den Nutzwert erhöhende Veränderung Ziel des Kaizen sein kann. Vgl. Imai, M.: „Kaizen", 1986.

225 Vgl. Lebender, M.: „Business Integration Software", 2003, S. 19.

226 Zur Erklärung von Prozessorganisation müssen demnach Ansätze gewählt werden, die indeterministisch und unternehmensübergreifend angelegt sind. Vgl. Schober, H.: „Prozessorganisation: Theoretische Grundlagen und Gestaltungsoptionen", 2002, S. 153.

227 Siehe Scheer, A.-W.: „Prozessorientierte Unternehmensmodellierung", 1994, S. 6.

lungsspielraums bei deren Festlegung, sodass eine erfolgreiche Zusammenarbeit zwischen Informatik und Organisation als Grundvoraussetzung für erfolgreiche Geschäftsprozesse angesehen werden kann[228]. IT ist als Basistechnologie zu verstehen, die die Struktur und das Verhalten in Unternehmen aus der Sicht des strategischen Akteurs nicht grundsätzlich determiniert und sowohl die Geschäftsfeldstrategie des Kostenführers als auch die des Differenzierers umzusetzen erlaubt. Innerhalb der gewählten Variante wirkt Technologie bei der detaillierten, operativen Ausarbeitung der Strategie gleichwohl determinierend.

Strategietheoretische Erklärungsansätze zur Prozessorganisation lassen sich in eine marktorientierte und in eine ressourcenbasierte Sichtweise unterteilen. Die Grundfrage ist bei beiden Ansätzen gleich: Wie lässt sich im Wettbewerb mit anderen Unternehmen dauerhafter, überdurchschnittlicher Unternehmenserfolg erzielen?

3.1.2.1 Marktorientierte Erklärungsansätze

Die marktorientierte Strategielehre betrachtet in erster Linie das Wettbewerbsumfeld eines Unternehmens und sieht die Quelle nachhaltiger Wettbewerbsvorteile darin, die Unvollkommenheiten auf dem Absatzmarkt auszunutzen und zu vergrößern. Ziel ist es, attraktive Branchen herauszufinden, in denen die Marktunvollkommenheiten möglichst groß sind und in denen das Unternehmen eine monopolartige Stellung einnehmen kann. Für Unternehmen bedeutet dies, dass eine Selektion von Informationen aus der Umwelt und eine Anpassung an klar formulierte Kundenbedürfnisse zu erfolgen hat. Strategische Entscheidungen betreffen in erster Linie die Auswahl von attraktiven Märkten z. B. mit Hilfe einer Chancen- und Risikenanalyse. Dabei werden Chancen und Risiken der Märkte durch eine Untersuchung der Branchenumwelt beurteilt, um Handlungsspielräume für strategisches Handeln zu ermitteln. Danach sind Märkte mit einer geringen Wettbewerbsintensität attraktiv, wobei die Wettbewerbsintensität durch Wettbewerbskräfte bestimmt ist, die die Wahl der geeigneten Wettbewerbsstrategie beeinflussen.[229] Porter hat aufbauend auf dieser Hypothese ein Branchenstrukturmodell entwickelt, das die Wettbewerbsintensität innerhalb einer Branche anhand von fünf Wettbewerbskräften aufzeigt, wobei er in (1) potenzielle Konkurrenten, (2) Wettbewerber in der Branche, (3) Substitutionspro-

[228] Vgl. Osterloh, M.; Frost, J.: „Prozessmanagement als Kernkompetenz“, 2003, S. 245.
[229] Vgl. Porter, M. E.: „Wettbewerbsstrategie“, 1999, S. 64 ff.

dukte, (4) Lieferantenmacht und (5) Abnehmermacht unterscheidet (siehe Abbildung 13).

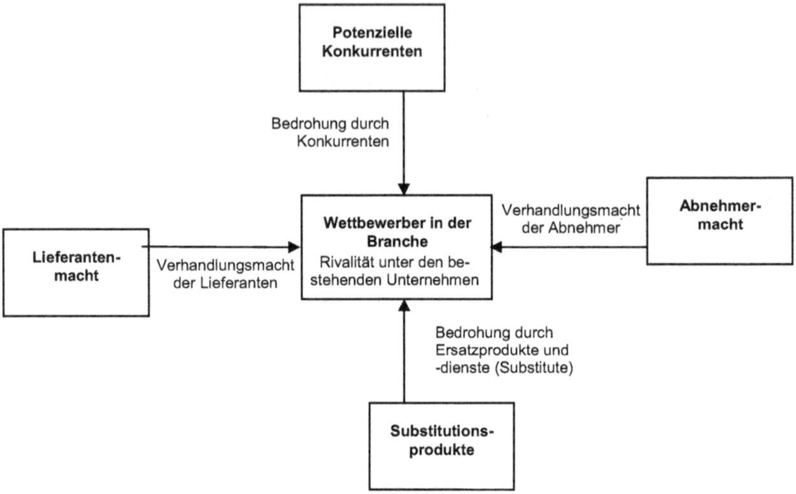

Abbildung 13: Wettbewerbskräfte nach Porter[230]

Im Folgenden werden die Wettbewerbskräfte kurz skizziert und ein möglicher Einfluss von Datenformaten untersucht.

(1) Um die Gefahr des Markteintritts potenzieller Konkurrenten zu verringern, versuchen etablierte Unternehmen Markteintrittsbarrieren aufzubauen, da diese als Voraussetzung für die Entstehung von Preissetzungsspielräumen und überdurchschnittliche Gewinne angesehen werden können.[231] Bei der Wahl eines Datenformats muss das im Markt befindliche Unternehmen untersuchen, inwieweit dieses in der Lage ist, den Aufbau von Markteintrittsbarrieren zu unterstützen. Neu in einen Markt eintretende Unternehmen untersuchen das Potenzial des Formats daraufhin, inwieweit es Markteintrittsbarrieren überwinden kann. Porter unterscheidet Betriebsgrößenersparnisse, Produktdifferenzierung, Kapitalbedarf, Umstellungskosten und Zugang zu Vertriebskanälen als wesentliche Ursprünge von Markteintrittsbarrieren:[232]

- Betriebsgrößenersparnisse liegen vor, wenn die Stückkosten eines Produkts bei steigender absoluter Menge pro Zeiteinheit sinken. Potenzielle Anbieter

---

230 Siehe Porter, M. E.: „Wettbewerbsstrategie“, 1999, S. 34.
231 Vgl. Stieglitz, N.: „Strategie und Wettbewerb in konvergierenden Märkten“, 2004, S. 46.
232 Vgl. Porter, M. E.: „Wettbewerbsstrategie“, 1999, S. 37 ff.

müssen traditionell entsprechend mit hohen Volumina in den Markt eintreten, wenn sie keinen Kostennachteil erleiden wollen. Sie riskieren harte Vergeltungsmaßnahmen etablierter Anbieter, da Investitionen in Betriebsgrößenersparnisse als spezifische Investitionen angesehen werden können. Datenformate können Betriebsgrößenersparnisse z. B. bei Buchungssystemen von Fluggesellschaften oder Finanzinstituten beeinflussen. Durch die Wahl eines geeigneten, schlanken Datenformats können bspw. mehr Buchungen pro Zeiteinheit durchgeführt oder eine weniger aufwändige Infrastruktur unterhalten werden.

- Produktdifferenzierung als Eintrittsbarriere bedeutet, dass etablierte Unternehmen über Käuferloyalität verfügen, die z. B. in hoher Qualität, Service oder kommunikationspolitischen Maßnahmen begründet ist. Neue Unternehmen müssen i. d. R. erhebliche Mittel aufwenden, um die Käuferloyalität zu überwinden. Informationen dienen hier z. B. in Form einer neuen Beurteilungsdimension (bspw. Umweltverträglichkeit) oder zusätzlicher bzw. detaillierterer Information (bspw. Warenverfolgung und Nennung eines genauen Liefertermins) der Differenzierung und müssen durch Datenformate übermittelt werden können. Bei Wettbewerbsvorteilen durch Produktdifferenzierung kommt der Unternehmensreputation eine besondere Bedeutung zu.[233] Daher sollte ein Unternehmen ein Datenformat wählen, das die Abbildung von Reputation erlaubt (bspw. das Bewertungsprofil bei ebay oder andere Zertifizierungen), um die Markteintrittsbarriere der Reputation aufzubauen.
- Kapitalbedarf ist eine Markteintrittsbarriere, wenn Unternehmen nur über erhebliche Investitionen in Produktionsanlagen, sonstiges Inventar oder Kundenkredite im Markt Fuß fassen können. Datenformate bieten kein direktes Potenzial beim Aufbau dieser Markteintrittsbarriere.
- Umstellungskosten sind einmalige Kosten für einen Abnehmer, der vom Produkt eines Lieferanten zu dem eines anderen wechselt. Neben den Kosten für die Umschulung, Zusatzgeräte und sonstigen Beratungs- oder Einführungskosten sind dies auch psychische Kosten, die aus dem Ende einer Geschäftsbeziehung resultieren. Datenformate scheinen prädestiniert zum Aufbau dieser Markteintrittsbarriere. Hohe Kosten für die Anbindung von Anwendungssystemen, mit jeweils unterschiedlichen Datenformaten, potenzieller Ge-

233 Vgl. Stieglitz, N.: „Strategie und Wettbewerb in konvergierenden Märkten“, 2004, S. 46.

schäftspartner werden seit Jahren intensiv diskutiert und werden immer wieder für das Scheitern neuer Geschäftsbeziehungen bzw. den Marktzutritt verantwortlich gemacht.[234]

- Der Zugang zu Vertriebskanälen kann für neue Unternehmen zur Markteintrittsbarriere werden, wenn diesen verwehrt wird, sich traditioneller Vertriebswege zu bedienen. Entweder muss das neue Unternehmen Kosten durch das Zugeständnis höherer Handelsmargen oder durch den Aufbau neuer Vertriebskanäle in Kauf nehmen. Da Porter in erster Linie auf Aspekte der Marktmacht abstellt, bieten Datenformate kein Potenzial beim Auf- bzw. Abbau dieser Markteintrittsbarriere. Dasselbe gilt für den Zugang zu Beschaffungskanälen.

Neben den genannten Faktoren können auch größenunabhängige Kostennachteile neuer Unternehmen dem etablierten Unternehmen erlauben, kostengünstiger als potenzielle Anbieter zu produzieren und so neuen Unternehmen den Marktzutritt zu erschweren. Als Gründe für absolute Kostenvorteile nennt Porter u. a. Erfahrungskurveneffekte, die zwar durch Patente gesichert sein können, aber in erster Linie aus der Weiterentwicklung von Planungs-, Organisations- und Kontrollmethoden resultieren. Zur Weitergabe und Verarbeitung dieser Informationen sind flexible Datenformate notwendig, die die Abbildung der zusätzlichen Informationen erlauben.

(2) Der Wettbewerb innerhalb einer Branche wird durch die Homogenität der Wettbewerber bestimmt. Je zahlreicher und verschiedenartiger die Anbieter sind, desto geringer ist die Wettbewerbsintensität.[235] Zudem stehen hohes Marktwachstum und geringe Fixkosten als Indikatoren für eine geringe Wettbewerbsintensität. Fehlende Differenzierungsmöglichkeiten und hohe spezifische Fixkosten wirken hingegen als Marktaustrittsbarriere und erhöhen den Wettbewerb in der Branche. Austrittsbarrieren sind u. a. langlebige, spezielle Aktiva, strategische Wechselbeziehungen, mangelnde Kenntnis von Zusammenhängen (Informationsbarrieren) und emotionale Barrieren.[236] Allgemein haben Investitionen in Informationstechnik einen hohen Fixkostenanteil bei nur geringen variablen Kosten. Unter diesem Gesichtspunkt sind Investi-

---

[234] Vgl. Varian, H. R.; Farrell, J.; Shapiro, C.: „The Economics of Information Technology: An Introduction", 2004, S. 21.
[235] Vgl. Porter, M. E.: „Wettbewerbsstrategie", 1999, S. 50 ff.
[236] Vgl. Porter, M. E.: „Wettbewerbsstrategie", 1999, S. 330 ff.

tionen in spezielle Datenformate und IT zu vermeiden, da sich ein Unternehmen ansonsten hohen Umstellungskosten und einer höheren Wettbewerbsintensität aussetzt. Es ist zu beobachten, dass Unternehmen, die IT erfolgreich einsetzen, einen Anpassungsdruck auf ihr Umfeld ausüben und sich somit die Wettbewerbsintensität innerhalb einer Branche erhöht.[237] Übertragen auf Datenformate heißt dies: Werden Informationen erfolgreich zur Differenzierung eingesetzt und in Datenformaten abgebildet, erzeugt dies einen Anpassungsdruck bei bestehenden Wettbewerbern, sodass Unternehmen auch hier großen Wert auf flexibel anpassbare Formate legen sollten.

(3) Substitutionsprodukte erfüllen die gleiche Funktion wie die Produkte, die bisher in der Branche angeboten werden. Attraktive Alternativen wirken sich negativ auf die Attraktivität der Branche aus. Wie schon bei der Gefahr des Markteintritts neuer Konkurrenten können Unternehmen Datenformate zum Aufbau von Wechselbarrieren verwenden.

(4) Durch eine große Verhandlungsmacht auf Seiten der Nachfrager kann die Attraktivität einer Branche negativ beeinflusst werden, da das Verlangen und Durchsetzen von niedrigeren Preisen, höherer Qualität, zusätzlichen Leistungen etc. auf die Rentabilität der Branche drückt. Als mächtig können Abnehmer in erster Linie dann gelten, wenn diese konzentriert sind bzw. einen großen Anteil der Gesamtumsätze der Verkäufer ausmachen. Ein weiterer Indikator für eine starke Abnehmergruppe ist ein hoher Standardisierungsgrad der Produkte bei fehlenden komplementären Differenzierungsmöglichkeiten. Sind vielfältige Möglichkeiten zur Differenzierung und zum Aufdecken bzw. Erzeugen heterogener Nachfragerpräferenzen gegeben, verringert sich die Verhandlungsstärke der Nachfrager. Porter nennt weiterhin die glaubhafte Drohung der Abnehmer mit einer Rückwärtsintegration als Zeichen der Abnehmermacht.[238] Ein Unternehmen kann auf mächtige Abnehmer in erster Linie mit einer Erhöhung der Umstellungskosten und Produktdifferenzierung reagieren. Wiederum

---

[237] Vgl. Bodendorf, F.; Robra-Bissantz, S.; Bauer, C.: „There's more to IT - vom Innovationspotenzial zur Innovationsfähigkeit", 2004, S. 10.

[238] Vgl. Porter, M. E.: „Wettbewerbsstrategie", 1999, S. 59, 385, 397-398. Danach kann die Vertrautheit mit der Technologie vor- oder nachgelagerter Geschäftseinheiten sogar entscheidend auf den Erfolg des eigentlichen Geschäfts einwirken. Es besteht ein insgesamt besserer Zugang zu Informationen über die jeweiligen Märkte, sodass die gesamte Prozesskette besser geplant werden kann, weil Unsicherheit reduziert wird. Porter bezieht sich bei seinen Bemerkungen auf machtpolitische und vertrauensbezogene Aspekte der Informationsweitergabe. Technologische und wirtschaftliche Machbarkeit setzt er implizit voraus.

bergen die Eigenschaften von Datenformaten, Umstellungskosten zu generieren und zur Differenzierung beizutragen, Potenzial zur Verringerung von Abnehmermacht.

(5) Die Verhandlungsstärke von Lieferanten ist spiegelbildlich zu der Verhandlungsstärke von Abnehmern zu betrachten. Eine hohe Konzentration auf der Lieferantenseite bildet die zentrale Einflussgröße für das Vorhandensein von Lieferantenmacht. Je größer diese ist, desto unattraktiver wird die Branche. Weiterhin ist die Lieferantenmacht von der Existenz von Substitutionsprodukten und dem erfolgreichen Differenzierungsgrad auf dem Beschaffungsmarkt bestimmt. Hohe Wechselkosten und somit eine große Lieferantenmacht entstehen auch dann, wenn Datenformate nur speziell auf die Verbindung mit dem einen Lieferanten zugeschnitten sind und nur aufwändig konvertiert werden können. Unternehmen sollten spezifische Investitionen in die Integration der Anwendungssysteme zwischen sich selbst und dem Anbieter vermeiden. Nach Möglichkeit sollte auf standardisierte Formate zurückgegriffen werden, um die eigene Position zu stärken.

Insgesamt bieten Datenformate ein vielfältiges Unterstützungspotenzial, um die Wettbewerbskräfte einer Branche zu beeinflussen. Ein potenzieller Anwender von Datenformaten sollte danach also das Datenformat wählen, das ihm eine wirtschaftliche Anwendung, den höchsten Grad an Exklusivität oder prohibitive Wechselkosten für Lieferanten und Abnehmer sichert.

Porter hat mögliche Einflüsse des Internets als Kommunikationsinfrastruktur auf die Wettbewerbskräfte untersucht (siehe Abbildung 14). Er bezieht sich dabei auf das Internet als eine Plattform primär zur Darstellung von Information, nicht aber zur Automatisierung einzelner Transaktionsphasen. Für einen automatisierten Handel sind die notwendigen Informationen in einheitlichen Formaten für Geschäftsdaten abzubilden und verstärken mögliche Einflüsse des Internets, da Informationen durch die Automatisierung schnell, fehlerfrei und umfangreich verarbeitet werden können.

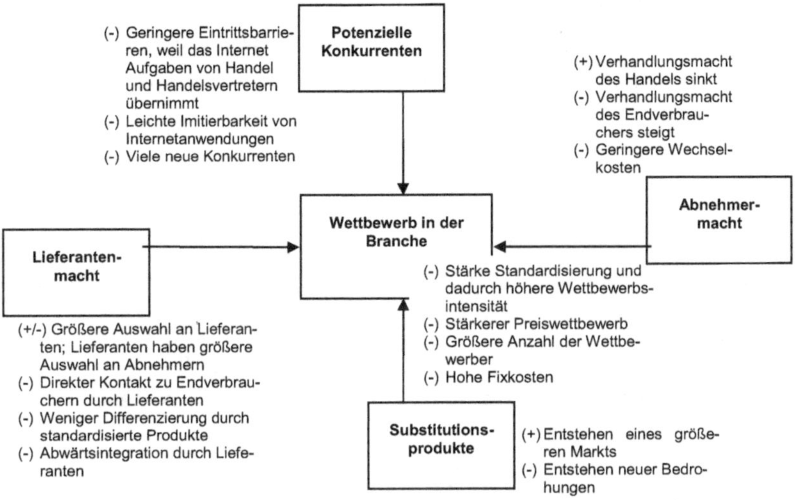

Abbildung 14: Beeinflussung der Branchenstruktur durch das Internet[239]

Das Internet ermöglicht Käufern einen leichteren Zugang zu Informationen über Produkte und Anbieter und stärkt somit deren Verhandlungsposition. Dadurch verringert es den Wert eines etablierten Vertriebs bzw. den Wert des Zugangs zu bestehenden Vertriebskanälen und Markteintrittsbarrieren werden gesenkt. Durch neue Möglichkeiten Kundenbedürfnissen gerecht zu werden oder Leistungen anzubieten, entstehen Substitute zu bestehenden Produkten. Sowohl die weite Verbreitung als auch der einfache Zugang zum Internet erschwert es den Unternehmen Produkte anzubieten, die als einzigartig angesehen werden, auch aufgrund der geografischen Ausweitung des Markts, und erhöht somit die Rivalität unter den bestehenden Wettbewerbern. Dies birgt für Unternehmen die Gefahr, sich auf einen destruktiven Preiswettbewerb einzulassen.[240]

Was für die von Porter untersuchte unstrukturierte Darstellung der Information im Internet gilt, ist umso mehr für die Automatisierung ganzer Transaktionen zutreffend. Auch diese hätte für anbietende Unternehmen meist negative Auswirkungen. Es verwundert daher nicht, dass sich die Durchsetzung eines Standards nicht erkennen lässt, da so negative Netzeffekte vermieden werden können. So beobachtet Porter

[239] Vgl. Porter, M. E.: „Strategy and the Internet", 2001, S. 67.
[240] Vgl. Porter, M. E.: „Strategy and the Internet", 2001, S. 66.

auch ein Internet-Paradoxon: „The great paradox of the Internet is that its very benefits — making information widely available; reducing the difficulty of purchasing, marketing, and distribution; allowing buyers and sellers to find and transact business with one another more easily — also make it more difficult for companies to capture those benefits as profits."[241]

Eine Schwäche der Branchenstrukturanalyse ist die Ausblendung indirekter Netzeffekte bzw. des Angebots an Komplementärprodukten.[242] Da sich Vorteile der Standardisierung erst ergeben, wenn eine kritische Masse erreicht ist, versprechen aber gerade kollektive Strategien z. B. mit Anbietern von Komplementärprodukten oder Lieferanten nachhaltige Wettbewerbsvorteile. Porter untersucht in dieser Hinsicht zwar kooperative Maßnahmen zum Erzielen von Wettbewerbsvorteilen durch den gemeinsamen Aufbau von Markteintrittsbarrieren. Auf horizontaler Ebene nennt er u. a. Maßnahmen, die die Position des eigenen Unternehmens verbessern und die die Position der Konkurrenten nur dann verbessern, wenn sich ein größerer Teil von ihnen anschließt, z. B. die kollektive Herabsetzung der Garantiedauer.[243] Breiten Raum nimmt bei ihm die Konkurrentenbeobachtung und -analyse ein. Vertikale Kooperationen begreift er als Quasi-Integration und allenfalls als kostengünstige Alternative zur echten Integration.[244] Insbesondere bei der Realisierung von Strategien in weltweiten Branchen erkennt er die Nützlichkeit kollektiver Unternehmensstrategien zum Überwinden von Schwierigkeiten bei der Strategieimplementierung.[245] Insgesamt bleibt seine Analyse kooperativer Maßnahmen sehr kurz und enthält keinerlei Aussagen zu Netzeffektgütern.

Brandenburger / Nalebuff entwickeln diesbezüglich das Konzept des Value Net als „a schematic map designed to represent all the players in the game and the interdependencies among them".[246] Während Porter Lieferanten, Distributoren und Wettbe-

---

241 Siehe Porter, M. E.: „Strategy and the Internet", 2001, S. 66.

242 Vgl. Besanko, D. u. a.: „The Economics of Strategy", 2004, S. 328. Die Ausblendung verwundert umso mehr, da Porter die Bedeutung von Komplementärprodukten bei der Branchenentwicklung berücksichtigt (vgl. Porter, M. E.: „Wettbewerbsstrategie", 1999, S. 226, 251) und der Entwicklung und Kontrolle von Komplementärprodukten eine strategische Bedeutung beimisst. (Vgl. Porter, M. E.: „Wettbewerbsvorteile", 2000, S. 529.) Eine weitere Einschränkung des Modells von Porter ist die Nichtberücksichtigung des Staates. Da staatliche Vorschriften dem Unternehmen keinen Entscheidungsraum lassen, bleibt dies gemäß der Aufgabenstellung unberücksichtigt.

243 Vgl. Porter M. E.: „Wettbewerbsstrategie", 1999, S. 138-139.

244 Vgl. Porter M. E.: „Wettbewerbsstrategie", 1999, S. 403-404.

245 Vgl. Porter M. E.: „Wettbewerbsstrategie", 1999, S. 373.

246 Siehe Brandenburger, A. M.; Nalebuff, B. J.: „The Right Game: Use Game Theory to Shape Strategy", 1995, S. 60.

werber ausschließlich als Bedrohung versteht,[247] sehen Brandenburger / Nalebuff in ihnen eine Möglichkeit, den eigenen Gewinn zu steigern. Sie prägen das Kunstwort Coopetition als Verbindung von Kooperation (Cooperation) und Wettbewerb (Competition).[248] Die Kooperations- und Wettbewerbsphasen, in denen Branchenunternehmen zueinander stehen, können dabei sequenziell oder parallel ablaufen. Mit dem Konzept lässt sich bspw. grob erklären, wie die gemeinsame Entwicklung und Nutzung von Datenformaten zu einem Überwinden des Start-up-Problems führen sowie zu einer Marktausweitung und zur Steigerung der Profitabilität der beteiligten Unternehmen beitragen können. Konkrete Hinweise zur Entstehung oder Abgrenzung einzelner Phasen werden hierbei aber nicht genauer untersucht.

In der marktorientierten Strategielehre werden den Chancen und Risiken der Märkte, die in der Branchenstrukturanalyse untersucht werden, in einem weiteren Schritt die Stärken und Schwächen des eigenen Unternehmens gegenübergestellt. Ziel ist die Realisierung eines Fit[249] zwischen dem Unternehmen und seiner relevanten Umwelt (siehe Abbildung 15),[250] wobei Stärken und Schwächen des Unternehmens z. B. mit der Wertkette ermittelt werden können.

---

247 Siehe Besanko, D. u. a.: „The Economics of Strategy“, 2004, S. 328; Vgl. auch Sjurts, I.: „Kollektive Unternehmensstrategie“, 2000, S. 45, 50. Danach bedeuten kooperative Maßnahmen bei Porter nicht eine Zusammenarbeit, sondern allenfalls ein nicht-aggressives Verhalten, um eigene Gewinne zu maximieren.

248 Vgl. Brandenburger, A. M.; Nalebuff, B. J.: „The Right Game: Use Game Theory to Shape Strategy“, 1995, S. 59.

249 Die marktorientierte Strategielehre fußt auf der Harvard School of Business und wird auch als Strategic-Fit bezeichnet. Diese vertritt die Structure-Conduct-Performance-Hypothese, nach der die Branchenstruktur das strategische Verhalten eines Unternehmens und damit seinen Erfolg bestimmt. Die erweiterte Structure-Conduct-Perfomance-Hypothese betont die Möglichkeit der wechselseitigen Beeinflussung von Geschäftspolitik (Conduct) und Branchenstruktur (Structure). Vgl. Schreyögg, G.: „Unternehmensstrategie“, 1984, S. 54 sowie die dort angegebene Literatur.

250 Vgl. Osterloh, M.; Frost, J.: „Prozessmanagement als Kernkompetenz“, 2003, S. 169.

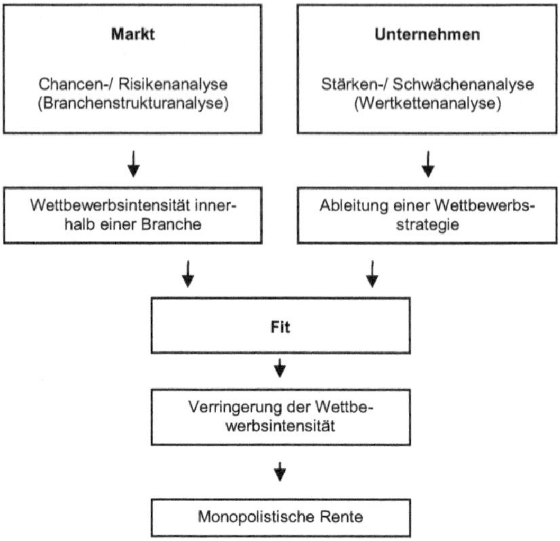

Abbildung 15: Marktorientierte Unternehmensstrategie[251]

Nach der Analyse der Stärken und Schwächen des Unternehmens sowie der Chancen und Risiken der Branche muss sich das Unternehmen für eine der Wettbewerbsstrategien Kostenführerschaft oder Differenzierung sowie den fokussierten Markt entscheiden. Eine inkonsequente Mischung der beiden Strategien würde nach Porter einem Sich-zwischen-die-Stühle-Setzen gleichen und nicht zum Erfolg führen.[252]

3.1.2.2 Ressourcenorientierte Erklärungsansätze

Da sich Kundenbedürfnisse ändern bzw. auch erst geweckt werden müssen und die Unvollkommenheit auf dem Absatzmarkt keinen langfristigen Schutz vor Wettbewerbern garantiert, wurde dem statischen (in Bezug auf die zur Verfügung stehenden Ressourcen) marktorientierten Modell ein dynamisches Modell entgegengestellt, in dem den Unternehmen Gestaltungsfreiheit eingeräumt wird.[253] Ressourcen haben in Form von Stärken und Schwächen zwar auch in der marktorientierten Strategielehre immer eine Rolle gespielt, stellen aber im Wesentlichen gegebene, bekannte Alternativen dar, zwischen denen das Management eine rationale Auswahl treffen kann.[254] Die ressourcenbasierte Strategielehre interpretiert ein Unternehmen als ein Bündel von Ressourcen und führt Wettbewerbsvorteile auf eine unterschiedliche Ressour-

[251] Vgl. Osterloh, M.; Frost, J.: „Prozessmanagement als Kernkompetenz", 2003, S. 166.
[252] Vgl. Porter M. E.: „Wettbewerbsstrategie", 1999, S. 78 ff.
[253] Vgl. Osterloh, M.; Frost, J.: „Prozessmanagement als Kernkompetenz", 2003, S. 166.
[254] Siehe Osterloh, M.; Frost, J.: „Prozessmanagement als Kernkompetenz", 2003, S. 170.

cenausstattung zurück.[255] Unterschiede in der Faktorausstattung sind das Ergebnis der Unvollkommenheit der Faktormärkte und drücken sich z. B. in Informationsasymmetrie und in der unterschiedlichen Transaktionsfähigkeit und Mobilität der Ressourcen aus.[256] Der Erfolg eines Unternehmens basiert demnach auf der Nutzung von spezifischen Ressourcen, über die Konkurrenten nicht verfügen und die nicht auf dem Markt gekauft werden können, sondern im Unternehmen selbst entwickelt werden müssen[257] und die Grundlage von Wettbewerbsvorteilen sind.[258] Um voll automatisch über Netze gehandelt werden zu können, ist es notwendig, auch spezifische Ressourcen in Datenformaten, ggf. indirekt, abzubilden. Der Ressourcenbegriff wird dabei sehr weit gefasst. Neben materiellen und immateriellen Vermögensgegenständen umfasst er prinzipiell alles, was die Stärke oder Schwäche eines Unternehmens im Wettbewerb ausmacht.[259] Zu den immateriellen Ressourcen zählen also neben technischen Fähigkeiten und Fertigkeiten auch die organisatorische Gestaltung von Geschäftsprozessen, Unternehmenskultur und Reputation.[260]

Das Ziel der ressourcenorientierten Strategielehre ist die Identifikation wichtiger Ressourcen und die Entwicklung von Maßnahmen, damit daraus ein anhaltender Wettbewerbsvorteil zur Entwicklung einer Strategie entstehen kann. Strategische Ressourcen sind definiert als:[261]

- wertvoll, da sie zum Aufbau von Wettbewerbsvorteilen beitragen, entscheidend ist dabei die Bewertung durch die Kunden,
- selten, da keines oder nur wenige der konkurrierenden Unternehmen über sie verfügen,
- unvollständig imitierbar, da Wettbewerber sie z. B. aufgrund einzigartiger historischer Umstände im Unternehmen oder schwer nachvollziehbarer Interde-

255 Vgl. Wernerfeldt, B.: „A resource-based view of the firm“, 1984.
256 Vgl. Schober, H.: „Prozessorganisation: Theoretische Grundlagen und Gestaltungsoptionen“, 2002, S. 127.
257 Vgl. Osterloh, M.; Frost, J.: „Prozessmanagement als Kernkompetenz“, 2003, S. 172. Ein Faktor ist umso spezifischer, je größer der Wertverlust ist, wenn er nicht in der ursprünglichen Intention genutzt werden kann, sondern der nächst besten Verwendung zugeführt werden muss. Der Transaktionskostenansatz empfiehlt, hoch spezifische Faktoren im eigenen Unternehmen zu erstellen und weniger spezifische von außen zu beziehen. Vgl. Löwer, U. M.; Picot, A.: „Web Services – Technologie-Hype oder Strategie-Faktor?“, 2002, S. 23.
258 Vgl. Bodendorf, F.; Robra-Bissantz, S.; Bauer, C.: „There's more to IT - vom Innovationspotenzial zur Innovationsfähigkeit“, 2004, S. 7.
259 Vgl. Wernerfeldt, B.: „A resource-based view of the firm“, 1984, S. 172.
260 Vgl. Barney, J.; Wright, M.; Ketchen Jr., D. J.: „The resource-based view of the firm: Ten years after 1991“, 2001, S. 625.
261 Vgl. Barney, J.: „Firm Resources and Sustained Competitive Advantage“, 1991, S. 101.

pendenzen zwischen Ressourcen und Wettbewerbsvorteilen nicht kurzfristig nachbilden können, und

- schwer zu substituieren; sie können kaum durch andere Ressourcen ersetzt werden.

Nur Ressourcen, die die genannten Eigenschaften erfüllen, können dauerhaft Wettbewerbsvorteile erzielen. Das wichtigste Kriterium ist dabei die nur unvollständig mögliche Imitierbarkeit. Nicht, schwer oder unvollständig imitierbar sind insbesondere solche Ressourcen, die in der Geschichte des Unternehmens begründet, durch diffuse Kausalzusammenhänge gekennzeichnet und / oder komplex sind. Dabei meint komplex nicht die technische Komplexität, da diese über kurz oder lang imitierbar ist, sondern die Fähigkeit, Technologien effizient umzusetzen[262] oder die Fähigkeit immer neue Kundenbedürfnisse zu entdecken und Leistungen des eigenen Unternehmens entsprechend zu transferieren. Die Nichtimitierbarkeit entsteht durch Faktoren, die nicht auf dem Markt gekauft werden können, und müssen in langwierigen Prozessen des organisationalen Lernens selbst erworben werden.[263] Die Unternehmensressourcen manifestieren sich in Produkten, die auf Märkten gehandelt werden.

Veränderungen bzw. Anpassungen der Unternehmensressourcen beruhen nach Barney auf größeren Sprüngen im Wettbewerbsumfeld, die nicht oder nur schwer vorhersehbar sind.[264] Diese sind als Versuch der Wettbewerber zu interpretieren, nachhaltige Wettbewerbsvorteile aufzubauen.[265]

Stieglitz / Heine kritisieren an diesem Ansatz so auch fehlende Aussagen über den konkreten Einsatz strategischer Ressourcen und, dass umweltbezogene Einflussfaktoren innovativen Handelns nicht analysiert würden.[266] Wenig verwunderlich kritisiert auch Porter an der ressourcenbasierten Strategielehre, dass sich das Entstehen neuer Ressourcen durch unternehmerisches Handeln und organisationales Lernen einer genaueren Analyse entziehe.[267] Das Generieren neuer Produkte und Verfahren

---

262 Vgl. Osterloh, M.; Frost, J.: „Prozessmanagement als Kernkompetenz", 2003, S. 173.

263 Vgl. Osterloh, M.; Frost, J.: „Prozessmanagement als Kernkompetenz", 2003, S. 203.

264 Vgl. Barney, J.: „Firm Resources and Sustained Competitive Advantage", S. 103. Stieglitz bezeichnet Innovationen bei Barney folglich als exogene Schocks. Vgl. Stieglitz, N.: „Strategie und Wettbewerb in konvergierenden Märkten", 2004, S. 119.

265 Vgl. Stieglitz, N.: „Strategie und Wettbewerb in konvergierenden Märkten", 2004, S. 119.

266 Vgl. Stieglitz, N.; Heine, K.: „The strategic management of complementarities: Conceptual issues and applications", 2003, S. 4, Stieglitz, N.: „Strategie und Wettbewerb in konvergierenden Märkten", 2004, S. 127.

267 Vgl Porter, M. E.: „Towards a Dynamic Theory of Strategy", 1995, S. 445 f.

kann aber als Unternehmensaktivität interpretiert und somit als Brücke zu Porters Konzeptualisierung des Unternehmens als Bündel von Wertaktivitäten[268] gesehen werden. Die Neustrukturierung der Wertkette beruht in vielen Branchen auf einem Überdenken des bisher Üblichen und ist letztendlich ein kreativer Akt, der nur schwer routinemäßig oder vorausgeplant durchzuführen ist.[269]

Aus der Sicht der ressourcenbasierten Strategielehre kann es auch empfehlenswert sein, spezifische Ressourcen von außen über den Markt zu beziehen.[270] Dies ist solange sinnvoll, wie es dem Unternehmen gelingt, sich auf seine eigenen Stärken zu konzentrieren und seine eigenen Ressourcen am Markt so erfolgreich zu platzieren, dass sein Gewinn maximiert wird. Es gilt auch solche Leistungen über den Markt zu beziehen, bei denen die Lieferanten über uneinholbare Spezialisierungsvorteile verfügen. Die Unternehmen müssen sich aber der Gefahr der asymmetrischen Verteilung des Nutzens solcher Kooperationen bewusst sein. Lernt ein Unternehmen der Kooperation schneller als das andere, kann es entweder eher profitieren oder aber sich strategische Ressourcen des Partnerunternehmens aneignen und so die eigene Wettbewerbsposition stärken.[271] Generell erkennt die ressourcenbasierte Strategielehre das Problem der Zusammenarbeit verschiedener Unternehmen, aber eine weitergehende Analyse bleibt aus.[272]

Die Argumentation zur ressourcenbasierten Strategielehre bleibt zunächst komparativ-statisch. Eine Weiterentwicklung erfährt sie durch den Kernkompetenzenansatz, der sich durch einen kompetenzorientiert-dynamischen Charakter auszeichnet.[273] Da der Wert der eigenen Unternehmensressourcen durch den Wettbewerb ständig bedroht ist, müssen Unternehmen die eigenen Ressourcen fortwährend aktiv weiter-

---

268 Vgl. Stieglitz, N.: „Strategie und Wettbewerb in konvergierenden Märkten", 2004, S. 148.

269 Vgl. Porter, M. E.: „Wettbewerbsvorteile", 2000, S. 650 ff.

270 Vgl. Löwer, U. M.; Picot, A.: „Web Services – Technologie-Hype oder Strategie-Faktor?, 2002, S 23-24.

271 Stieglitz spricht in diesem Fall von einer unterschiedlichen Lerngeschwindigkeit beim Überlappungswissen. Vgl. Stieglitz, N.: „Strategie und Wettbewerb in konvergierenden Märkten", 2004, S. 124.

272 Vgl. Sjurts, I.: „Kollektive Unternehmensstrategie", 2000, S. 123 ff.

273 Siehe Schober, H.: „Prozessorganisation: Theoretische Grundlagen und Gestaltungsoptionen", 2002, S. 127. Barney hingegen sieht darin eine Selbstverständlichkeit, die seinem Ansatz bereits innewohnt und in der theoretischen Diskussion lediglich eine evolutionsökonomische Betrachtung seines Ansatzes darstellt (vgl. Barney, J.: „Resource-based *theories* of competitive advantage: A ten-year retrospective on the resource-based view", 2001, S. 646-648); diese nähme auch schon bei seiner Argumentation eine zentrale Stellung ein. Vgl. Barney, J.; Wright, M.; Ketchen Jr., D. J.: „The resource-bases view of the firm: Ten years after 1991", 2001, S. 631-632.

entwickeln bzw. neu entwickeln, um auf Marktveränderungen reagieren bzw. diese initiieren zu können. Prahalad / Hamel unterteilen die Fähigkeiten eines Unternehmens in Kern- und in Komplementärkompetenzen. Kernkompetenzen stellen die wesentlichen technischen, technologischen, vertrieblichen und organisatorischen Fähigkeiten eines Unternehmens dar und beruhen insbesondere auf der Weiterentwicklung, Integration und Koordination verschiedener Unternehmensaktivitäten. Prahalad / Hamel nennen drei Möglichkeiten zur Identifizierung von Kernkompetenzen: „First, a core competence provides potential access to a wide variety of markets. ... Second, a core competence should make a significant contribution to the perceived customer benefits of the end product. ... Finally, a core competence should be difficult for competitors to imitate".[274] Der Aufbau von Kernkompetenzen erfolge in einem langwierigen Prozess, wobei das Unternehmen unterschiedliche Stufen von Lernphasen durchlaufe. Dabei gelte es sowohl intra- als auch interorganisationale Aspekte zur Generierung des neuen Wissens zu berücksichtigen und externe Partner einzubinden.[275] Komplementärkompetenzen hingegen unterstützen die Kernkompetenzen, sie sind für den strategischen Erfolg aber weniger relevant.

Unabhängig vom Betrachtungswinkel betont Barney die grundlegenden Gemeinsamkeiten, die allen ressourcentheoretischen Erklärungsversuchen zugrunde liegen: „These include the assumption that resources and capabilities can be heterogeneously distributed across competing firms, that these differences can be long lasting, and that they can help explain why some firms consistently outperform other firms."[276]

3.1.3 Zwischenergebnis: Die Abbildung von Prozessen als Kernkompetenz erfordert individuelle Datenformate

Insgesamt bergen Unternehmensprozesse und die diese abbildenden Datenformate das Potenzial, ein Parameter zur Gestaltung des Wettbewerbs zu sein. Die Prozessorganisation weist dabei Bezüge zur markt- und ressourcenorientierten Strategielehre auf, wobei Datenformaten zu deren Abbildung jeweils ein unterstützender Beitrag zugeschrieben werden kann.

---

[274] Siehe Prahalad, C. K.; Hamel, G.: „The Core Competence of the Corporation", 1990, S. 83-84.
[275] Vgl. Prahalad, C. K.; Hamel, G.: „The Core Competence of the Corporation", 1990, S. 80 und 82.
[276] Siehe Barney, J.: „Resource-based *theories* of competitive advantage: A ten-year retrospective on the resource-based view", 2001, S. 649.

Zur strategietheoretischen Fundierung der Prozessorganisation bietet sich aber in erster Linie die kompetenzorientiert-dynamische Variante der ressourcenbasierten Strategielehre an,[277] indem Prozesse eines Unternehmens als Kernkompetenz interpretiert werden; diese sind dann:[278]

- wissensbasiert,[279]
- beschränkt handelbar,
- unternehmensspezifisch,
- wertvoll,
- schwer imitierbar,
- schwer substituierbar und
- bergen das Potenzial für neue Produkte und Märkte.

Auf die den Prozessen zugrunde liegenden Datenformate angewendet, bedeutet dies, dass sie individuell sein müssen, um sie vor Imitation zu schützen. Das bedeutet nicht, dass die Verwendung bestimmter Datenformate auf das eigene Unternehmen beschränkt bleiben muss. Der Kernkompetenzenansatz bezieht unternehmensübergreifende Kooperationen explizit ein, ohne aber konkrete Gestaltungshinweise zu geben. Festzuhalten bleibt aber, dass Datenformate auch mit Geschäftspartnern gemeinsam entwickelt und eingesetzt werden können, um dem Wettbewerb zu begegnen.

3.2 Gestaltung der Prozessorganisation

Nachdem die generelle Eignung der Prozessorganisation und deren Abbildung in Geschäftsdatenformaten sowohl unternehmensintern als auch unternehmensübergreifend zur Entwicklung von Wettbewerbsvorteilen und zur Verfolgung einer Wettbewerbsstrategie festgestellt wurde, stellt sich die Frage, wie Prozesse zu identifizieren, konkret zu gestalten und ggf. in Datenformaten für Geschäftsprozesse abzubilden sind. Dies hat unter Berücksichtigung des dynamischen Charakters sowie der unternehmensübergreifenden Perspektive der Prozessorganisation zu geschehen.

---

277 Vgl. Schober, H.: „Prozessorganisation: Theoretische Grundlagen und Gestaltungsoptionen", 2002, S. 154.

278 Vgl. Osterloh, M.; Frost, J.: „Prozessmanagement als Kernkompetenz"; 2003, S. 178.

279 Datenformaten als Träger von Informationen zur Integration einzelner Geschäftsprozessaktivitäten liegt explizites Wissen zugrunde. Aufgrund seiner schweren Imitierbarkeit eignet sich vor allem implizites Wissen dazu, entscheidend zur Nachhaltigkeit von Wettbewerbsvorteilen beizutragen, wenn es gelingt dieses organisatorisch zu verankern und zu nutzen. Vgl. Schober, H.: „Prozessorganisation: Theoretische Grundlagen und Gestaltungsoptionen", 2002, S. 140.

3.2.1 Organisatorische Quellen für Wettbewerbsvorteile

Die Prozessorganisation als eigenständige, strategische Ressource eines Unternehmens bietet nach Osterloh / Frost fünf organisatorische Quellen für Wettbewerbsvorteile:[280]

- Spezialisierung: Spezialisierungsvorteile entstehen aus der umfassenden Nutzung von unternehmenseigenen Ressourcen, wobei höchstmögliche Produktivität beim Leistungserstellungsprozess das Ziel der organisatorischen Gestaltung ist.
- Horizontale Synergien: Die kundenorientierte Perspektive bei der Gestaltung der Prozessorganisation erfordert eine ganzheitliche, geschlossene Betrachtung eines funktionsübergreifenden Leistungsprozesses über Stellen, Abteilungen und Unternehmensbereiche und letztendlich auch Unternehmensgrenzen hinweg. Das Ziel ist die Realisierung von Synergieeffekten, insbesondere durch die Optimierung der Schnittstellen im Wertschöpfungsnetz.
- Vertikale Synergien: Vertikale Synergien ergeben sich aus der Realisierung einer optimalen Fertigungstiefe als dem besten Verhältnis zwischen In- und Outsourcing. Da Prozessorganisation vom Lieferanten bis zum Kunden gedacht werden muss, ergeben sich Wettbewerbsvorteile aus der Optimierung der Schnittstellen zwischen (rechtlich selbständigen) Unternehmen.
- Qualität der Entscheidungen: Die Qualität der Entscheidungen betrifft die vertikale Arbeitsteilung und somit die Größe der Leitungsspanne bzw. des Entscheidungsspielraums im Unternehmen.
- Motivation: Die Motivation trägt als wesentliche Bestimmungsgröße menschlichen Handelns zum Unternehmenserfolg bei. Intrinsische Motivation lässt sich dabei durch den systematischen Einsatz von extrinsischer Motivierung fördern und steuern.

Einzelne Quellen für Wettbewerbsvorteile bedürfen jeweils der Umsetzung in einem Datenformat, um im elektronischen Geschäftsverkehr unmittelbar Bedeutung zu erlangen. Wettbewerbsvorteile, bei deren Umsetzung Datenformate eine entscheidende Rolle innehaben, entstehen insbesondere aus der wiederkehrenden Aufdeckung horizontaler und vertikaler Synergien. Denn nach deren Aufdeckung müssen diese

---

[280] Vgl. Osterloh, M.; Frost, J.: „Prozessmanagement als Kernkompetenz"; 2003, S. 185-194.

möglichst schnell, effektiv und effizient elektronisch abgebildet werden, um sie IT-gestützt wirtschaftlich zu betreiben und zu steuern.

3.2.2 Zusammensetzung, Art und Anzahl von Geschäftsprozessen im Unternehmen

Bei der Identifikation geeigneter Geschäftsprozesse empfiehlt sich zunächst ein deduktives Vorgehen, weil nur so die Berücksichtigung prozessumspannender Aspekte und der Ganzheitlichkeit gewährleistet scheint.[281] Nach Osterloh / Frost setzt sich ein Unternehmen als Prozessorganisation aus drei organisatorischen Elementen, nämlich den Kernprozessen, den Supportprozessen und den funktionalen Schulen zusammen:[282]

- Kernprozesse sind die strategisch relevanten Wertschöpfungsprozesse im Unternehmen. Sie werden aus den Kernkompetenzen eines Unternehmens abgeleitet, wobei die organisatorische Gestaltung selbst eine Kernkompetenz sein kann. Die Festlegung auf konkrete Kernprozesse und deren Ausgestaltung kann als eine kreative, unternehmerische Leistung angesehen werden, deren Wert und Gültigkeit letztendlich von der Akzeptanz bei den Kunden bestimmt wird.
- Supportprozesse sind, trotz der begrifflichen Nähe zu den unterstützenden Aktivitäten Porters, nach dem allen Aktivitäten eine strategische Relevanz beigemessen werden kann,[283] nicht langfristig zur Differenzierung gegenüber dem Wettbewerb geeignet und somit Kandidaten für eine externe Beschaffung und auch Standardisierung. Sie haben nur eine Zulieferfunktion für die Kernprozesse.
- Funktionale Schulen sind Zentralabteilungen mit spezifischen Fachkenntnissen, die aufgrund von Spezialisierungsvorteilen nicht direkt in die Organisation eingegliedert sind. Sie sind „Orte des systematischen Wissenserwerbs"[284] und tragen wie Kernprozesse zum strategischen Wettbewerbsvorteil eines Unternehmens bei.[285] Neben der permanenten Erweiterung des Wissens ist es ihre Aufgabe, dieses Wissen zweckgebunden an die Prozessverantwortlichen im Unternehmen zu vermitteln.

---

[281] Vgl. Davenport, T. H.: „Process innovation", 1993, S. 12.
[282] Vgl. Osterloh, M.; Frost, J.: „Prozessmanagement als Kernkompetenz", 2003, S. 98.
[283] Vgl. Porter, M. E.: „Wettbewerbsvorteile", 2000, S. 67 ff. und 170.
[284] Siehe Osterloh, M.; Frost, J.: „Prozessmanagement als Kernkompetenz", 2003, S.209.
[285] Vgl. Osterloh, M.; Frost, J.: „Prozessmanagement als Kernkompetenz", 2003, S. 256.

Das Verhältnis zwischen Kern- und Supportprozessen ist aber dynamisch. „Was heute ein Supportprozess ist, kann künftig zum Kernprozess werden und umgekehrt."[286] Kernprozesse erfordern eine individuelle Abbildung in eigenen Datenformaten, während Supportprozesse in allgemein verfügbaren Formaten abgebildet werden sollten. Durch die Dynamik ergibt diese Unterscheidung aber letztendlich keine Gestaltungshinweise, sondern dient lediglich der Kategorisierung. Für die Wahl eines Formats für Geschäftsdaten heißt dies, dass Prozesse in Abhängigkeit von der ihnen zugemessenen strategischen Bedeutung einmal in einem Standardformat und ein anderes Mal in einem Individualformat abgebildet werden. Die Prozesse in den Funktionalen Schulen können als sehr spezifisch, unsicher und selten angesehen werden, da es dort um den Neuerwerb bzw. die Neukombination von Wissen geht. Sie eignen sich folglich nicht zur Steuerung über Regeln und Programme und zur Abbildung in Datenformaten.

Es gibt eine Vielzahl von Vorschlägen bzgl. Art und Anzahl der Geschäftsprozesse in einem Unternehmen.[287] Neben der Ausrichtung der zu gestaltenden Geschäftsprozesse an den externen Kundenbedürfnissen empfiehlt sich im Fall eines anderen entscheidenden Engpassfaktors die Orientierung an diesem. Wildemann schlägt z. B. die Auswahl des Prozesses anhand der zu beschaffenden Materialien vor. Er entwickelt ein Einkaufsgüterportfolio, das zur Kategorisierung einzelner Unternehmensprozesse herangezogen werden kann (siehe Abbildung 16).

		Relativer Wertanteil	
		Niedrig	**Hoch**
Versorgungsrisiko	**Hoch**	Engpassmaterialien	Strategische Materialien
	Niedrig	Standardmaterialien	Kernmaterialien

Abbildung 16: Einkaufsgüterportfolio[288]

Insgesamt hat sich kein allgemeingültiges Verständnis über Art und Anzahl der Geschäftprozesse in einem Unternehmen etablieren können, sodass diese unterneh-

286 Siehe Osterloh, M.; Frost, J.: „Prozessmanagement als Kernkompetenz", 2003, S.219.
287 Vgl. Schober, H.: „Prozessorganisation: Theoretische Grundlagen und Gestaltungsoptionen", 2002, S. 23.
288 Vgl. Wildemann, H.: „Einkaufspotenzialanalyse: Programme zur partnerschaftlichen Erschließung von Rationalisierungspotenzialen", 2000, S. 91.

mens- und strategiespezifisch zu bezeichnen sind. Festzuhalten ist aber, dass die Gestaltung der Geschäftsprozesse jeweils der Sicherung des Prozessmodells als Kernkompetenz dient.

Allgemein orientiert sich die Umsetzung und Steuerung der Prozesse an ihren Aufgaben bei der Produkterstellung und -vermarktung, die wiederum nicht von der Technologie, sondern von Markterfordernissen abgeleitet sind und sich durch neue gesetzliche Vorschriften, Innovationen und sonstige Weiterentwicklungen ändern. Flexibel gestaltbare Geschäftsprozesse und die damit verbundenen Datenformate, die die Geschäftsgepflogenheiten abbilden, müssen diese Änderungen nachvollziehen oder vorwegnehmen können. Es bedarf einer kontinuierlichen Pflege und Anpassung der Formate.[289]

3.2.3 Einfluss der IT auf die Gestaltung der Geschäftsprozesse

Die Umsetzung und Steuerung der Geschäftsprozesse wird heute in der Regel durch Software unterstützt. Bei individuell für das Unternehmen entwickelter Software folgen nach der groben Festlegung auf einen Prozess die Prozessausgrenzung und -zerlegung. Die Prozessausgrenzung beschäftigt sich mit der Frage, was zu einem bestimmten Prozess gehört und was nicht, also mit der Abgrenzung des Prozesses zu seiner Umwelt. Anschließend wird im Rahmen der Prozesszerlegung ein durch die Prozessausgrenzung extrahierter Prozess in Subprozesse unterteilt. Die entsprechenden Gliederungskriterien und die Gliederungstiefe werden dabei, je nach Unternehmensstrategie bzw. Unternehmensressourcen situativ definiert.[290]
Weit verbreitet ist das Vorurteil, dass ein Unternehmen mit dem Erwerb einer Standardsoftware gleichzeitig die darin eingebetteten Geschäftsprozesse zu implementieren hat[291] und diese standardisierten Prozesse ungeeignet sind, nachhaltige Wettbewerbsvorteile zu erlangen,[292] da es sich lediglich um eine Nachahmung handelt.[293] Unternehmen können nicht darauf verzichten, die Anwendungssysteme und Datenformate als einen Teil dieser an ihre individuellen (Kern-) Geschäftsprozesse anzupassen, da sie sonst die Chance verlieren, sich im Wettbewerb zu differenzieren. Aber Standardsoftware scheitert nicht so sehr an der einmaligen Anpassung, son-

---

[289] Vgl. Berlecon Research: „E-Business-Standards in Deutschland", 2003, S. 163.
[290] Vgl. Vaterl, P.: „Business Process Reengineering", WWW.
[291] Vgl. Jost, W.: „Technologie allein reicht nicht für die Integration", 2002, S. 19.
[292] Vgl. Gaitanides, M.; Sjurts, I.: „Wettbewerbsvorteile durch Prozessmanagement", 1995, S. 75.
[293] Vgl. Porter, M. E.: „Strategy and the Internet", 2001, S. 76.

dern an der schnellen und damit aufwandsarmen Modifikation der Prozesse und der diesen zugrunde liegenden Datenformate.[294] In der Phase der erstmaligen Gestaltung des Prozessmodells sind solche Anwendungssysteme, bspw. ERP-Lösungen, sehr flexibel und es gibt wenig, was sich nicht abbilden lässt. Aber einmal implementiert können Änderungen nur unter großem Aufwand durchgeführt werden.[295]

So zeigt sich ein deutlicher Trend in Richtung Standardisierung ab. Um den Aufwand zu minimieren, halten Unternehmen ihr ERP-System nahe an der Referenzlösung des Herstellers. Die Tendenz zu einer geringeren individuellen Anpassung wird mit der Erfahrung aus früheren Projekten erklärt, in denen Unternehmen gelernt haben, dass es billiger ist, die eigenen Geschäftsprozesse an die Software anzupassen, statt umgekehrt die bestehenden Prozesse genau abzubilden, da jede Anpassung des Systems bei einem Upgrade oder Releasewechsel aufwändig nachgearbeitet werden muss.[296] Unterstützt wird die Tendenz zur Standardisierung von Geschäftsprozessen durch die Wahrnehmung der Unternehmen, die die Struktur ihrer Geschäftsprozesse als wenig dynamisch bezeichnen.[297]

Um aber der resultierenden stärkeren Wettbewerbsintensität zu begegnen, muss das Unternehmen entscheiden, welche Prozesse im Unternehmen der Differenzierung gegenüber dem Wettbewerb dienen sollen und welche standardisiert werden können. Grundlage für das Automatisieren muss das Vorhandensein von Geschäftsprozessen sein, die sich durch Regeln und Programme umsetzen lassen. Entscheidendes Kriterium für oder gegen den Einsatz von IT und automatisierten Datenaustausch ist zunächst die Unsicherheit. Sobald der notwendige Informationsaustausch nicht oder nur schwer vorhersehbar wird (z. B. bei Design- oder F&E-Prozessen) ist eine Automatisierung nicht möglich, da übertragbare Information durch die Struktur von Datenformaten vorgegeben werden. Prozesse gelten in einem Unternehmen dann als hochgradig individuell bzw. einzigartig und können durch ausschließlich computergeführte Geschäftsprozesssteuerung nicht erfolgreich umgesetzt werden. Unternehmen müssen in einem solchen Fall flexibel auf sich verändernde Umweltbedingungen eingehen können. Notwendig ist dann eine kreative, innovative Lösung,

---

294 Vgl. Schwalm, H.: „Ohne Anpassung taugen Branchenlösungen wenig“, 2002, S. 20.
295 Vgl. Lehr, T.: „Flexibel für neue Geschäfte“, 2002, WWW; Koll, S.: „ERP-Suiten behindern Geschäftsprozesse“, 2006, S. 4.
296 Vgl. Frisch, J.: „Kundenmanagement führt die Ausbaupläne an“, 2003, S. 9.
297 Vgl. Otto, B. u. a.: „E-Business-Standards“, 2002, S. 35.

die in erster Linie durch personelle Ressourcen gelöst werden kann. Dagegen kann ein relativ vorhersehbarer Informationsaustausch, bei dem sich nur die antizipierten Parameter ändern, ein sehr gutes Einsatzgebiet darstellen. Diese Reaktionsmöglichkeiten nennt man auch „pre-programmed flexibility"[298] in wohl-strukturierten Prozessen.

Die Dynamik der Anforderungen und Formate spiegelt sich auch in der Software zur Steuerung der Prozesse wider. Diese muss den Bedürfnissen und Kenntnissen der Anwender gerecht werden und darf nicht Restriktion sein. Neben der generellen Machbarkeit müssen Anpassungen anwenderfreundlich durchführbar sein. Es geht darum, die in der Regel IT-unerfahrenen Produktmanager, unterstützt durch Softwareentwickler, in die Lage zu versetzen, Prozesse auf Basis einer grafischen Benutzeroberfläche zu modellieren, Prozessketten aus vorhandenen Mustern zu erstellen, deren Verteilung im Unternehmen vorzubereiten, Ergebnisse zu analysieren und nötigenfalls Änderungen vornehmen zu können.[299] So kommt es zu einer Annäherung von Geschäftsprozessmanagement, Anwendungsentwicklung und -integration.[300]

Prozessstandards wirken sich stark auf die betrieblichen Organisationsstrukturen und die jeweilige Unternehmenskultur aus,[301] da es nicht nur technischer oder finanzieller Mittel, sondern in vielen Bereichen auch organisatorischer Veränderungen im Unternehmen bedarf. Selbst wenn die Möglichkeit der Automatisierung grundsätzlich gegeben ist, muss ein möglicher Widerstand der Beteiligten gegen den Wandel sowie gesetzliche Bestimmungen z. B. im Rahmen des Betriebsverfassungsgesetzes berücksichtigt werden. Es stellt sich die Frage der Bereitschaft einer Organisation für eine entsprechende Standardisierung von Geschäftsprozessen. Die Bereitschaft, Standards in einer Organisation umzusetzen und mit Mitteln der Corporate Governance und Methoden des Changemanagements zu unterstützen, ist somit für Standardisierungsprojekte von zentraler Bedeutung. Das Institute of Electronic Business untersucht diese Bereitschaft unter dem Schlagwort E-Business-Readiness.[302] Es

---

298 Vgl Brousseau, E.: „EDI and Inter-Firm Relationships: Toward a Standardization of Coordination Processes?", 1994, S. 338.

299 Vgl. Lehr, T.: „Flexibel für neue Geschäfte", 2002, WWW.

300 Vgl. Jost, W.: „Technologie allein reicht nicht für die Integration", 2002, S. 19.

301 Vgl. Dorloff, F.-D.: „Standards – die neue Sprache für E-Business?", 2002, S. 51-52.

302 Der Begriff scheint eng an Organizational Readiness von Iacovou / Benbasat / Dexter angelehnt, die damit die Fähigkeit eines Unternehmens zur Einführung von Interorganisationssystemen be-

attestiert Unternehmen eine deutliche Zunahme dieser Bereitschaft. So wäre E-Business vielfach integraler Bestandteil der Fachabteilungen geworden, Standardisierung würde als ein zentraler Auslöser zur Optimierung interner Prozesse gesehen und auch bereits gewonnene Erfahrungen im Changemanagement trügen dazu bei.[303]

3.2.4 Unternehmensübergreifende Geschäftsprozessgestaltung

Geschäftsprozessorientierung über Unternehmensgrenzen hinweg sowie die notwendige Abstimmung verschiedener Prozesse und Technologien kann unter verschiedenen, meist IT-anbietergetriebenen, Schlagworten stattfinden, bspw. im Rahmen von Supply Chain Management (SCM), Vendor Managed Inventory (VMI), Efficient Consumer Response (ECR) oder Collaborative Planning, Forecasting and Replenishment (CPFR).

Basis der Wertschöpfung und damit gleichzeitig wertschöpfender Faktor der Gestaltung unternehmensübergreifender Geschäftsprozesse ist insbesondere die technische und fachliche Integration. Für die Unternehmen bedeutet dies, neue Prozesse zu gestalten, bestehende Prozesse zu überarbeiten und dabei vor- und nachgelagerte Prozessglieder einzubinden. Speziell im Bereich der Planung sehen Fricke u. a. Vorteile einer strategischen, unternehmensübergreifenden Zusammenarbeit. Sie unterscheiden dabei in:

- Produktionsplanung (Planung und Optimierung der Produktion und Berücksichtigung der Ressourcenverfügbarkeit),
- Nachfrageplanung (Planung und Optimierung der zu erwartenden Nachfrage unter Berücksichtigung relevanter Einflussfaktoren, z. B. sportliche Großereignisse wie eine Fußballweltmeisterschaft in der Absatzregion),
- Distributions- und Vertriebsplanung (Geschäftspartner entscheiden gemeinsam, wo sie in welchem Ausmaß tätig werden) und
- Transportplanung (Planung und Optimierung der Warendistribution zusammen mit dem Logistikpartner).[304]

---

zeichnen. Vgl. Iacovou, C. L.; Benbasat, I.; Dexter, A. S: „Electronic Data Interchange and Small Organisations: Adoption and Impact of Technology", 1995, S. 465-485.

303 Vgl. Institute of Electronic Business: „B2B – Entwicklung von Standards im Electronic Business", 2003, S. 39.

304 Vgl. Fricke, M. u. a.: „EDI and Business-to-Business Systems: The Status Quo and the Future of Business Relations in the European Automotive Industry", 2002, WWW.

Die entstehenden Geschäftsprozesse beziehen im Idealfall alle Glieder der Wertschöpfungskette wirtschaftlich ein. Dies hat zur Folge, dass nicht mehr Unternehmen direkt gegeneinander konkurrieren, sondern ganze Wertschöpfungsketten im Wettbewerb zueinander stehen.

Faisst / Stürken sehen insbesondere in der Auskunftsfähigkeit der Unternehmen gegenüber ihren Geschäftspartnern den entscheidenden Erfolgsfaktor für unternehmensübergreifende Geschäftsprozesse. Relevante ressourcen-, prozess- und auftragsbezogene Informationen müssten jederzeit abrufbar sein und das Unternehmen müsse in der Lage sein, diese Informationen partnerspezifisch aufzubereiten. Z. B. müssten Daten teilweise geschützt oder in verdichteter Form zur Verfügung gestellt werden können. Konzepte unternehmensübergreifender Geschäftsprozessorganisation scheitern regelmäßig, da sich die einzelnen Unternehmen der Bedeutung der Weitergabe von Informationen nicht bewusst sind und diese entweder nicht aufgabengerecht zur Verfügung stellen können oder nicht zur Verfügung stellen wollen, da sie z. B. Wettbewerbsnachteile durch eine Weitergabe an Dritte fürchten.[305] In Bezug auf Datenformate heißt dies, dass ggf. verschiedene Standards, mit verschiedenen Strukturen, Komprimierungs- und Sicherheitskonzepten zu unterstützen sind.
Softwarewerkzeuge zur Steuerung unternehmensübergreifender Geschäftsprozesse müssen den neuen Anforderungen gerecht werden, indem sie bspw. die Möglichkeit der raschen und komfortablen Erstellung unternehmensspezifischer Lösungen bei gleichzeitiger Berücksichtigung der Integrität der gemeinsam genutzten Daten bieten.[306] Aufgrund dieser technischen und kulturellen Komplexität ist in der Praxis bisher auch eher eine intensivere Zusammenarbeit mit wenigen Partnern als eine Ausweitung der Anzahl der Geschäftspartner bei der Gestaltung unternehmensübergreifender Geschäftsprozesse zu beobachten.[307]

Bei der Betrachtung eines strukturierten Geschäftsdatenaustauschs stellt sich auch die Frage nach der Validität der Geschäftsdaten. Neben objektiven Inhalten gibt es auch Daten, die auf Indikatoren und somit tendenziell einer subjektiven Bewertung beruhen, z. B. bei der Absatzschätzung beim Supply Chain Management. Der Um-

---

[305] Vgl. Faisst, W.; Stürken, M.: „Daten-, Funktions- und Prozess-Standards für Virtuelle Unternehmen – strategische Überlegungen", 1997, S. 6.
[306] Vgl. Picot, A.; Reichwald, R.; Wigand, R. T.: „Die grenzenlose Unternehmung", 2003, S. 276.
[307] Vgl. Wüstner, E.: „Standardisierung und Konvertierung: Ökonomische Bewertung und Anwendung am Beispiel von XML/EDI", 2005, S. 107.

gang mit Planungsdaten bzw. das Verhalten bei Versagen der Prognosen kann aber nicht Aufgabe von Geschäftsdatenformaten sein, sondern muss vielmehr auf Ebene der Unternehmensführung geklärt werden. Gleichwohl kann der Austausch gewollt sein, sodass ein Format in der Lage sein muss, auch diese Information zu übertragen.

Auch für die Gestaltung unternehmensübergreifender Geschäftsprozesse ist die Fähigkeit, mit dynamischen Marktbedingungen und Aufgaben umzugehen, die nicht durch einen implementierten Prozess erfüllt werden können, ein entscheidender Faktor im Wettbewerb um den Kunden. Je flexibler sich Prozesse in und zwischen Unternehmen modellieren, konfigurieren und integrieren lassen, desto besser gelingt es, Kundenanfragen zu beantworten, Lieferengpässe zu umgehen, Preisschwankungen von Komponenten auszugleichen oder Terminkontrakte abzuschließen.[308] Die Umsetzung sowohl unternehmensinterner als auch unternehmensübergreifender Prozessorganisation sollte insgesamt nicht als sequenzielles Phasenmodell betrachtet werden. Neben den Marktbedingungen unterliegt auch die Technologie als z. T. determinierender Einflussfaktor der Prozessorganisation einem bekanntlich schnellen Wandel. Das bedeutet, dass die Entscheidungsgrundlagen einer Dynamik unterliegen und somit immer wieder aktualisiert und getroffene Entscheidungen ggf. revidiert werden müssen. Die wechselseitige Abhängigkeit besteht aber nicht ausschließlich zwischen Technologie und strategieabhängiger Prozessorganisation, auch andere Einflussgrößen wie z. B. die Einstellung des Personals und die rechtlichen Rahmenbedingungen sind variabel, sodass sich insgesamt ein Kreislaufmodell anbietet.

Die steigende Bedeutung der Information zur Verbindung heterogener Wertschöpfungsketten und als Mittel zur Differenzierung gegenüber den Wettbewerbern lässt die Bedeutung der Aufgabe eines Vermittlers steigen.[309] Seit langem wird die Aufteilung vertikal integrierter Unternehmen in mehrere spezialisierte Unternehmen prophezeit. Diese Prognosen beruhen auf der Überlegung, dass IT externe Transaktionskosten relativ stärker senkt als interne.[310] Das geht im Extremfall so weit, dass

---

308 Vgl. Lehr, T.: „Flexibel für neue Geschäfte", 2002, WWW.

309 Vgl. Evans, P.; Wurster, T. S.: „Blown to Bits", 2000, S. 69.

310 Vgl. Malone, T. W.; Yates, J.; Benjamin, R.I.: „Electronic Markets and Electronic Hierarchies", 1987, S. 488; auch Voigt, K.-I.: „Desintermediation im B2B-Bereich – Perspektiven aus der Sicht der Produzenten", 2001, S. 53-72.

Unternehmen empfohlen wird, Kernkompetenzen im Bereich der Vermittlung und Integration aufzubauen.[311]

3.3 Grenzen der Differenzierung eröffnen Raum für Standards

Im Folgenden werden Grenzen der Differenzierung diskutiert und somit Aspekte vertiefend beurteilt, die für die Einordnung eines Prozesses als Supportprozess entscheidend sein können und somit für dessen Abbildung mittels eines Standarddatenformats empfehlenswert erscheinen.

Generell besteht bei der Wahl einer Differenzierungsstrategie die Gefahr, dass der Kostenunterschied zwischen dem Kostenführer und den Differenzierern zu groß wird und die Kundenloyalität nicht aufrechterhalten bzw. erreicht werden kann. Weiterhin kann der Bedarf nach dem differenzierenden Faktor sinken (oder gar nicht da gewesen sein),[312] der differenzierende Faktor kann durch Nachahmung nivelliert[313] oder nicht ausreichend kommuniziert[314] werden. Letztgenannter Fall kann auch zu einer Überdifferenzierung führen, da Merkmale, die zur Differenzierung eingesetzt werden, vom Kunden dann nicht positiv wahrgenommen werden, sondern zu Verunsicherung und abwartendem Verhalten führen.

3.3.1 Grenzen der Differenzierung über Prozesse

Aus ökonomischer Sicht sind neben der Unsicherheit, die Spezifität und die Häufigkeit des Leistungsaustauschs zur Beurteilung der Eignung der Prozessorganisation entscheidend. Ihre Vorteile entfalten sich dann am besten, wenn die Faktoren jeweils in mittlerer Ausprägung vorliegen, da Ressourceneffizienz einerseits und Markteffizienz andererseits die Eignung der Prozessorganisation begrenzen.[315]

Durch die Konzentration auf einen zentralen Engpassfaktor, in den meisten Fällen den Kunden, wird bei der Prozessorganisation die Berücksichtigung von Betriebsgrößenersparnissen oder sonstigen Spezialisierungsvorteilen tendenziell vernachlässigt und führt so zu Nachteilen gegenüber einer Funktionalorganisation. Durch die Nichtauslastung von Kapazitäten (Leerkosten) bzw. vice versa suboptimale Produkti-

---

[311] Vgl. Hagel III, J., Singer M.: „Unbundling the Corporation“, 1999, S. 138-140.
[312] Vgl. Porter, M. E.: „Wettbewerbsvorteile“, 2000, S. 217.
[313] Vgl. Porter, M. E.: „Wettbewerbsstrategie“, 1999, S. 84.
[314] Vgl. Porter, M. E.: „Wettbewerbsvorteile“, 2000, S. 218.
[315] Vgl. Gaitanides, M.; Ackermann, I.: „Die Geschäftsprozessperspektive als Schlüssel zu betriebswirtschaftlichem Denken und Handeln“, 2004, WWW.

onsverfahren besteht die Gefahr, dass die Vorteile der Prozessorganisation z. T. aufgebraucht werden und Effizienzvorteile verloren gehen.[316] Eine strikte Trennung von Prozessen im Unternehmen, ggf. mit unterschiedlichen Prozessverantwortlichen und einem unzureichenden Leistungsverrechnungssystem, kann aus Sicht des Gesamtunternehmens trotz gegebenen Bedarfs zu ineffizienten Produktionsverfahren führen.

Auch bzgl. der Häufigkeit, mit der Transaktionen durchgeführt werden, erweist sich die Prozessorganisation bei mittlerer Wiederholungsrate als am besten geeignet. Dagegen ist bei hoher Wiederholungsrate eine Spezialisierung und bei geringer Wiederholungsrate eine Koordination über den Markt zu empfehlen.[317]

An der Prozessorganisation wird zudem die Vernachlässigung unternehmenskultureller Aspekte im Rahmen der Entwicklung und Einführung kritisiert, die insbesondere mit dem Begriff des Business Process Reengineering verbunden ist. Das strategische Kalkül bei der Gestaltung von Geschäftsprozessen und der Auswahl von Koordinationsmechanismen ist nicht nur durch die ökonomische Rationalität geprägt, sondern bezieht Machtkalküle, Wertorientierungen und die z. T. subjektive Bewertung von Ressourcen ein. Um der Vernachlässigung personeller, kultureller und sozialer Aspekte zu begegnen, ist die Notwendigkeit des frühen Einbezugs der Mitarbeiter aller beteiligten Einheiten bei der Gestaltung und Umsetzung der Prozessorganisation inzwischen erkannt,[318] wenn auch in der Praxis nicht durchgängig umgesetzt.

Allgemein steigen die Koordinationskosten bei einer immer feineren Aufteilung des Markts in Form von Abstimmungskosten auf der Ebene des Führungspersonals, z. B. bzgl. strategischer Pläne und / oder aufgrund der Notwendigkeit, ausdifferenzierte Kostenrechnungssysteme zur innerbetrieblichen Leistungsverrechnung zu etablieren. Die prozessorientierte Analyse von Unternehmen kann dabei als das Grundinstrument einer jeden Kostenanalyse angesehen werden. Nur über die genaue Kenntnis der Prozesskosten lassen sich unwirtschaftliche Tätigkeiten und Prozesse erkennen

---

316 Vgl. Gaitanides, M.: „Prozessorganisation", 1983, S.153-154.

317 Vgl. Gaitanides, M.; Ackermann, I.: „Die Geschäftsprozessperspektive als Schlüssel zu betriebswirtschaftlichem Denken und Handeln", 2004, WWW.

318 Vgl. Stähle, W. H.: „Management", 1999, S. 922-924.

und beseitigen,[319] sodass die Transparenz der im Unternehmen entstehenden Kosten als notwendige Bedingung zur erfolgreichen Unternehmenssteuerung gesehen wird.

Insbesondere bei der Betrachtung von Strukturen unternehmensübergreifender Kooperation werden aber Grenzen deutlich, die auch bei detaillierten Kostenrechnungssystemen eine exakte Koordination verhindern. Im interorganisatorischen Bereich gibt es eine Eigendynamik, die von keinem einzelnen Akteur kontrolliert werden kann. Zahlreiche Entwicklungen sind das Ergebnis unintendierter Wirkungen wirtschaftlichen Handelns[320] und entziehen sich so einer Planbarkeit.

3.3.2 Grenzen der Differenzierung über Information

Ein Charakteristikum von Informationsgütern ist die leichte Imitierbarkeit, nachdem das diesen zugrunde liegende Wissen expliziert wurde. Zudem lassen sich diese nur schwer gegen Weitergabe schützen. Unternehmen, die sich über Informationen differenzieren, müssen also mit einer schnellen Nachahmung rechnen, worauf sie mit einer weiteren informationsbezogenen Innovation versuchen können, Kunden an sich zu binden. Dies führt zu einem sehr dynamischen Wettbewerb mit immer neuen Parametern. Die entstehende Komplexität kann zu Unsicherheit und Marktversagen führen.

Entscheidend für den Erfolg ist die Wahrnehmung und Wertschätzung der Abnehmer. Die Kriterien müssen also kommunizierbar sein und dürfen nicht zu einer hemmenden Informationsüberflutung führen. Auch beim Informationsbedarf tritt eine Sättigung auf, nach deren Überschreiten weiterer Aufwand sinnlos oder sogar schädlich wäre.

3.3.3 Einigung auf einen Orientierungspunkt

In Anlehnung an eine spieltheoretische Arbeit von Schelling[321] verwendet Porter das Konzept des Orientierungspunkts, als einem Ruhepunkt in einer Branche, „auf den der Wettbewerbsprozess seine Erwartungen bündelt – eine wichtige Rolle beim Erreichen eines (stabilen) Ergebnisses“[322] innezuhaben. „Der Einfluss von Orientierungspunkten beruht auf dem Bedürfnis der Wettbewerber, gemeinsam irgendein

---

319 Vgl. Porter, M. E.: „Wettbewerbsvorteile“, 2000, S. 97 ff.
320 Vgl. Klein, S.: „Interorganisationssysteme und Organisationsnetzwerke“, 1996, S. 240.
321 Vgl. Schelling, T.: „The Strategy of Conflict“, Cambridge, 1960.
322 Siehe Porter, M. E.: „Wettbewerbsstrategie“, 1999, S. 155.

stabiles Ergebnis zu erzielen, um schwierige und destabilisierende Maßnahmen und Gegenmaßnahmen zu vermeiden."[323] Wettbewerbliche Maßnahmen kommen, nach dem der Orientierungspunkt in der Branche gefunden wurde, im entsprechenden Teilbereich zur Ruhe. Als Beispiele nennt Porter u. a. Kalkulationsregeln, geografische Marktaufteilung, grobe Aufteilung der Marktanteile und auch standardisierte Güteklassen und Produkte.

Ebenso können standardisierte Prozesse und Datenformate als Orientierungspunkt einer Branche dienen und somit kooperative Formen der Technologienutzung bewirken.[324] Porter macht jedoch keine Aussagen darüber, wie Orientierungspunkte genau zu Stande kommen bzw. wie ein bestimmter Wettbewerbsparameter zum Orientierungspunkt wird. Diese sind pauschal als Ergebnis kooperativer Handlungen von Branchenteilnehmern im Wettbewerbsprozess auf einer sozioökonomischen Ebene zu interpretieren.[325]

Letztendlich handelt es sich bei jedem standardisierten, öffentlichen Datenformat, das z. B. für Prozesse einer Branche entwickelt wird, um den Versuch, einen Orientierungspunkt zu etablieren. Wie schon bei der Entstehung von Formatstandards gezeigt, kann es sich dabei um eine Verlagerung des Wettbewerbs in die Standardisierungsorganisationen hinein handeln, deren Ergebnis und allgemeine Anerkennung sich nur fallspezifisch und ex post rekonstruieren lassen.

3.4 Zwischenergebnis: Eine umfassende Standardisierung von Datenformaten für Geschäftsprozesse erscheint unwahrscheinlich

Die andauernden und auch zukünftig zu erwartenden Versuche, Standards auf Prozessebene zu etablieren, sind mit dem erhofften Gewinn aus der Kontrolle eines Standards zu erklären. Dieser Kontrolle durch ein Unternehmen oder einen Unternehmensverbund versuchen sich andere zu entziehen, indem sie z. B. auf öffentliche Standards setzen, die in Standardisierungsinstitutionen entwickelt werden. Der Wettbewerb innerhalb der Institutionen zwischen ihren Mitgliedern und der Wettbewerb zwischen der Vielzahl von existierenden Standardisierungsinstitutionen lassen aber eine zuverlässige Vorhersage der Angemessenheit und Erfolgswahrscheinlichkeit

---

[323] Siehe Porter, M. E.: „Wettbewerbsstrategie", 1999, S. 155.
[324] Vgl. Campell, J. L.; Lindberg, L. N.: „The Evolution of Governance Regimes", 1991, S. 336-340.
[325] Vgl. Porter, M. E.: „Wettbewerbsstrategie", 1999, S. 155-156.

nicht zu.[326] Prozessstandards für Geschäftsdaten müssen als Teil des sozioökonomischen Systems betrachtet werden, deren Erfolgswahrscheinlichkeit aufgrund unvorgesehener und auch unvorhersehbarer Ereignisse (z. B. politische Entscheidungen, technische Entwicklungen, beschränkt rational handelnde Personen usw.) nicht eindeutig bestimmbar ist und ggf. die Notwendigkeit eines kompletten Neuanfangs für Entwickler und Anwender von Standards bedeuten kann.[327]

Die Festlegung auf einen Standard erzeugt einen verstärkten Wettbewerb, da nur die im Standard vorgesehenen Parameter variiert werden können. Diesem Wettbewerbsdruck versuchen sich die Unternehmen ggf. durch Abänderung des Standards zu entziehen. Datenformate haben u. a. als Markteintrittsbarriere und über ihre Funktion der Abbildung von Geschäftsprozessen wettbewerbliche Relevanz, sodass Unternehmen versuchen (müssen), diese einzigartig zu gestalten und im Markt zu etablieren. Geschäftsprozesse und Datenformate für diese unterliegen somit einem ständigen Wandel und lassen eine umfassende, dauerhafte Standardisierung unwahrscheinlich erscheinen. „Given the huge variety of business sectors, organisational forms and business philosophies, the many different intra- and interorganisational interdependencies, and all the differences that come with varying company sizes, not to mention regional or national differences in culture and legislation it is most unlikely that coherent requirements will ever materialise, apart from some very generic ones."[328]
Für ein Unternehmen ist es daher entscheidend, die Unmöglichkeit der Antizipation aller zukünftigen Entwicklungen anzuerkennen und zu akzeptieren, dass eine Anpassung des Datenformats für Geschäftsprozesse immer wieder notwendig sein kann.[329] Bei einer Vielzahl von Geschäftspartnern und Geschäftsprozessen, ggf. über Unternehmensgrenzen hinweg, darf man also nicht nur einen Standard erwarten, sondern muss mit einer Vielzahl von kommenden und gehenden Standards zurechtkommen, die sich zudem in Teilbereichen überschneiden.[330]

Des Weiteren spricht gegen eine umfassende Standardisierung, dass unterschiedliche Formate für Geschäftsdaten nicht automatisch zu einem Lock-in führen. Eine

---

[326] Vgl. Mähönen, P. „The Standardization Process in IT – Too Slow or Too Fast?", 2000, S. 43.
[327] Siehe Jakobs, K.: „Standardisation Processes in IT", 2000, S. 22.
[328] Siehe Jakobs, K.: „Standardisation Processes in IT", 2000, S. 188.
[329] Vgl. Jakobs, K.: „Standardisation Processes in IT", 2000, S. 195.
[330] Vgl. König, W.: „Interview with James Hendler on the Semantic Web", 2002, S. 482.

wesentliche Eigenschaft elektronischer Datenformate ist ihre inhärente Konvertierbarkeit, d.h. ein Format kann mit Hilfe einer Software in ein anderes Format konvertiert werden. Der Konvertierungsaufwand ist abhängig von der eingesetzten Technologie und den vorhandenen Datenstrukturen. Unter bestimmten Voraussetzungen ist zudem nur eine halbautomatische Verarbeitung möglich, z. B. wenn ein Format Informationen als Freitext in einem Feld enthält, ein anderes Format diese Informationen aber strukturiert in unterschiedlichen Feldern erwartet. Die notwendige Folge ist eine manuelle Nachbearbeitung.[331] Auch Informationsverluste sind z. T. unvermeidbar.

Unternehmen, die nicht über die Marktmacht oder den Willen verfügen, ihren Geschäftspartnern bestimmte Formate vorzuschreiben, müssen flexibel auf sich ändernde Umweltbedingungen reagieren können. Es ist dies die Suche nach Technologien, die eine flexible und kostengünstige Umsetzung ihrer Wettbewerbsstrategie ermöglichen. Die neue Zusammenstellung der Wertschöpfungsketten bzw. das Überdenken der alten ist aber in erster Linie eine strategische Managementaufgabe und keine technische Aufgabe.[332] Allerdings können strategische Entscheidungen durch technische determiniert werden. So sollen die Fusionsgespräche zwischen Microsoft und SAP abgebrochen worden sein, weil u. a. die Integration der Anwendungssysteme zu aufwändig erschien.[333]

---

331 Vgl. Berlecon Research: „E-Business-Standards in Deutschland“, 2003, S 20.
332 Vgl. Evans, P.; Wurster, T. S.: „Blown to Bits“, 2000, S. 170.
333 Vgl. Frisch, J.: „Megafusion scheitert an Integrationshürden“, 2004, S. 1.

4 Technologien zur Umsetzung von Prozessen

Nachdem in den beiden vorherigen Kapiteln zunächst Möglichkeiten und Grenzen der Standardisierung von Geschäftsdatenformaten und die Art und Weise, wie Datenformate für Geschäftsprozesse im Rahmen einer Wettbewerbsstrategie zur Generierung von Wettbewerbsvorteilen dienen können, diskutiert wurden, sollen nun wesentliche Technologien zur Umsetzung von Geschäftsprozessen dargestellt werden, was sowohl standardisierte als auch individuelle Lösungen umfasst. Die Umsetzung der Prozesse mittels geeigneter Technologien fällt im Wesentlichen in den Bereich des Informationsmanagements, dessen Aufgabe dabei insbesondere die Integration des Informationsflusses in den Wertschöpfungsprozess des Unternehmens ist. Dazu gehören u. a. die Ableitung der erforderlichen Informationssysteme aus den strategischen Unternehmenszielen, die Schaffung von langfristig stabilen Strukturen, die zugleich die Möglichkeit der flexiblen, wenig aufwändigen Anpassung an sich dynamisch verändernde Anforderungen bieten müssen, sowie die ganzheitliche Abstimmung von Informations-, Organisations- und Technologiestrukturen.[334]

Häufig wird in diesem Zusammenhang angenommen, dass die Ablaufgestaltung grundsätzlich durch Hard- und Software vorgegeben und somit „zu einer rigiden Fessel für das Humanvermögen im Unternehmen“[335] würde. De facto lassen sich jedoch prinzipiell beliebige Prozesse gestalten und Wettbewerbsstrategien verfolgen.[336]

Nach einer einführenden Diskussion von Fragen und Begriffen der Modellierung und Integration von Anwendungssystemen und Datenformaten werden im Folgenden EDI auf Basis von Flat-files und EDI auf Basis von XML zur Realisierung von unternehmensübergreifendem Geschäftsdatenaustausch vorgestellt und anschließend einem systematischen Vergleich unterzogen.

---

[334] Vgl. Fischer, J.: „Datenmanagement“, 1992, S. 17, 20-29.

[335] Siehe Schober, H.: „Prozessorganisation: Theoretische Grundlagen und Gestaltungsoptionen“, 2002, S. 136. Schober spricht in dem Fall von einer unechten Prozessorganisation.

[336] Auf die generelle Indeterminiertheit von Technik als Kulturprodukt, deren Entwicklung als gesellschaftlicher Prozess und sich daraus ergebende Gestaltungsspielräume für die Entwicklung von Geschäftsprozessen (Arbeit) weist bereits Gerum hin. Vgl. Gerum, E.: „Grundfragen der Arbeitsgestaltungspolitik“, 1981, S. 177-185.

4.1 Kommunikation und Integration in der Wirtschaftsinformatik

Um eine automatisierte Kommunikation zwischen Rechnern zu ermöglichen, wird diese zunächst in Modellen abgebildet, wobei zwischen den einzelnen Modellen vielfältige Unterschiede auftreten können, die mittels Integrationstechnik aneinander angepasst werden können. Dementsprechend werden im Folgenden zunächst grundlegende Modelle zur Kommunikation in Unternehmen vorgestellt. Unternehmensmodelle entstehen dabei als ein subjektives und durch die Unternehmensstrategie geprägtes Abbild der Umwelt, die folglich unterschiedliche Betrachtungsschwerpunkte setzen. Aus diesen resultieren verschiedene Datenformate, deren mögliche Unterschiede aufgezeigt werden. Die Zusammenführung der Modelle und Datenformate wird schließlich unter dem Begriff Integration sowie Techniken zu deren Umsetzung diskutiert.

4.1.1 Kommunikation und deren Abbildung in Modellen

Die Realisation rechnergestützter Informationssysteme erfordert eine formale Beschreibung der abzubildenden Informationen sowie der durchzuführenden Operationen. Die formale Beschreibung und spätere Analyse komplexer Systeme erfolgt meist indirekt anhand eines Modells. Man unterscheidet dabei verschiedene Kommunikations- und Abstraktionsebenen. Je mehr standardisiert ist, desto einfacher ist es in der Regel, neue Geschäftspartner einzubinden. Bspw. erleichtern allgemein gültige Begriffe und Objekte die Kommunikation und damit die unternehmensinterne und unternehmensübergreifende Integration, da zum einen Transformationen entfallen und sich zum anderen Möglichkeiten der Wiederverwendung von Software ergeben.[337] Allerdings stehen gänzlich neue Gegebenheiten und Anforderungen im Widerspruch zur Standardisierung.

4.1.1.1 Allgemeines Kommunikationsmodell

Die Kommunikation zwischen IT-Systemen erfolgt in kodierter Form: Der Inhalt wird durch Zeichen aus einem Zeichensystem kodiert, mittels eines Trägers übermittelt und anschließend beim Empfänger wieder dekodiert. Die Semiotik unterscheidet in diesem Zusammenhang drei Ebenen der Kommunikation: die Syntaktik als die Analyse von Zeichen und der Beziehungen zwischen Zeichen, die Semantik als die Ana-

[337] Vgl. Frank, U.: „Zur Verwendung formaler Sprachen in der Wirtschaftsinformatik: Notwendiges Merkmal eines wissenschaftlichen Anspruchs oder Ausdruck übertriebenen Szientismus“, 1999, S. 142.

lyse der Beziehungen zwischen Zeichen und ihrer Bedeutung sowie die Pragmatik als die Analyse der Wirkungen von Zeichen auf ihre Benutzer bzw. Empfänger.[338] Dieses Vorgehen basiert auf dem Kommunikationsmodell von Shannon und Weaver[339] und wurde u. a. von Niggl[340] und Zbornik[341] für den elektronischen Datenaustausch angewendet und weiterentwickelt. Betrachtet man die Kommunikation zwischen Rechnern, so ist es notwendig dem Modell noch eine technische Ebene hinzuzufügen, auf der die anderen Ebenen dann aufsetzen (siehe Abbildung 17).

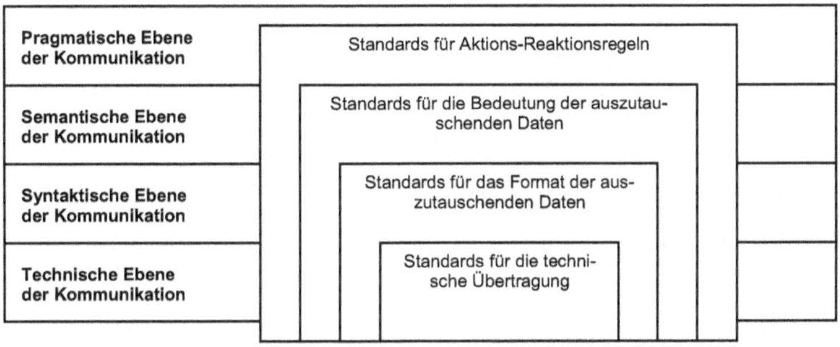

Abbildung 17: Der Beitrag von Standards zu den Ebenen der Kommunikation[342]

Standards einer höheren Ebene sollten sich dabei generell der Standards einer unteren Ebene bedienen, wobei einige Standards, z. B. XML, mehrere Ebenen abdecken. Zur zielgerichteten Rechnerkommunikation ist ein gemeinsames Verständnis des Zeichensystems auf allen Ebenen notwendig.

Die technische Ebene stellt einen gemeinsamen Kommunikationskanal zwischen Anwendungssystemen, den Träger der Kommunikation, zur Verfügung. Das Ziel der Kommunikation von zwei oder mehr Systemen auf der technischen Ebene, d. h. das Ziel der technischen Integration, ist die vollständige Übermittlung der Nachricht.[343] Sie kann z. B. durch das ISO/OSI-Referenzmodell beschrieben werden. Zu den

[338] Vgl. Picot, A.; Reichwald, R.; Wigand, R. T.: „Die grenzenlose Unternehmung", 2003, S. 89.
[339] Vgl. Shannon, C.; Weaver, W.: „The Mathematical Theory of Communication", 1949.
[340] Vgl. Niggl, J.: „Die Entstehung von Electronic Data Interchange Standards", 1994, S. 19 ff.
[341] Vgl. Zbornik, S.: „Elektronische Märkte, elektronische Hierarchien und elektronische Netzwerke", 1996, S. 93.
[342] Siehe Voigtmann, P.; Zeller, T.: „Enterprise Application Integration und B2B Integration im Kontext von Electronic Business und Elektronischen Marktplätzen Teil II", 2003, S. 2.
[343] Vgl. Voigtmann, P.; Zeller, T.: „Enterprise Application Integration und B2B Integration im Kontext von Electronic Business und Elektronischen Marktplätzen Teil I", 2002, S. 17.

Standards der technischen Ebene gehören z. B. klassische Middleware-Standards, Netzwerkprotokolle und Sicherheitsprotokolle.[344] Im Einzelnen können dies sein:

- Protokolle auf TCP/IP-Basis (z. B. HTTP, FTP, SMTP),
- Standardisierte Datenschnittstellen (z. B. ODBC, ADO, JDBC, NTFS, NFS),
- Standardisierte funktionsorientierte Applikationsschnittstellen (z. B. RPC, RFC),
- Standardisierung durch Verwendung von Komponentenmodellen (z. B. CORBA, J2EE, .Net),
- Applikationsschnittstellen zum R/3-System von SAP (z. B. BAPI, ALE),
- Standards für die Aufrufe von Applikationsschnittstellen für verteilte Anwendungen im Internet (z. B. RMI, SOAP).[345]

Signale oder Zeichen sind das Betrachtungsobjekt der syntaktischen Ebene. Diese beleuchtet das Verhältnis von Zeichen bzw. Signalen zueinander sowie die formalen Regeln, nach denen diese zusammengesetzt sind wie z. B. Reihenfolge, Länge und Typ der auszutauschenden Informationen. Damit wird jedoch keine Aussage über Bedeutungen verknüpft. Sie werden vielmehr verwendet, um Probleme des richtigen Lesens zu beschreiben[346] oder die Zusammensetzung von Zeichenkombinationen (Grammatik) zu analysieren. Syntaktische Umformungen sind z. B. die Konvertierung zwischen unterschiedlichen Zeichensätzen (ASCII, EBCDIC, Unicode usw.) und Formaten (Little Endian, Big Endian, Dezimalseparatoren).

Zu den Standards der syntaktischen Ebene zählen auch:

- XML-Implementierungen,
- EDIFACT-Subsets,
- SWIFT,
- IDoc,
- X12.

Weit aufwändiger als das Einigen auf ein syntaktisches Modell ist die Beantwortung der Frage nach dem Inhalt einer Nachricht, dem semantischen Modell. Während die

---

[344] Vgl. Ribbers, P.: „The need for Interoperability: the Corporate Information Manager becomes a Network Manager?“, 2004, S. 25.

[345] Vgl. Voigtmann, P.; Zeller, T.: „Enterprise Application Integration und B2B Integration im Kontext von Electronic Business und Elektronischen Marktplätzen Teil II“, 2003, S. 9-10.

[346] Vgl. Voigtmann, P.; Zeller, T.: „Enterprise Application Integration und B2B Integration im Kontext von Electronic Business und Elektronischen Marktplätzen Teil I“, 2002, S. 17.

Einigung auf der syntaktischen Ebene aus betriebswirtschaftlicher Sicht relativ beliebig ist, werden mit der Einigung auf ein semantisches Modell Auswahlentscheidungen getroffen. Hier wird entschieden, welche Felder übertragen werden, was sie bedeuten und wie das zugehörige Datenmodell der Nachricht aussieht,[347] und die Beziehung zwischen Zeichen und dem von ihnen Bezeichneten wird beschrieben. Zeichen verweisen stets auf irgendwelche Gegenstände, Ereignisse oder Zustände. Damit wird den Zeichen durch ihre Verwender eine Bedeutung zugeschrieben. Sofern Sender und Empfänger den übertragenen Zeichen eine identische Bedeutung zuordnen, also ein semantisches Übereinkommen besteht, kann man von einer Nachricht sprechen.[348] Hier erfolgt z. B. die Abbildung der Fachsprache der Quellapplikation in die Fachsprache der Zielapplikation,[349] sodass das Ziel der semantischen Integration die richtige Interpretation einer Nachricht ist.[350] Standards der semantischen Ebene, sind:

- Standardisierte Geschäftsdokumente (z. B. openTRANS, cXML, xCBL, ebXML, RosettaNet, BizTalk, IDoc),
- Standardisierte Produkt- und Dienstleistungskataloge (z. B. BMEcat, cXML, xCBL, RosettaNet),
- Standardisierte Produkt- und Dienstleistungsklassifikation (z. B. EANCOM, eClass, UN/SPSC, ETIM).

Während in der Informatik nicht zwischen semantischer und pragmatischer Bedeutung von Informationen unterschieden wird,[351] ist die pragmatische Ebene für die Betriebswirtschaft von entscheidender Bedeutung, da hier Handlungsweisen zur Differenzierung gegenüber dem Wettbewerb festgelegt werden können. Auf der pragmatischen Ebene wird Bezug auf die Wirkungsweise von Nachrichten genommen. Sie stellt die umfassendste Stufe der Kommunikationsanalyse dar und berücksichtigt zusätzlich Absendereigenschaften, wie eine Gruppenzugehörigkeit, sowie persönlich-psychologische und konstitutionelle Faktoren, die ein Kommunikationsereignis von anderen unterscheidet, und analysiert Absichten und praktische Handlungsfolgen, die mit Kommunikationsvorgängen verbunden sind. Durch die Verknüpfung der Be-

[347] Siehe Hildebrand, U.: „Wer Edifact kann, ist für XML gerüstet“, 2003, S. 18.
[348] Nachrichten stellen häufig reale Abbildungen von Bestellungen, Rechnungen usw. dar und sind dann mit Dokumenten gleichzusetzen.
[349] Vgl. Meyer, H.; Simon, P.: „EAI und Web-Services – Konkurrenz oder Ergänzung“, 2003, WWW.
[350] Siehe Voigtmann, P.; Zeller, T.: „Enterprise Application Integration und B2B Integration im Kontext von Electronic Business und Elektronischen Marktplätzen Teil I“, 2002, S. 17.
[351] Vgl. Rechenberg, P.: „Zum Informationsbegriff in der Informationstheorie“, 2003, S. 321.

deutung der Zeichen mit den Handlungskonsequenzen entsteht aus einer Nachricht eine Information, die dann als zweckorientiertes Wissen bzw. handlungsstiftend[352] zu interpretieren ist. Die pragmatische Ebene umfasst die Interpretation der Absichten, die durch die Nachricht übermittelt werden sollen und hat das richtige Reagieren auf eine Nachricht zum Ziel.[353] Standards für Aktions- und Reaktionsregeln der pragmatischen Ebene sind:

- Standards für einzelne Geschäftsprozesse (z. B. ebXML, RosettaNet),
- Standardisierte Verzeichnisse als Grundlage für die Koordination mehrerer Geschäftsprozesse (z. B. WSDL, ebXML).

4.1.1.2 Unternehmensmodelle

Der Entwurf von Begriffssystemen und Unternehmensmodellen der semantischen und pragmatischen Kommunikationsebene hat in der Wirtschaftsinformatik eine lange Tradition.[354] Auch wenn sich umfassende Modelle als kaum realisierbar erwiesen haben,[355] sind sie als Kern der Gestaltung betrieblicher Anwendungssysteme anzusehen.

Ein Modell ist dabei zunächst eine Aussage über Objekte, die u. a. mittels mathematischer oder logischer Formeln sowie Programmier- oder Entwurfssprachen (z. B. UML) formuliert werden kann. Diese kann sich auf Eigenschaften von Objekten beziehen oder verschiedene Objekte in Beziehung zueinander bringen. Dabei können Objekte Gegenstände in der Welt sein oder Konzepte im Denken darstellen, die eine Identität und eine Menge von Eigenschaften haben.[356] Modelle bilden aber immer nur einen vereinfachten Ausschnitt der Realität ab, die sog. Diskurswelt, und sind auch auf ein bestimmtes Ziel hin ausgerichtet. Man unterscheidet einen abbildungs- und einen konstruktionsorientierten Modellbegriff. Abbildungsorientierte Modelle haben den Anspruch die Realität isomorph oder zumindest homomorph wiederzugeben. Der konstruktionsorientierte Modellbegriff betont dagegen die subjektive Interpretation bei der Wahrnehmung und Abbildung der Realität. Im Verlauf des Modellierungsprozesses wird zunächst die Diskurswelt auf ein Objektsystem, eine abstrakte Dar-

---

352 Vgl. Picot, A.; Reichwald, R.; Wigand, R. T.: „Die grenzenlose Unternehmung“, 2003, S. 89-91.
353 Siehe Voigtmann, P.; Zeller, T.: „Enterprise Application Integration und B2B Integration im Kontext von Electronic Business und Elektronischen Marktplätzen Teil I“, 2002, S. 17.
354 Vgl. Grochla, E.: „Das Kölner Integrationsmodell“, 1974, S. 189-360.
355 Vgl. Stahlknecht, P.; Hasenkamp, U.: „Einführung in die Wirtschaftsinformatik“, 2005, S. 329.
356 Vgl. Endres, A.: „Wissen bei Menschen und Maschinen – eine informatikbezogene Betrachtung“, 2004, S. 202.

stellung realer Objekte, abgebildet und anschließend auf ein Modellsystem verdichtet. Dabei werden als irrelevant erachtete Objekte eliminiert, andere Objekte vereinfacht, verdichtet und / oder gruppiert.[357]

Betrachtet man die semantische und pragmatische Ebene des Kommunikationsmodells eines Unternehmens kann grundsätzlich zwischen dem Datenmodell und dem Geschäftsprozessmodell unterschieden werden. Beim Entwurf ist zu entscheiden,

- welche Teile der realen Welt betrachtet werden sollen (Abgrenzungsentscheidung),
- welche Schnittstellen zwischen dem betrachteten Teil und dem nicht betrachteten Umsystem einbezogen werden (Schnittstellenentscheidung),
- welche Objekte und Beziehungen in der realen Welt näher betrachtet und welche vernachlässigt werden sollen (Selektionsentscheidung) und
- wie detailliert die Elemente des realen Objektsystems zu betrachten sind (Aggregationsentscheidung),

um dieses anschließend in ein Anwendungssystem zu überführen.[358] Allgemeines Ziel dabei ist, die Gegebenheiten der Umwelt anforderungsgerecht umzusetzen, wobei es eine formal eindeutige und inhaltlich vollständige Beschreibung aller relevanten Elemente zu erreichen gilt.[359] Fischer verwendet hier Attribute wie „richtig" bzw. „relevant", lässt aber einen Hinweis auf deren inhärente Subjektivität vermissen.

Ein Datenmodell ist die semantische Beschreibung der Datenstruktur zur pragmatischen Verwendung im Unternehmen[360] und die Bezeichnung für ein künstlich geschaffenes, abstraktes Abbild eines Ausschnittes aus der Wirklichkeit mit dem Ziel, bestimmte Gegebenheiten, z. B. die für einen Geschäftsprozess in einem Unternehmen notwendigen Informationen, möglichst genau in Datenstrukturen abzubilden.[361] Es ist somit das Ergebnis einer Informationsgewinnung,[362] die das für das Unter-

---

[357] Vgl. Rautenstrauch, C.; Schulze, T.: „Informatik für Wirtschaftswissenschaftler und Wirtschaftsinformatiker", 2003, S. 225-226.

[358] Vgl. Fischer, J.: „Datenmanagement", 1992, S. 57-59.

[359] Vgl. Fischer, J.: „Datenmanagement", 1992, S. 12.

[360] Vgl. Fischer, J.: „Datenmanagement", 1992, S. 1.

[361] Vgl. Klußmann, N.: „Lexikon der Kommunikations- und Informationstechnik", 2000, S 174-175.

[362] Grundlage der Informationsgewinnung ist die Analyse des Informationsbedarfs. Hier schlägt Fischer vor, in fünf Schritten vorzugehen: 1. Analyse des Markt-Leistungszusammenhangs, 2. Identifizierung kritischer Erfolgsfaktoren, 3. Analyse der Geschäftsprozesse, 4. Einordnung der Geschäftsprozesse in die Wertschöpfungskette und 5. Definition von Datenformaten. Vgl. Fischer, J.: „Datenmanagement" 1992, S. 48-57.

nehmen als notwendig erachtete Wissen der Umwelt festlegt.[363] Dabei wird versucht, zu verwendende Datenelemente strukturiert und vollständig zu beschreiben, um sowohl eine personelle als auch interfunktionelle Transparenz zu erreichen.[364] Spezifische Ziele sind die eindeutige Definition aller betriebswirtschaftlichen Fachbegriffe in ihrer unternehmensspezifischen Ausprägung, deren Dokumentation in einem betriebswirtschaftlichen Begriffslexikon und dessen Überleitung in ein Datenlexikon.[365] Dabei können drei Stufen der Spezifizierung des Datenmodells unterschieden werden (siehe Abbildung 18).[366]

	Kennzeichen	**Freiheitsgrade der Modellierung**	**Beispiele**
Unternehmensspezifisches Datenmodell	Datenmodell bildet Wissen ab, das andere nicht besitzen Datenmodell eröffnet Wettbewerbsvorteile	Evtl. durch Eigenschaften verfügbarer Softwareentwicklungswerkzeuge eingeschränkt	Marktinformationssysteme, Controllingsysteme, Warenwirtschaftssysteme, Shop-Systeme
Branchenspezifisches Datenmodell	Datenmodell bildet Wissen ab, das im Wesentlichen alle Wettbewerber besitzen Organisationsanpassung ist effizienter als Eigenentwicklung	Kaufmännische oder rechtliche Gepflogenheiten engen ein	Verkaufsabwicklung Personalabrechnung
Branchenübergreifendes Datenmodell	Datenmodell bildet Wissen ab, das alle Unternehmen einer Volkswirtschaft besitzen	Rechtliche Rahmenbedingungen oder kaufmännische Gepflogenheiten schränken ein	Finanzbuchhaltung

Abbildung 18: Spezifizierungsstufen des Datenmodells[367]

---

363 Vgl. Fischer, J.: „Datenmanagement", 1992, S. 12.
364 Vgl. Fischer, J.: „Datenmanagement", 1992, S. 16.
365 Vgl. Fischer, J.: „Datenmanagement", 1992, S. 59. Geläufiger ist heute der Anglizismus Data Dictionary bzw. der umfassendere Begriff Repository.
366 Als Reaktion auf die Schwierigkeiten bei der Durchsetzung von umfassenden Datenmodellen schon innerhalb eines Unternehmens werden unter dem Begriff Business Domain Modell u. a. Datenmodelle diskutiert, die nur einen Teilbereich des Unternehmens abdecken. Man erhofft sich dadurch in erster Linie eine Vereinfachung der Kommunikation zwischen der Fach- und der IT-Abteilung. Vgl. Tauwel, C.; Nickenig, F.: „Serviceorientierung muss erlernt werden", 2005, S. 17.
367 Vgl. Fischer, J.: „Datenmanagement", 1992, S. 60.

Soll sich im Datenmodell technologisches oder organisatorisches Wissen widerspiegeln, das andere Wettbewerber nicht besitzen, ist ein unternehmensspezifisches Datenmodell zu entwickeln.[368] Dieses bildet die unternehmenseigenen Strukturen individuell ab, sodass hier neben allgemeinem auch unternehmensinternes Wissen einfließt, welches zur Differenzierung im Wettbewerb genutzt werden kann.

Analog zum allgemeinen Begriff des Modells können Geschäftsprozessmodelle als eine zweckorientierte, vereinfachte Abbildung von Geschäftsprozessen aufgefasst werden. Ihre Struktur spiegelt die zeitlich-sachlogische Abfolge der betrachteten Abläufe im Unternehmen wider. Ziel der Geschäftsprozessmodellierung ist deren Abbildung, um diese zu koordinieren und transparent auszuführen. Dabei müssen Geschäftsprozesse von den Anwendungsfunktionen getrennt sein, um einzelne Anwendungen flexibel zu einem übergreifenden System zusammenzuführen. Die Aussagen zu den Spezifizierungsstufen von Datenmodellen können analog für Geschäftsprozessmodelle übernommen werden.

IT-gestützte Geschäftsprozessmodelle können mittels sog. Business-Process-Management-Software entworfen und implementiert werden. Dieser wiederum liegen Metamodell-Spezifikationen zu Grunde, die die Modellierungssprache einer bestimmten Domäne definieren. Zur Erstellung von Metamodellen existieren verschiedene Technologien, wie z. B. ERM-Diagramme, UML-Klassendiagramme, Graphendarstellungen oder XML-Schemata. Als Grundlage für Datenformate sollten Metamodelle den Designkriterien einfach, vollständig, allgemeingültig, eindeutig und erweiterbar genügen.[369] Anhand eines Vergleichs verschiedener Metamodell-Spezifikationen ermitteln Mendling u. a. eine Liste von Darstellungskonzepten. Zu den bedeutendsten Prozessbeschreibungssprachen zählt danach BPEL4WS;[370] sie unterstützt zum einen die meisten der ermittelten Darstellungskonzepte und zählt somit zu den umfassendsten Spezifikationen, zum anderen existieren Konvertierungsvorschriften weiterer Spezifikationen auf BPEL4WS.[371]

---

[368] Vgl. Fischer, J.: „Datenmanagement", 1992, S. 59-60.
[369] Vgl. Mendling, J.: „A Survey on Design Criteria of Interchange Formats", 2004, WWW.
[370] Nachdem die Weiterentwicklung von BPEL4WS an OASIS übergeben wurde, änderte sich der Name 2004 in WS-BPEL. Gebräuchliche Namen sind auch BPELWS oder schlicht wieder BPEL.
[371] Siehe Mendling, J. u. a.: „A Comparison of XML Interchange Formats for Business Process Modelling", 2004, WWW.

Das entwickelte Daten- bzw. Geschäftsprozessmodell wird dann in Datenformate überführt.[372]

Referenzmodelle haben gegenüber konkreten Unternehmensmodellen einen allgemeingültigen, abstrakten Geltungsanspruch und dienen u. a. als Kommunikations- und Orientierungshilfe, da eine gemeinsame terminologische Basis geschaffen wird. Generell versteht man unter Referenzmodellen „jede modellhafte, abstrahierende Beschreibung von Vorgehensweisen, Richtlinien, Empfehlungen oder Prozessen, die für einen abgegrenzten Problembereich gelten und in einer möglichst großen Zahl von Einzelfällen anwendbar sind."[373] Referenzmodelle sind von individuellen Besonderheiten und Ausprägungen freigehalten, da sie nur als Vorlage für individuelle Unternehmensmodelle geeignet sein sollen und Typisierungen möglicher Originale darstellen. Eine Forderung nach Vollständigkeit von Referenzmodellen ist nicht gegeben, sie müssen lediglich nützlich sein.[374] Das Supply-Chain-Operation-Reference-Modell (SCOR) bspw. ist ein branchenübergreifendes Lieferketten-Referenzmodell und wurde vom Supply Chain Council (SCC) entwickelt. Daneben existiert noch eine unüberschaubare Vielzahl weiterer Referenzmodelle zur Gestaltung unternehmensübergreifender Geschäftsprozesse. Praktisch liegt jedem Geschäftsdatenformat, das eine weite Verbreitung finden soll, die Idee eines Referenzmodells zu Grunde.

Der Begriff des Frameworks stammt aus der Softwaretechnik und wird insbesondere im Rahmen der objektorientierten Softwareentwicklung und bei komponentenbasierten Entwicklungsansätzen verwendet.[375] Frameworks stehen dort für die Architektur derartiger Systeme[376] und können als Teil der technischen Implementierung eines Referenzmodells interpretiert werden. In Business-Frameworks sind branchenspezi-

---

372 Diese idealisierte Vorgehensweise trifft in erster Linie bei Neuentwicklungen zu. In der Praxis liegen die Datenformate oft schon in vorhandenen Anwendungen vor und müssen angepasst und zusammengeführt werden.

373 Siehe Stahlknecht, P.; Hasenkamp, U.: „Einführung in die Wirtschaftsinformatik", 2005, S. 215.

374 Vgl. Voigtmann, P.; Zeller, T.: „Enterprise Application Integration und B2B Integration im Kontext von Electronic Business und Elektronischen Marktplätzen Teil I", 2002, S. 6 und dort angegebene Literatur.

375 Ursprünglich stellt ein Framework einen Anwendungsrahmen dar, der aus diversen Middleware-Komponenten besteht, wobei man unter Middleware eine Software für verteilte Anwendungen zur Überbrückung der Heterogenität unterschiedlicher Systeme und Netze versteht. Sie ist die Zwischenschicht, die von der Hardware- und Betriebssystemebene abstrahiert und durch Unterstützungsdienste Interoperabilität gewährleistet. Sie befreit den Programmierer von der immer wiederkehrenden Entwicklung systemnaher Funktionalität. Vgl. Griffel, F.: „Componentware", 1998, S. 596.

376 Vgl. Stahlknecht, P.; Hasenkamp, U.: „Einführung in die Wirtschaftsinformatik", 2005, S. 298.

fische Nachrichteninhalte bereits vordefiniert und reduzieren so den Implementierungsaufwand für die Unternehmen. Frameworks enthalten eine Sammlung von Komponenten und fügen sie zu einem bestimmten Anwendungssystem zusammen.[377] Infrastrukturkomponenten, wie Workflow-Systeme, Modellierungstools und Middleware werden oftmals mitgeliefert. Ein Framework ist damit ein unvollkommenes Anwendungssystem, das durch Austausch von Komponenten auf den Benutzer ausgerichtet wird. Neben der Wiederverwendbarkeit von Komponenten wird auch das Architekturwissen zur Verknüpfung der Komponenten wieder verwendbar gemacht.[378]

Ontologien weisen eine große Schnittmenge zum Begriff des Referenzmodells auf. In der Informatik[379] sind Ontologien formale Modelle einer Anwendungsdomäne, die einen Wissensbereich mit Hilfe einer standardisierten Terminologie sowie Beziehungen und ggf. Ableitungsregeln zwischen den dort definierten Begriffen beschreiben.[380] Sie repräsentieren Metadaten, Informationen darüber, wie die auszutauschenden Daten zu strukturieren und zu interpretieren sind. Gruninger / Lee unterscheiden drei Anwendungsbereiche. Neben automatischem Schließen und der Wiederverwendung von Wissen ist dies der Bereich der Kommunikation,[381] wo sie den Datenaustausch erleichtern sollen und die Grundlage für E-Business-Systeme bilden. Das gemeinsame Vokabular ist in der Regel in Form einer Taxonomie gegeben, die als Ausgangselemente Klassen, Relationen, Funktionen und Axiome enthält. Ontologien sind somit Mechanismen, um eine Darstellung eines gemeinsamen Verständnisses z. B. einer Rechnung zu etablieren.[382] Für die Entwicklung und Prüfung von Ontologien sind eine Reihe von Sprachen, Methoden und Werkzeugen, wie z. B. DAML + OIL (DARPA Agent Markup Language + Ontology Interchange Language), entstanden. Wie bei Standards steigt und fällt der Wert einer Ontologie zunächst mit

---

377 Eine einleitende Gegenüberstellung von komponentenbasierten Anwendungssystemen und EDI bieten Hasenkamp, U.; Stemmann, B.: „Studie: Sind komponentenbasierte Anwendungen Alternativen zu EDI?", 2000.

378 Vgl. Scheer, A.-W.: „ARIS – Vom Geschäftsprozess zum Anwendungssystem", 1998, S. 109-111.

379 In der Philosophie steht Ontologie „für die Lehre vom Sein – genauer: von den Möglichkeiten und Bedingungen des Seienden – und ist eng verwandt mit der Erkenntnistheorie, die sich mit den Möglichkeiten und Grenzen menschlichen Wahrnehmens und Erkennens auseinander setzt." Siehe Hesse, W.: „Ontologie(n)", 2002, S. 477.

380 Vgl. Gruber, T.: „What is an Ontology", WWW. Auf Basis dieses Verständnisses erscheint die Verwendung des Plurals und somit die Existenz mehrerer, z. T. konkurrierender Modelle sinnvoll.

381 Vgl. Gruninger, M.; Lee, J.: „Ontology – applications and design", 2002, S. 39-41.

382 Siehe Pedersen, S.; Hasselbring, W.: „Interoperabilität für Informationssysteme im Gesundheitswesen auf Basis medizinischer Standards", 2004, S. 185.

dem Umfang der Anerkennung und Zustimmung, die diese in der betreffenden Fachwelt erfährt.[383]

Besonderes Interesse finden Ontologien aufgrund der Semantic Web Initiative. Das Semantic Web soll das bestehende World Wide Web (WWW) um eine semantische Ebene mit Metadaten erweitern, um eine automatisierte und wissensbasierte Verarbeitung von Ressourcen im Web zu ermöglichen. Voraussetzung ist zunächst die inhaltliche Beschreibung von Ressourcen im WWW mit XML als Auszeichnungssprache und dem Resource Description Framework (RDF) unter Nutzung von Ontologien. Dabei wird XML-Ausdrücken mittels RDF eine eindeutige Referenz zugewiesen, die innerhalb eines Fachgebiets durch eine Ontologie definiert ist. Das RDF wurde vom W3C entwickelt und dient der Darstellung von Metadaten. Das darauf aufbauende RDF-Schema ist die Grammatik zur Beschreibung der Objekte.[384] Mit dem RDF-Schema lassen sich z. B. neue Attribute oder Klassen sowie Regeln für deren Verwendung definieren, und so, aufbauend auf einer Klassenhierarchie, Ontologien formulieren.[385] Dadurch wird es Computern bspw. möglich, unterschiedliche Begriffe als Synonyme zu erkennen,[386] logische Schlüsse zu ziehen und Zusammenhänge herzustellen.[387] Die Techniken, die in diesem Rahmen entwickelt wurden, umfassen Metamodell- und Ontologiesprache, ontologische Anfragesprachen oder auch Konvertierungstechniken. Die verteilten Metadatenschichten sowie Ontologien sind auch im Bereich der Systemintegration hilfreich, da die Informationen präzise und navigierbar modelliert werden können. Die Web Ontology Language (OWL) gilt als Nachfolger von DAML+OIL und RDF. Die Sprache geht in ihrer Ausdrucksmächtigkeit über die Möglichkeiten von RDF-Schemata hinaus.[388]

Es bleibt allerdings das Problem, das auch einem effektiven Einsatz des Semantic Web entgegensteht: Um mittels des Semantic Web eigene Ontologien zu entwickeln und diese dann ggf. mit einer anderen Ontologie zu verbinden,[389] müssen sich die Teilnehmer erst einmal auf eine gemeinsame Sprache bzw. eine gemeinsame Onto-

---

383 Vgl. Hesse, W.: „Ontologie(n)“, 2002, S. 477-478.
384 Vgl. Pedersen, S.; Hasselbring, W.: „Interoperabilität für Informationssysteme im Gesundheitswesen auf Basis medizinischer Standards“, 2004, S. 185-186.
385 Vgl. Jablonski, S. u. a.: „Web-Services und Semantic Web“, 2003, S. 82.
386 Vgl. Krammer, A.; Luft, O.: „Web Services – wie kleine und mittlere Unternehmen profitieren können“, 2002, S. 55.
387 Vgl. Jablonski, S. u. a.: „Web-Services und Semantic Web“, 2003, S. 81.
388 Vgl. W3C: „OWL Web Ontology Language“, 2004, WWW.
389 Vgl. König, W.: „Interview with James Hendler on the Semantic Web“, 2002, S. 482.

logie einigen, mit der Dienste oder Angebote beschrieben werden können.[390] Ob dieses altbekannte Vorhaben dem Semantic Web gelingen wird, bleibt abzuwarten.

Nachdem sich die Geschäftsprozessorientierung als ein Gestaltungsprinzip für effiziente Organisationen durchgesetzt hat, gilt Workflow-Management als einer der favorisierten Ansätze, betriebswirtschaftlich definierte Abläufe im Unternehmen durch speziell dafür geschaffene Anwendungssysteme umzusetzen. Im Folgenden soll daher das etablierte Referenzmodell der Workflow Management Coalition (WfMC), eine Vereinigung u. a. von Workflow-Managementsystem (WfMS)-Herstellern exemplarisch vorgestellt werden.

Ein Workflow ist die Abbildung und Spezifizierung eines Geschäftsprozesses und beschreibt z. B. Aufgaben, Prozessschritte sowie beteiligte Organisationseinheiten und Personen. Er ist dabei vor allem auf den Fluss digitalisierter Dokumente bzw. Objekte gerichtet, wobei menschliche Aktivitäten bzw. Entscheidungen im Rahmen eines Geschäftsprozesses auf Interaktionen mit Anwendungssystemen reduziert werden. Workflow-Management umfasst die Organisation von Geschäftsprozessen, den Entwurf und die Durchführung von Workflows sowie den Einsatz unterstützender Technologien, wie etwa WfMS. Ein WfMS ist ein System zur Ausführung und Kontrolle eines Workflow unter Verwendung vorhandener Anwendungssysteme und ggf. eigener Anwendungsteile. Idealtypisch dient dabei ein Workflow-Modell als Ausführungsschema (auch: Workflow-Schema).[391] WfMS übernehmen es, die zu bearbeitenden Dokumente bzw. Objekte von einem Arbeitsplatz zum nächsten weiterzuleiten und protokollieren Bearbeitungsstatus, Ausführungszeiten und Bearbeiter aller konkreten Geschäftsprozesse. Daten für Kosten- und Zeitauswertungen werden zurück gemeldet und Prozessinformationen für die Prozessüberwachung bereitgestellt.[392]
Zunächst konzentrierte man sich auf die Steuerung von Geschäftsprozessen innerhalb der Unternehmensgrenzen. Neue Anforderungen wie Globalisierung, Notwendigkeit zur Kooperation und Spezialisierung sowie die Verfügbarkeit neuer Technologien machen es notwendig, das Konzept auf die Gestaltung und technische Unterstützung unternehmensübergreifender Prozesse zu erweitern. Kronz widmet sich der

---

[390] Vgl. Jablonski, S. u. a.: „Web-Services und Semantic Web“, 2003, S. 85.
[391] Vgl. Laak, B. v.; Frank, U.: „Vergleichende Buchbesprechung Workflow-Management“, 2003, S. 454.
[392] Vgl. Scheer, A.-W.: „ARIS – Vom Geschäftsprozess zum Anwendungssystem“, 1998, S. 87-93.

Abbildung solcher verteilter Geschäftsprozesse und beschreibt auch die dazu notwendige unterstützende Infrastruktur. Er betont, dass eine zentrale Steuerung bei verteilten Workflows zwischen gleichberechtigten Partnern nicht mehr existiere. Die Steuerung müsse durch die Abstimmung mehrerer Steuerungsinstanzen realisiert werden, sodass bei Überschreiten von Domänengrenzen verstärkt Fragen der Vertrauensbildung zur Zusammenarbeit in den Blickpunkt träten.[393]

Die Entwicklung von Schnittstellenstandards durch die WfMC ermöglicht es, unterschiedliche WfMS über Application Programming Interfaces (APIs) miteinander zu verbinden. Diese sind nach einem Referenzmodell organisiert, das einen Rahmen für die Grobarchitektur von WfMS definiert, Merkmale, Funktionen, Eigenschaften sowie Schnittstellen identifiziert und ein Glossar für eine einheitliche Terminologie beinhaltet (siehe Abbildung 19).

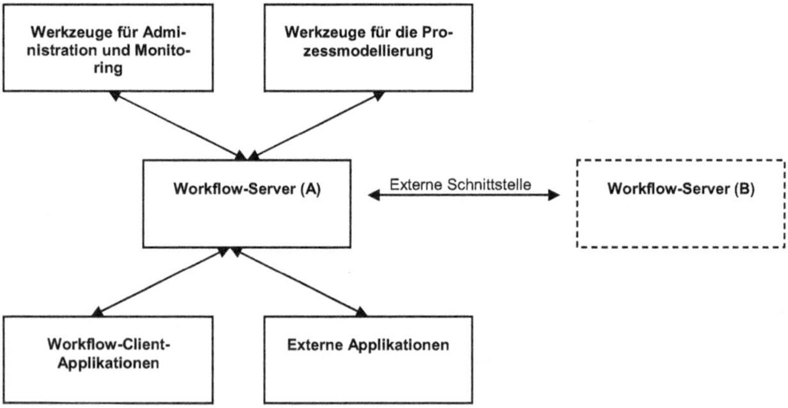

Abbildung 19: Referenzmodell der Workflow Management Coalition[394]

Den Kern des Modells bildet ein Workflow Engine, der eingebettet in den Workflow Server (A) ist und mit Hilfe von Prozessdefinitionen die einzelnen Workflows ausführt, d.h. die Benutzer mit den durchzuführenden Aufgaben und den dazu benötigten Daten versorgt. Über die externe Schnittstelle werden verschiedene WfMS gekoppelt.

---

[393] Vgl. Kronz, A.: „Verteiltes Workflow-Management", 2003, S. 248.
[394] Vgl. WfMC: „Workflow Reference Model Diagram", WWW.

Mit Hilfe des Standards Wf-XML der WfMC lassen sich per Workflow implementierte Geschäftsprozesse über das Internet zu einem durchgängigen Geschäftsprozess verknüpfen. Wf-XML realisiert dabei Workflow-Interoperabilität mit Standardmitteln der Internettechnologie: XML dient zur Beschreibung der Steuerungsnachrichten sowie zur Spezifikation der ausgetauschten Anwendungsdaten, Unique Resource Identifiers (URIs) adressieren Ressourcen, insbesondere Prozesse, und HTTP kann als technisches Kommunikationsprotokoll verwendet werden. Wf-XML steht in Konkurrenz zu WS-BPEL, hat aber durch die enge Verknüpfung mit dem Workflow-Engine weniger Umsetzungsaufwand als wesentlichen Vorteil.[395] Als Schwäche sieht Weber insbesondere die mangelnde Unterstützung des Prozessentwurfs. Konkurrierende Standards, wie RosettaNet, böten diesbezüglich Musterprozesse an.[396] Bei Wf-XML stehen technische Fragen der Machbarkeit und Fragen der Akzeptanz im Vordergrund, wobei weitere betriebswirtschaftliche Belange, wie Sicherheit, Unabstreitbarkeit usw., allenfalls am Rande berührt werden.

Insgesamt attestiert Frank Begriffssystemen bzw. Unternehmensmodellen mehrfach Beliebigkeit. Die Beliebigkeit beginnt seiner Ansicht nach mit der Auswahl und Verwendung der für den Entwurf von Begriffssystemen nötigen Sprache(n) und geht bis zum Einfluss von Projektpartnern und Werkzeugherstellern, aber auch Standards. Diese Beliebigkeit bringe den Nachteil mit sich, dass die entworfenen Modelle nur schwer zu vergleichen seien, was zum einen auf die Komplexität der Materie zurückzuführen sei. Zum anderen hätten die Anwender eines Begriffsystems dieses internalisiert und Schwierigkeiten, sich in eine andere Denkweise hineinzuversetzen. Hinter der faktischen Varianz der Verwendung von Begriffen vermutet Frank so auch nicht allein einen Reflex auf die Varianz der Verhältnisse, sondern vielmehr das Ergebnis zum Teil willkürlicher, nicht koordinierter Entscheidungen. Er schlägt also vor, der Bandbreite der möglichen Verwendung von Begriffen nicht durch aufwändige Generalisierungen zu begegnen, sondern zunächst mit der Reduzierung vorgefundener, nicht notwendiger Redundanz zu beginnen.[397]

---

395 Vgl. WfMC: „WfMC Wf-XML Demo Observer Information Sheet", WWW.
396 Vgl. Weber, R.: „Workflow-Interoperabilität über das Internet", 2003, S. 345.
397 Vgl. Frank, U.: „Zur Verwendung formaler Sprachen in der Wirtschaftsinformatik: Notwendiges Merkmal eines wissenschaftlichen Anspruchs oder Ausdruck übertriebenen Szientismus", 1999, S. 142-144.

4.1.2 Unterschiede zwischen Geschäftsdatenformaten

Nach der Festlegung eines Datenmodells und dessen Abbildung in einem Datenformat ist die unmittelbare Weiterverarbeitung von empfangenen Daten nur möglich, wenn Sender und Empfänger sich entsprechende Datenformate verwenden. In der Datenverarbeitung haben derartige Modellierungen im Allgemeinen wesentlich langfristigeren Charakter als Hard- oder Softwareentscheidungen, weswegen ihnen große Bedeutung zugemessen wird und diese unabhängig von Hard- und Software entwickelt werden.[398] Bei organisationsübergreifender Kommunikation z. B. in virtuellen Unternehmen stehen der temporäre Charakter, die Dynamik der Kooperation und insbesondere die Spezifität der Beziehung der Langfristigkeit allerdings entgegen.

Für die Weiterverarbeitung müssen die in den Anwendungen hinterlegten, unterschiedlichen Datenmodelle entweder vorab auf eine gemeinsame Basis in Form von vereinheitlichten generischen Geschäftsobjekten gestellt werden oder es müssen zwischen den verschiedenen Formaten Konvertierungsregeln festgelegt werden.[399] Diese verursachen dabei Kosten, die sich aus den

- Kosten für die Erstellung des Konverters,
- Kosten für die Durchführung des Konvertierungsprozesses und
- Kosten, die aus unzulänglichen Konvertierungsergebnissen und damit verbundenem Informationsverlust resultieren,

zusammensetzen.[400]

In Anlehnung an Netzwerktopologien ergeben sich die Ring-, Punkt-zu-Punkt- und Sternstruktur als Konvertierungskonstellationen. Die Anzahl der benötigten Konverter ist bei gegebener Anzahl n zu unterstützender Datenformate zwar bei einer Ringstruktur am geringsten, aber aufgrund sich multiplizierender Informationsverluste und hohen Anpassungsaufwands beim Wegfallen eines Formats nur für kleine Netze empfehlenswert. Eine Punkt-zu-Punkt-Struktur, bei der jedes Format in das andere konvertiert wird, erfordert dagegen die höchstmögliche Anzahl von Konvertern ($n*(n-1)$) und ist entsprechend aufwändig beim Auftreten neuer Formate anzupassen, sodass diese ebenfalls eher für kleine Netze empfehlenswert ist. Bei einer Stern-

---

[398] Vgl. Fischer, J.: „Datenmanagement", 1992, S. 14.

[399] Vgl. Dangelmaier, W. u. a.: „Klassifikation von EAI-Systemen", 2002, S. 67.

[400] Vgl. Wüstner, E. u. a.: „Konvertierung von Geschäftsdokumenten", 2002, S. 101; Wüstner, E.: „Standardisierung und Konvertierung: Ökonomische Bewertung und Anwendung am Beispiel XML/EDI", 2005, S. 51 ff.

struktur werden nur 2*n Konverter benötigt und ein möglicher Informationsverlust tritt nur einmal auf. Um möglichst geringe Konvertierungskosten zu erreichen, ist für große Netze mit vielen Teilnehmern die Sternstruktur mit einem vermittelnden, standardisierten Datenformat demnach die beste Lösung.[401]

Da aber insbesondere aus wettbewerblicher Sicht nicht zu erwarten ist, dass sich ein einziger Standard durchsetzen wird, rückt die Frage nach der Interoperabilität der einzelnen Formate in den Vordergrund. Um Interoperabilität zu erreichen, ist eine Übersetzung des einen Datenformats in ein anderes notwendig. Die Übersetzung von einem Format in ein anderes soll ohne Verfälschungen, automatisiert und zeitnah stattfinden. Bei der Konvertierung von einem Format in ein anderes ist ein vollständiger Erhalt aller Informationen aber nicht immer möglich. Dies ist z. B. der Fall, wenn das Ausgangsdokument Informationen enthält, für die im Zieldokument keine Konstrukte vorgesehen sind. Umgekehrt müssen Lösungen gefunden werden, wenn das Zielformat Informationen zwingend fordert, die im Ausgangsformat nicht enthalten sind.[402]

Unterschiede zwischen den Formaten können auf struktureller, syntaktischer und auf semantischer Ebene liegen.[403]

- Strukturell unterscheiden sich Austauschformate in der Anzahl der Hierarchieebenen und darin, auf welche Weise bestimmte Informationen zu Gruppen zusammengefasst sind. Daneben ist von Bedeutung, welche Informationen als eigene Elemente vorliegen und welche als Attribute anderer Elemente betrachtet werden. In manchen Fällen ist es möglich, Elemente oder Attribute unterschiedlicher Formate direkt einander zuzuordnen, obwohl sie an unterschiedlichen Punkten in die Struktur der Dokumente eingeordnet sind. In anderen Fällen repräsentieren jedoch z. B. zwei Elemente eines Formats ein einziges Element eines anderen Formats. So kann es passieren, dass bei der Konvertierung von einem in ein anderes Format Informationen verloren gehen bzw. durch Standardwerte aufgefüllt werden müssen, sofern dies sinnvoll möglich ist. Ansonsten sind hier die Grenzen der Transformation erreicht und

---

401 Vgl. Wüstner, E. u. a.: „Konvertierung von Geschäftsdokumenten", 2002, S. 101-105.
402 Vgl. Wüstner, E. u. a.: „Konvertierung von Geschäftsdokumenten", 2002, S. 109-110.
403 Vgl. im Folgenden Alpar, P.; Pickerodt, S.: „Vergleich von Standardisierungsvorschlägen für die Nutzung von XML für Bankdienstleistungen", 2001, S. 13-14.

es bedarf Anpassungen auf fachlicher Ebene, wobei ein Informationsverlust teilweise nicht zu vermeiden ist.

- Syntaktische Unterschiede beziehen sich z. B. auf die Datentypen der Elemente und Attribute. Sie liegen z. B. bei unterschiedlichen Feldlängen oder dem Vorhandensein bzw. Fehlen eines Datentyps vor.
- Semantische Unterschiede beziehen sich schließlich auf die intendierte Bedeutung der Daten, die sich u. a. in Wertebereichen der einzelnen Elemente bzw. Attribute manifestiert. Selbst wenn ein Element aus dem Format A einem Element oder Attribut aus dem Format B eindeutig zugeordnet werden kann, besteht die Möglichkeit, dass einzelne Werte, die für das Element A möglich sind, kein direktes Gegenstück in den Werten besitzen, die für das entsprechende Element oder Attribut B erlaubt sind. Unterschiede auf der semantischen Ebene können trivial sein und in einer unterschiedlichen Benennung von Elementen (z. B. PLZ und Postleitzahl) liegen, für die dann sehr leicht eine Übersetzung durchgeführt werden kann. Komplexere Unterschiede liegen vor, wenn ein Format nur das Attribut Tel kennt und das andere in Festnetz und Mobil trennt. Übersetzungen führen dann unvermeidbar zu Informationsverlusten.

4.1.3 Integration

Nachdem individuelle Modellsichten unterschiedliche Datenformate hervorrufen, werden nun Verfahren diskutiert, die der entstehenden Heterogenität begegnen. Versuchte man früher diese möglichst zu vermeiden oder im Nachhinein unter großem Aufwand wieder zu homogenisieren, wird sie heute als Faktum akzeptiert und es werden Technologien gesucht, die es ermöglichen, die unterschiedlichen Systeme zu integrieren. Integration bedeutet hierbei, dass die Daten und Funktionen, die verschiedene Systeme anbieten, einheitlich zur Verfügung gestellt und genutzt werden. Dies geschieht in Hinblick auf die Sicherung von getätigten Investitionen und vor dem Hintergrund, dass für unterschiedliche Problemstellungen auch unterschiedliche Hard- und / oder Softwaresysteme benötigt werden. Aber nach wie vor sehen sich Nutzer von IT im Anschluss an die Entscheidung für eine bestimmte Technologie, auch einer Technologie zur Integration verschiedener Systeme, der Gefahr des Lock-in bzw. prohibitiven Wechselkosten gegenüber.

4.1.3.1 Begriff und Ziele

Integration ist generell die Kombination von Komponenten eines Systems, sodass diese zusammenarbeiten und negative Auswirkungen arbeitsteiliger und dezentraler Auslegung von Systemkomponenten vermieden werden,[404] um letztlich Effektivität und Effizienz der Unternehmensaktivitäten zu steigern.[405] Ziel der Integration von Anwendungssystemen ist die Zusammenführung heterogener Daten, Anwendungen und Prozesse[406] innerhalb von und zwischen Unternehmen, um eine Zusammenarbeit ursprünglich unabhängig voneinander entwickelter und funktionierender Systeme zu ermöglichen.

Schon Besen / Saloner betonen, dass der Einsatz von Integrationssoftware insgesamt weniger Kosten verursachen kann als die Entwicklung und Durchsetzung eines Standards. Dies sei insbesondere dann der Fall, wenn nur wenige Nutzer kompatible Produkte kombinieren wollten. Zudem verringere Standardisierung zwangsläufig den Nutzen differenzierter Lösungen. Integrationssoftware ermögliche die Realisierung des Nutzens individueller Lösungen, ohne auf positive Netzeffekte zu verzichten. Dies könne soweit gehen, dass auf die Standardisierung gänzlich verzichtet werde. Weiterhin könne Integrationssoftware in der Zeit der konkurrierenden Standards ein Mittel zur Zeitgewinnung sein, um mehr Informationen zu sammeln und sich schließlich dem erfolgreichen Standard anzuschließen. Die Autoren betonen explizit, dass dieser Zeit- und Informationsgewinn nicht zwangsläufig zur Wahl des besten Standards führt.[407]

Unternehmensübergreifende Geschäftsprozessintegration ist zunächst das Verbinden und Abstimmen von Wertketten zwischen Unternehmen. Betrachtet man dies aus der Perspektive der IT, müssen diesbezüglich meist verschiedene Computersysteme mit unterschiedlichen Hard- und Softwarearchitekturen an entfernten geografischen Standorten verbunden werden. Fischer unterscheidet dabei nach den Kriterien Integrationsrichtung, Integrationsreichweite und Integrationsintensität (siehe Abbildung 20).

---

[404] Vgl. Hax, A. C.; Majluf, N. S.: „Strategic Management - An integrative perspective“, 1985, S. 73 ff.; Fischer, J.: „Informationswirtschaft: Anwendungsmanagement“, 1999, S. 86.

[405] Vgl. Fischer, J.: „Datenmanagement“, 1992, S. 39.

[406] Vgl. Voigtmann, P.; Zeller, T.: „Beiträge zur Integrationsproblematik im Kontext von Electronic Business und Elektronischen Marktplätzen“, 2003, S. 222.

[407] Vgl. Besen, S. M.; Saloner, G.: „The Economics of Telecommunications Standards“, 1989, S. 201-202.

Kriterium	Arten	Erläuterung
Integrationsrichtung	Horizontal	Entsprechend dem Leistungs- und Wertschöpfungsfluss
	Vertikal	Entsprechend der Hierarchie betrieblicher Anwendungssysteme
	Zeitlich	Entsprechend dem Plan-Ist-Regelkreis
Integrationsreichweite	Funktionsintern	Eine Unternehmensfunktion verfassend
	Unternehmensintern	Ein Unternehmen umfassend
	Unternehmensübergreifend	Eine gesamte Wertschöpfungskette umfassend
Integrationsintensität	Mengenintegration	Parallele und zeitlich synchrone Erfassung aller Komponenten des Mengenstroms
	Wertintegration	Parallele und zeitlich synchrone Erfassung des Wertestroms
	Mengen- / Wertintegration	Parallele und zeitlich synchrone Erfassung des Mengen- und Wertestroms
	Operatoren / Objektintegration	Parallele und zeitlich synchrone Erfassung der mengen- und wertverbrauchenden Aktivitäten an Objekten (z. B. Produkten) durch Operatoren (Maschinen)

Abbildung 20: Integrationskriterien[408]

Des Weiteren lässt sich Integration nach deren Automatisierungsgrad in eine vollautomatische und eine teilautomatische Verbindung einzelner Komponenten trennen. Während bei der vollautomatischen Integration Aktionen ausschließlich von Maschinen angestoßen und gesteuert werden, wirken Mensch und Maschine bei der teilautomatischen Integration im Dialog zusammen.[409]

Mertens unterteilt die unternehmensübergreifende Integration weiter nach ihrem Beitrag zur Unternehmensstrategie (siehe Abbildung 21).[410]

---

408 Vgl. Fischer, J.: „Datenmanagement“, 1992, S. 38.
409 Vgl. Mertens, P.: „Integrierte Informationsverarbeitung 1“, 2004, S. 7-8.
410 Vgl. im Folgenden Mertens, P.: „Integrierte Informationsverarbeitung“, 2004, S. 15-16.

Kategorie I	Kategorie II	Kategorie III
	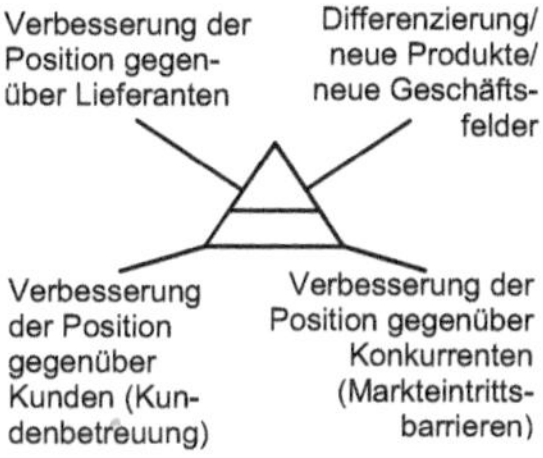	
Zwecke u. a.: Kostensenkung Prozessökonomie Ressourcenökonomie Rentabilitätsmaximierung	Zweck: Beitrag zur Stärkung der eigenen strategischen Position	Zweck: Beitrag zur Führung eines Unternehmens im Netzwerkverbund

Abbildung 21: Beiträge der Integration zur Erfüllung der Unternehmensmission

Er unterscheidet drei Kategorien, wobei sich die erste auf die unternehmensinterne Integration der Anwendungssysteme zur transparenten Optimierung interner Prozesse bezieht. In der zweiten Kategorie leisten die integrierten Informationssysteme einen Beitrag zur Stärkung der eigenen Position gegenüber Lieferanten, Kunden (über Service oder Differenzierung) und Wettbewerbern. Als Beispiele nennt Mertens Produkte mit selbständiger Fehlerdiagnose und Fehlermeldung, Kiosksysteme, Einbindung von Planungs- und Steuerungssystemen der Kunden und Lieferanten. Die Ausweitung der Integrationsreichweite dient aber lediglich der Stärkung der eigenen Position. Kooperative Beiträge der Integration, wie z. B. beim Supply Chain Management[411] kommen in der dritten Kategorie zum Tragen. Die IT-Anforderungen an das Unternehmen steigen dabei von Kategorie zu Kategorie. Die Ausführungen von Mertens bleiben jedoch insgesamt sehr kurz. Mögliche Beiträge der Integration zur Konstituierung und Führung eines Unternehmensnetzes, in dem die Kommunikation im Unternehmensnetzwerk größtenteils über das eigene Unternehmen realisiert wird, werden nicht diskutiert. In einer denkbaren Kategorie IV verlagert sich der Tätigkeitsschwerpunkt in Richtung Integration mehrerer Unternehmen mit ggf. mehreren Wertketten (siehe Abbildung 22).

[411] Vgl. Mertens, P.; Griese, J.: „Integrierte Informationsverarbeitung 2“, 2002, S. 207.

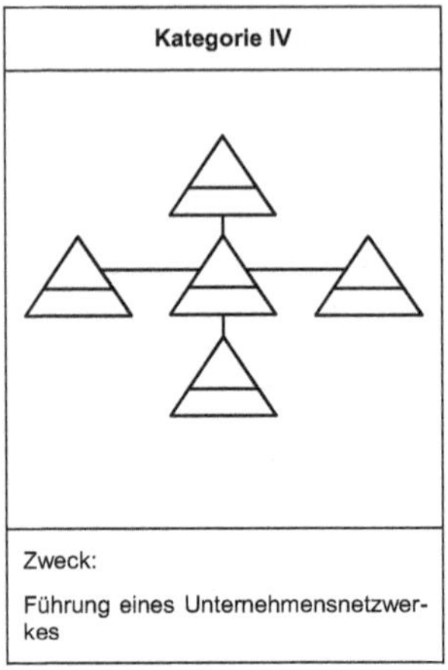

Abbildung 22: Integration zur Führung eines Unternehmensnetzwerkes[412]

Der Beitrag der Integration rückt dabei ins Zentrum der Unternehmensstrategie und kann ihre Neudefinition bewirken.

Kopplung wird als Vehikel zur Bewerkstelligung der Integration angesehen. Enge Kopplung bedeutet dabei z. B. eine gemeinsame Verwendung von Datenbanken, wobei man unter einer losen Kopplung die Verbindung über Nachrichten versteht.[413] Fischer verwendet diesbezüglich die Begriffe Datenintegration und Prozessintegration (siehe Abbildung 23).

412 in Anlehnung an Mertens, P.; Griese, J.: „Integrierte Informationsverarbeitung 2", 2002, S. 207.

413 Vgl. Voigtmann, P.; Zeller, T.: „Beiträge zur Integrationsproblematik im Kontext von Electronic Business und Elektronischen Marktplätzen", 2003, S. 222.

	Formen	Erläuterung
Datenintegration	Konzeptuell	Ein konzeptuell einheitliches Datenmodell
	Physisch	Eine einheitliche Datenbank
Prozessintegration	Konzeptuell integriert, physisch heterogen	Ein konzeptuell einheitliches Schnittstellenmodell, jedoch zwischen den Programmen heterogene Schnittstellenprogramme
	Konzeptuell integriert, physisch integriert	Ein physisch einheitliches Schnittstellenprogramm
	Konvertergestützt integriert	Ein Konvertersystem definiert und sichert das Schnittstellen-Austauschformat

Abbildung 23: Mittel der Integration[414]

Bei der Datenintegration greifen verschiedene Teilsysteme auf eine einheitliche Datenbasis zu, die Kopplung von Anwendungssystemen erfolgt also über die gemeinsame Nutzung von einheitlichen Datenbeständen. Technische Grundlage dafür sind gemeinsame Dateiformate bzw. heute einheitliche Datenbankschnittstellen. Dabei müssen die Entwickler neben den Datenbanktechnologien auch den Fluss der Daten durch das Unternehmen verstehen, da der direkte Zugriff auf die Daten unter Umgehung des Systems Gefahren birgt. Die Anwendungslogik der Systeme enthält in der Regel Validierungsregeln und Beschränkungen bzgl. der Manipulation der Daten. Greift man direkt zu und manipuliert diese, so besteht die Gefahr, die Systeme in einen inkonsistenten Zustand zu bringen und gefährdet die korrekte Funktion der Systeme.[415]

Bei der Prozessintegration übergeben die verschiedenen Teilsysteme nach einer bestimmten Steuerungslogik einander die Nachrichten über genormte Schnittstellen. Grundlage ist eine ganzheitliche Betrachtung von Prozessen. Es werden dabei idealerweise alle Phasen von ihrer definitorischen Entstehung über ihre Steuerung und Kontrolle bis zu ihrer Überprüfung und Optimierung berücksichtigt.[416]

Mertens verweist aber auch auf Probleme integrierter Anwendungssysteme. Wegen der Kettenreaktion, die einmal aufgetretene Fehler in integrierten Systemen auslösen, sei maximale nicht mit optimaler Integration gleichzusetzen. Neben einer besonderen Sorgfalt bei der Entwicklung gelte es, Sicherheitsvorkehrungen, ähnlich

[414] Vgl. Fischer, J.: „Datenmanagement“, 1992, S. 39.
[415] Vgl. Lebender, M. u. a.: „Business Integration Software“, 2003, S.18.
[416] Vgl. Lebender, M. u. a.: „Business Integration Software“, 2003, S. 19.

einer Brandschneise, zu treffen, die Auswirkungen von Fehlern begrenzen können.[417]

4.1.3.2 Middleware zur Realisation integrierter Anwendungssysteme

Das Überwinden der Unterschiede auf den Kommunikationsebenen kann durch ein Integrationssystem realisiert werden. Systeme zur Integration verschiedener Technologien gewährleisten die Anpassungsfähigkeit des Unternehmens und verhindern zunächst ein Lock-in. Diese zeichnen sich dadurch aus, wie flexibel, effektiv und effizient sie in der Lage sind, die Schnittstellen und Standards der Anwendungssysteme aneinander anzupassen und einen zielgerichteten Datenaustausch zu ermöglichen.

Die Technik zur Vermittlung zwischen Anwendungen und zur Integration wird Middleware genannt, wobei sich der Funktionsumfang im Zeitablauf auf immer mehr Kommunikationsebenen ausweitete.

Zunächst fanden überwiegend Remote Procedure Call (RPC)-Mechanismen Verwendung. Dabei ruft eine Anwendung eine Funktion auf einem entfernten Rechner auf. Die erforderlichen Nachrichten werden mittels spezieller Protokolle zum Komprimieren, Senden und Empfangen zwischen den Computern ausgetauscht. Jede der bedeutenden objektorientierten Technologien hat dabei ihre eigenen RPC-Verfahren.[418]

Während einfache RPC-Mechanismen eine Punkt-zu-Punkt-Verbindung darstellen, ermöglichen Object Request Broker (ORB) die Entwicklung von verteilten objektorientierten Anwendungen über einen zentralen Punkt im System. Diese Middleware-Generation zur Verarbeitung verteilter Objekte hat aber den entscheidenden Nachteil, dass eine Änderung auf der einen Seite zu einer Anpassung auf der anderen Seite führt und so einen großen Instandhaltungsaufwand nach sich zieht. Weiterhin sind solche Systeme durch synchrone Kommunikation gekennzeichnet, wodurch einzelne Komponenten blockiert werden können.

---

417 Vgl. Mertens, P.: „Integrierte Informationsverarbeitung 1“, 2004, S. 10-11.

418 Das Microsoft Component Object Model (COM) benutzt das Distributed COM (DCOM), CORBA benutzt das Internet Inter ORB Protocol (IIOP) und Java benutzt Remote Method Invocations (RMI).

Die nächste Generation verknüpfte die Anwendungen lose und bot die Möglichkeit der Speicherung von Nachrichten. Sie gewährleistete dadurch eine deutlich bessere Skalier- und Wartbarkeit. Der Datenaustausch zwischen den Anwendungen wird mittels einer nachrichtenbasierten Middleware-Schicht (MOM: Message Oriented Middleware) ermöglicht. Diese ist ereignisgesteuert und asynchron, wobei die Nachrichten in sog. Queues zwischengespeichert werden. Transaktionsmonitore überwachen dabei, dass sich einzelne Nachrichten nicht blockieren und koordinieren den Ablauf von Operationen auf verschiedenen Systemen. Sie bauen dabei auf dem ACID-Prinzip[419] auf, d.h. entweder werden alle Operationen korrekt ausgeführt oder es werden im Fehlerfall alle Systeme in den ursprünglichen Zustand zurück versetzt.[420] Die Verantwortung für die Übertragung sowie eine evtl. Fehlerbehebung liegt also nicht mehr bei der Anwendung selbst, sondern bei der eingesetzten MOM, was eine Trennung von Geschäftslogik und Transportschicht bedeutet.[421]

Message Broker bilden die logischen Modelle der Nachrichten ab, übernehmen zusätzlich die Modell-zu-Modell-Konvertierung, Versionierung und Historisierung der eingehenden und ausgehenden Nachrichten. Sie sind in der Lage, eine Any-to-Any-Konvertierung durchzuführen[422] und übernehmen somit Aufgaben der semantischen Integration verschiedener Systeme. Sie müssen in der Lage sein, Datenfelder aufzuspalten und ggf. an unterschiedliche Adressen weiterzuleiten. Dies kann auch beinhalten, dass Teile zwischengespeichert werden und erst später weiterzuleiten sind. Message Broker müssen diesbezüglich z. B. Routing-Tabellen verwalten und die korrekte Adressierung und Weiterleitung der Nachrichten gewährleisten. Die vom Message Broker angebotenen Transformationsdienste erleichtern die Kodierung von Übersetzungs- und Routing-Regeln. Transformation ist dabei die Überführung eines Datensatzes von einem Datenformat in ein anderes. Regeln zur Transformation ordnen Datenfelder des Eingangsformats denjenigen des Ausgangsformats zu und bearbeiten diese gegebenenfalls, um sie an das neue Format anzupassen. Diese Zuordnung wird auch als Mapping bezeichnet.

---

[419] Vgl. o. V.: „ACID", WWW. ACID ist dabei ein Akronym für Atomicity, Consistency, Isolation, Durability.

[420] Nach der traditionellen Sichtweise gelten Transaktionsmonitore als nicht ausreichend bei lang laufenden, verteilten Transaktionen, da Ressourcen nicht über einen langen Zeitraum gesperrt werden können, sodass das Konzept Erweiterungen erfuhr, die diese Aspekte explizit berücksichtigen. Moderne Auffassungen nehmen diese Unterscheidung nicht mehr vor. Vgl. Peltz, C.: „Web Services Orchestration and Choreography", 2003, S. 46.

[421] Vgl. Hildebrand, U.: „Wer Edifact kann, ist für XML gerüstet", 2003, S. 18.

[422] Vgl. Hildebrand, U.: „Wer Edifact kann, ist für XML gerüstet", 2003, S. 18.

Für alle Technologien gilt, dass ein Großteil des Aufwands für die Implementierung durch die Integration neuer Nachrichten entsteht. Neben einer anwenderfreundlichen Benutzerschnittstelle sollte bspw. ein großer Teil der Anpassungen zur Laufzeit durchführbar sein, ohne kostspielige Releases erstellen zu müssen.[423]

Der Begriff EAI (Enterprise Application Integration) ist eine Zusammenfassung der genannten Middleware-Technologien, ein Integrationssystem, das sich auf die unternehmensinterne Ex-post-Integration bezieht.[424] Dabei entwickelt sich der einstige Vorteil der Zusammenfassung sämtlicher Integrationsdienste derweil als Nachteil, weil sich EAI-Systeme als Flaschenhals erwiesen haben, dem zunächst mit kostenintensiven Hochleistungsrechnern begegnet werden musste. Mittlerweile bieten EAI-Systeme auch Lösungen zur verteilten Verarbeitung an.

Zusätzlich sollten Integrationssysteme folgende Dienste anbieten:[425]

- Vorgefertigte Adapter:[426] Sie verringern den Implementierungsaufwand und / oder die Zeit bis zur Aufnahme des operativen Betriebs der Konvertierung z. B. von einem zum anderen Geschäftsdatenformat bei häufig zu integrierenden Systemen. Ohne Adapter stellen EAI-Produkte nicht viel mehr als Integrations-Framework dar.[427]
- Prozesssteuerungsdienste: Diese sammeln und transformieren Nachrichten und stellen sicher, dass der Informationsfluss zwischen den beteiligten Systemen den Prozessdefinitionen folgt (Monitoring inkl. Statusabfragen). Integrations- und Anwendungssysteme sind Teile einer Systemtopologie. Wenn in dieser Systemtopologie das Integrationssystem die Koordination übernimmt, ist es möglich, Geschäftsprozesse unter Einbeziehung mehrerer Anwendungssysteme zu realisieren. Man spricht dann auch von Geschäftsprozessmanagement. Die Werkzeuge für die Anwendungsintegration übernehmen die Steuerung des

---

423 Vgl. Hildebrand, U.: „Wer Edifact kann, ist für XML gerüstet", 2003, S. 19.

424 Vgl. Kaib, M.: „Enterprise Application Integration", 2002, S. 213. Kaib betont aber, dass sich der Ansatz ebenso für die unternehmensübergreifende Integration eignen würde.

425 Vgl. Puschmann, T.; Alt, R.: „Enterprise Application Integration - The Case of the Robert Bosch Group", 2004; Gilpin, M.: „Planning Assumption – How to Select an Enterprise Application Integration, 1999, S. 5.

426 Die Begriffe Adapter und Konnektor werden als weitgehend synonym betrachtet. Vgl. Park, S.: „Standardization and Network Externalities", 2006, S. 260.

427 Vgl. Bunjes, B. u. a.: „Integration von Daten, Anwendungen und Prozessen am Beispiel des Telekommunikationsunternehmens EWE TEL", 2002, S. 423.

Unternehmens-Workflow und übernehmen somit Aufgaben, die bisher vom Workflow-Managementsystem erledigt wurden.[428]

- Entwicklungswerkzeuge: Stehen keine Adapter zur Verfügung, müssen diese selbst entwickelt werden. Die Effizienz dieser Tätigkeit hängt direkt von der Qualität der Entwicklungswerkzeuge ab.[429] Die Werkzeuge erleichtern Entwicklungs- und Anpassungsarbeiten und die Definition von Mapping-Regeln und Prozessdefinitionen. Über Cross-Referencing-Tabellen können bspw. Prozesse bei der Anwendungsintegration ohne Programmieraufwand gemappt werden. Vorhandene Programmierschnittstellen erlauben zudem Erweiterungen an der implementierten Lösung durch das anwendende Unternehmen und nicht nur durch den Hersteller bzw. einen Service-Vertragspartner des Anbieters. Durch komfortable, grafische Arbeitsumgebungen für die Prozessmodellierung und -steuerung, die zudem vielfach ohne zusätzliche Kosten mitgeliefert werden, erstellen Unternehmen mit der Zeit zusehends Objekte selbst und dokumentieren und verwalten deren Metadaten.[430] Das Unternehmen spart Kosten und baut eigenes Integrations-Know-how auf. Die Bedeutung dieses Punkts steigt mit der Anzahl der unterstützten Kernprozesse, die Information zur Abgrenzung gegenüber dem Wettbewerb einsetzen. Indirekt erlaubt die Qualität der Entwicklungswerkzeuge Aussagen über die Flexibilität der Integrationslösung.
- Laufzeitumgebung: Application Server stellen für den Integrationsentwickler eine Laufzeitumgebung zur Verfügung, in der zusätzliche Dienste bereitgestellt werden können. Laufzeitdienste sichern Performance, Skalierbarkeit, Verfügbarkeit und Zuverlässigkeit aller Anwendungen, die über die Integrationssysteme mit einander verbunden sind. Dieser Laufzeitumgebung liegt ein Komponentenmodell zugrunde, das im Wesentlichen vorgibt, welche Schnittstellen ein Dienst erfüllen muss, um in die Laufzeitumgebung eingepasst werden zu können.[431] Zur Zeit haben sich die Java 2 Enterprise Edition (J2EE) von Sun Microsystems mit dem serverseitigen Komponentenmodell der Enterprise Java Bean, Microsoft .Net mit dem zugrunde liegenden Distributed Component Ob-

---

[428] Vgl. Reiter, M.: „Die Integration mutiert zur Schaltzentrale“, 2003, S. 9.
[429] Vgl. Kaib, M.: „Enterprise Application Integration“, 2002, S. 162.
[430] Siehe Dangelmaier, W. u. a.: „Klassifikation von EAI-Systemen“; 2002, S. 71.
[431] Application Server konvergieren mit Integrationsservern (vgl. Reiter, M.: „Die Integration mutiert zur Schaltzentrale“, 2003, S. 9), sodass die Nennung von Application Servern zwar für die Systematisierung und historische Betrachtung von Belang ist, diese aber eine sich verringernde praktische Bedeutung haben.

ject Model (DCOM) und die Common Object Request Broker Architecture (CORBA) der Object Management Group (OMG) etabliert. Am Anfang steht die Entwicklung einer serviceorientierten Architektur (SOA), die ähnliche Ziele auf der Basis von Webservices verfolgt.[432] Lebender u. a. erkennen einen Trend zu J2EE Application Servern und begründen dies mit der Unterstützung durch mehrere Softwarehersteller.[433] Selbiges gilt aber auch für die anderen Technologien.

- Kaib betont des Weiteren die Notwendigkeit von Diensten zur Umsetzung der Sicherheit (z. B. Verschlüsselung, Authentifizierung und Berechtigungskonzepte) und zur Unterstützung eines einheitlichen Systemmanagements. Dies beinhaltet Informationen zu unterstützten Plattformen und Programmierschnittstellen, um ein Konfigurationsmanagement, Fehlermanagement und das Monitoring der Performance zu gewährleisten.[434]

Insgesamt waren diese Dienste bzw. Funktionen lange bekannt, wurden aber zusammenhängend erstmalig mit dem Begriff EAI diskutiert.

Jüngster Begriff in der Integrationsdiskussion ist der Enterprise Services Bus (ESB) im Rahmen einer SOA. Dabei erachten es die Protagonisten als notwendig einen neuen Begriff zu prägen, der neben den bekannten Integrationsaspekten insbesondere auf Fragen der Skalierbarkeit bzw. Lastverteilung abstellt.[435]

4.2 EDI als Konzept für den unternehmensübergreifenden Geschäftsdatenaustausch

Seit langem steht EDI für den automatisierten elektronischen Nachrichtenaustausch zwischen Unternehmen und somit für die Integration von Geschäftsprozessen.

---

432 Vgl. Egeling, T. u. a.: „DCOM und Corba danken ab", 2005, S. 20. Einen gewissen Unmut ob der fragwürdigen Dynamik der propagierten Begriffe lässt auch Reiter erkennen: „Mit der serviceorientierten Architektur (SOA) treiben die Hersteller und Berater seit kurzer Zeit eine neue Integrationssau durchs Dorf." (Siehe Reiter, M.: „Auch Informationen nutzen den Service Bus", 2005, S. 17.) Anders beurteilt Vinoski die Situation. Er sieht in SOA eine Reaktion des Markts auf eine Lock-in-Situation, in die Anwender von EAI-Servern geraten sind, da diese nicht herstellerübergreifend kompatibel sind. (Vgl. Vinoski, S.: „Java Business Integration", 2005, S. 89-90.) Aber auch SOA-Dienste arbeiten nicht immer problemlos zusammen und enthalten proprietäre Lösungen einzelner Anbieter. Mit SOA Link hat sich wieder eine Initiative gegründet, die die Interoperabilität einzelner Plattformen zum Ziel hat. Vgl. Reiter, M.: „Big Player blockieren SOA-Interoperabilität", 2006, S. 2.

433 Vgl. Lebender, M. u. a.: „Business Integration Software", 2003, S. 16.

434 Vgl. Kaib, M.: „Enterprise Application Integration", 2002, S. 163-167 oder Lebender, M. u. a.: „Business Integration Software", 2003, S. 42.

435 Vgl. Hörster, R.: „Enterprise Service Bus steuert flexible IT", 2005, S. 20.

Nachdem zunächst Ziele und Hindernisse beleuchtet werden, folgt im weiteren Verlauf des Kapitels insbesondere die Vorstellung verschiedener Techniken und Standards zur Umsetzung von EDI, die schließlich einem systematischen Vergleich unterzogen werden.

4.2.1 Begriff, Ziele und Hindernisse

Zunächst wird der Terminus EDI erläutert und damit verbundene Ziele und bestehende Hindernisse, auch vor dem Hintergrund des Entstehenszeitraums, kurz diskutiert.

4.2.1.1 Begriff

Unter EDI versteht man den Austausch von Geschäftsdaten zwischen Geschäftspartnern mit Hilfe der Datenübertragung[436] auf Basis standardisierter Austauschformate.[437] EDI ist dabei der Oberbegriff für alle Systemkonzepte, die es ermöglichen, in einem IT-System erstellte Daten zu einem anderen, räumlich entfernten System zu übertragen und dort ohne weiteren manuellen Eingriff weiterzuverarbeiten. Insofern kann man auch von der Integration der Anwendungssysteme der Geschäftspartner sprechen. EDI ist dabei weder auf eine bestimmte Technologie noch auf unternehmensübergreifende Kommunikation beschränkt. Obwohl EDI-Technik auch innerhalb eines Unternehmens eingesetzt wird, versteht man darunter aber vorrangig den unternehmensübergreifenden Austausch von Geschäftsdaten.

Anfangs bezog sich EDI nicht nur auf Inhalt und Format der Geschäftsnachrichten, sondern auch auf die technische Ebene der Kommunikation.[438] Es existierte keine klare Trennung zwischen den verschiedenen Kommunikationsebenen, sodass Geschäftsdaten und technische Protokolle in einem Format zusammengefasst waren. Heute existiert diese Trennung und EDI-Nachrichten können transparent über unterschiedliche Netze versendet werden.[439]

---

436 Vgl. Stahlknecht, P.; Hasenkamp, U.: „Einführung in die Wirtschaftsinformatik“, 2005, S. 399.
437 Vgl. Emmelhainz, M. A.: „EDI“, 1993, S. 4.
438 Vgl. Dörr, M. u. a.: „State of the Art in Content Standards“, 2001, WWW.
439 Unter klassischem oder traditionellem EDI versteht man die Kommunikation über Transportnetze bspw. auf Basis von X.400 oder OFTP (ODETTE File Transfer Protocol) mit Geschäftsdatenformaten wie EDIFACT, VDA, ANSI X12 oder ODETTE. Internet-EDI ist hingegen die Nutzung des Internets zum Versand von EDI-Nachrichten.

Die häufig anzutreffende Einteilung des elektronischen Datenaustauschs in XML und EDI führt zur Verwirrung, da XML-basierter Datenaustausch lediglich die Verwendung eines anderen Verfahrens zur Abbildung von Geschäftsdaten bedeutet, sodass im Folgenden zwischen flat-file-basiertem und XML-basiertem EDI unterschieden wird. Dies bedeutet zwar eine Abkehr vom üblichen Sprachgebrauch, dient aber der begrifflichen Einordnung und Präzisierung.

4.2.1.2 Ziele von EDI

Sefinga u. a. unterscheiden in Bezug auf die Ziele von EDI zwischen substitutivem und innovativem EDI-Einsatz.[440] Als EDI Anfang der 1960er Jahre eingeführt wurde, war eine Hauptaufgabe die Substitution bzw. teilweise Substitution der papiergebundenen Kommunikation zwischen den Unternehmen. Effizienz- und Rationalisierungsvorteile sollten insbesondere durch Geschwindigkeitszuwachs und eine geringere Fehlerzahl aufgrund weniger manueller Eingriffe, was gleichzeitig weniger Personal bedeutete, und die Möglichkeit programmierter Kontrollen erreicht werden. Bei der Gestaltung von Geschäftsprozessen stand die Vermeidung von Redundanzen im Vordergrund, um auf Basis konsistenter Daten Entscheidungen treffen zu können. Dies führte bspw. zu Qualitätsverbesserungen, zu einer Senkung des administrativen Aufwands und zu verbesserten inner- und zwischenbetrieblichen Materialflüssen. Erst später rückte der innovative Einsatz von EDI und somit die Vereinfachung und sowohl effizientere als auch effektivere Gestaltung von Geschäftsprozessen[441] ins Blickfeld der EDI-Entwickler. Geschäftsprozesse wurden neu entwickelt, als überflüssig erachtete Funktionen wurden gestrichen, neue hinzugefügt oder Aufgaben verlagert.

Daneben gibt es aber auch Beweggründe für den Einsatz von EDI, die auf der Marktmacht von Geschäftspartnern beruhen. Sowohl Lieferanten als auch abhängige Abnehmer realisieren EDI in einem solchen Fall nicht z. B. zur Kostenreduzierung, sondern aufgrund der Anforderungen eines marktmächtigen Geschäftspartners.[442] Diese sind dann auch entscheidend bei der Wahl des zu verwendenden Datenfor-

---

[440] Vgl. Sefinga, J. u. a.: „Electronic Data Interchange (EDI) Stand und Potentiale", 1996, S. 11.

[441] Das klassische Beispiel ist hier die Just-in-time-Produktion, die erst durch den Einsatz von EDI-Technik möglich wurde.

[442] Vgl. Horstmann, R.; Ottenschläger, S.: „Möglichkeiten und Grenzen der Anbindung regionaler Reisedienstleister an einen E-Commerce-Marktplatz", 2001, S. 31-32.

mats,[443] sodass EDI-Fähigkeit auch als Zugangsvoraussetzung zu Märkten angesehen werden muss.

4.2.1.3 Hindernisse für den Einsatz von EDI

Trotz allen Nutzens erlangte EDI nicht die erwartete Verbreitung.[444] Schon Anfang der 1990er Jahre attestiert Emmelhainz EDI eine technische Reife, die nicht Ursache für die Zurückhaltung vieler Unternehmen sein könne. Vordergründig ermittelt sie Kosten-, Sicherheitsgründe und eine allgemeine Unwissenheit und Unsicherheit, u. a. bei der Auswahl des richtigen Standards und dessen wahrscheinlicher Verbreitung.[445] Die wahren Gründe sieht sie aber auf kultureller Ebene. Zum einen sieht sie im weitestgehenden Verzicht auf Papier eine Ursache und empfiehlt sogar, das Ausdrucken zu gestatten, bis sich die Mitarbeiter daran gewöhnt hätten.[446] Zum anderen bedeute EDI einen organisatorischen Wandel, weil Mitarbeiter neue Aufgaben und Verantwortungsbereiche zugewiesen bekämen und neue Beziehungen knüpfen müssten, wogegen sich diese ohne begleitendes Changemanagement naturgemäß zur Wehr setzten. Sie bestätigt auch, dass der Ausgleich unterschiedlichen Nutzens beim Einsatz von EDI ein ungelöstes Problem darstellt, wenn ein Partner größeren Nutzen erzielt als der andere. Sie betont aber einen Nutzenzuwachs auf allen Seiten und empfiehlt lediglich Transparenz, um rationale Entscheidungen herbeizuführen und ein mögliches Neidproblem bewältigen zu können. Wie aber unterschiedliche Nutzen zunächst quantifiziert und anschließend ausgeglichen werden könnten, um das Start-up-Problem zu überwinden, diskutiert sie nicht.[447] Trotz der Bewertungsproblematik sind Ausgleichszahlungen insbesondere bei der Anbindung von kleinen und mittleren Unternehmen Realität. Fast die Hälfte der Großunternehmen beteiligt

---

[443] Vgl. Wüstner, E.: „Standardisierung und Konvertierung: Ökonomische Bewertung und Anwendung am Beispiel von XML/EDI“, 2005, S. 113; Özel, H.: „EDI-Investitionsentscheidungen leicht gemacht“, 1997, S. 19.

[444] Vgl. Microsoft: „Mehrwert-Gesellschaft“, WWW. Danach setzen – gemessen am Potenzial – nur sehr wenige Unternehmen Flat-file-EDI ein: Nur ca. 5% aller Unternehmen, für die Flat-file-EDI Kosteneinsparungspotenziale bieten könnte, nutzen den elektronischen Austausch von Daten und noch weniger haben Flat-file-EDI in ihre Geschäftsprozesse integriert.

[445] Ähnliches ermittelt auch Alpar. Als Gründe dafür, dass die Verbreitung von EDI hinter den Erwartungen zurück bleibt, fasst er folgende Faktoren aus der Literatur zusammen: hohe Kosten, hohe Komplexität, mangelnde Flexibilität, aufwändige Anpassungen der Anwendungssoftware, schwierige Nutzenquantifizierung, Unsicherheit bei der Wahl des EDI-Standards, zusätzlich erforderliche Vertragsbeziehungen und daraus resultierende Unsicherheit, mangelndes Wissen der Anwender und fehlende Systemintegration. Vgl. Alpar, P.: „Die kritischen Erfolgsfaktoren für EDI-Dienstleistungsanbieter. Eine Delphi-Studie“, 2002, S. 29.

[446] Aber auch 2006 werden elektronisch empfangene Rechnungen vielfach noch ausgedruckt. Vgl. Ryder Systems: „Digitale Rechnungen: nicht ohne Mehrwert“, 2006, WWW.

[447] Vgl. Emmelhainz, M. A.: „EDI“, 1993, S. 183-193. Zur Bewertungsproblematik des EDI-Nutzens vgl. auch Niggl, J.: „Die Entstehung von Electronic Data Interchange Standards“, 1994, S. 65-66.

sich an den Kosten für die Einführung und den Betrieb von EDI bei kleineren Partnern.[448] Eine weitere Barriere für den Einsatz von EDI ist der Umstand, dass nach wie vor vielen EDI-Systemen eine Stapelverarbeitung zugrunde liegt, die dem Bedürfnis nach Information in Echtzeit nicht gerecht wird.[449]

Am Beispiel des Standards X12 erläutert Kotok, dass die rigiden Regeln, die jedem Transaction Set zugrunde liegen, sowohl als Schwäche, aber auch als Stärke des Standards interpretiert werden können. Dies garantiere Stabilität und Vorhersagbarkeit. Gerade wenn Transaktionen bzw. die zugrunde liegenden Geschäftsprozesse schnell aufgesetzt und durchgeführt werden müssten, würde sich dieser Vorteil zeigen.[450] Diese Vorteile gelten auch für jedes andere verfügbare Geschäftsdatenformat, sofern mögliche Freiheitsgrade und deren Ausgestaltung genau reglementiert sind.

4.2.2 Flat-file-basierter EDI

Zunächst wurden Geschäftsdokumente in sog. Flat-files abgebildet. Ein Flat-file ist eine Textdatei, deren Elemente vordergründig in keinem strukturierten Zusammenhang stehen. Da eine Strukturierung aber durch Trennzeichen (Delimiter) vorgenommen werden kann, z. B. durch Kommata (dann handelt es sich um Comma Separated Value (CSV) Files), dient die Bezeichnung streng genommen nur der Abgrenzung gegenüber Dateien, die eine Markierung mit einer Auszeichnungssprache erfahren haben. Die semantische Bedeutung der Flat-file-Daten muss der Dokumentation des Datenformats entnommen werden.

Beim flat-file-basierten EDI unterscheidet man die grundlegenden Methoden Positional Flat File und Delimited Flat File. Die erste Methode definiert Datenfelder bestimmter Größe zur Übertragung der gewünschten Information. Nicht genutzter Speicherplatz im Datenfeld wird mit vorher bestimmten Platzhaltern aufgefüllt. Ist die zu übertragende Information größer als im Datenfeld vorgesehen, werden Abkürzungen verwendet, die oft nur mit Hilfe der Dokumentation verständlich sind. Die zweite Methode benutzt vorher bestimmte Trennzeichen zur Abgrenzung der einzelnen Infor-

[448] Vgl. Wüstner, E.: „Standardisierung und Konvertierung: Ökonomische Bewertung und Anwendung am Beispiel von XML/EDI", 2005, S. 99.
[449] Vgl. Markus, M. L. u. a.: „The Future of Enterprise Integration: Strategic and Technical Issues in External Systems Integration", 2002, S. 5.
[450] Vgl. Kotok, A.: „XML and EDI Lessons Learned and Baggage to Leave Behind", 1999, WWW.

mation. Dies vermeidet zwar den Einsatz von Platzhaltern, erfordert aber spezielle Verfahren, wenn die Trennzeichen Teil der zu übertragenden Information sind.[451] Die Methode Positional Flat File gilt als die schnellste.

Die Anforderungen an Geschäftsvokabulare als Grundlage eines automatisierten Datenaustausches sind häufig branchen-, partner- und landesspezifisch, sodass schon früh eine Vielzahl unterschiedlicher Flat-file-EDI-Standards wie z. B. VDA in der Automobilindustrie, SWIFT bei den Banken, SEDAS in der Konsumgüterindustrie, DAKOSY für die Transportbranche, TRADACOMS in England sowie ANSI X12 in den USA entstanden. Um die Inkompatibilitätsprobleme der vielen Standards zu adressieren, entwickelten die Vereinten Nationen und die weltweite Standardisierungsorganisation ISO den internationalen, branchenneutralen Standard UN/EDIFACT (ISO 9735), der 1988 vorgestellt und seitdem ständig angepasst bzw. erweitert wurde. Inzwischen ist ANSI X12 in EDIFACT aufgegangen bzw. so eng koordiniert, dass die Transformation nach EDIFACT problemlos möglich ist.[452]

Die semantischen Richtlinien von EDIFACT werden in einer Vielzahl von Arbeitskreisen vorbereitet und verabschiedet. Das Resultat ist eine sehr große Anzahl von Nachrichten, die aus der Wiederverwendung genormter Elemente und Segmente mit Wertelisten zusammengesetzt werden und in unterschiedlichen Industrien zur Anwendung kommen. Innerhalb des EDIFACT-Standards entstanden so wiederum branchenspezifische Subsets wie ODETTE in der Automobilindustrie, CEFIC in der chemischen Industrie, EDIFICE in der Elektroindustrie, EANCOM im Handel, EDICON der Baubranche und RINET in der Versicherungsbranche.[453]

Das Ziel einer umfassenden Ausrichtung und universellen Einsetzbarkeit von EDIFACT führt aber zu einer hohen Komplexität, die sich vor allem in hohen Einführungskosten für die Unternehmen widerspiegelt. So wird Flat-file-EDI trotz der Standardisierungsanstrengungen nach wie vor in erster Linie für die bilaterale Kommunikation zwischen Unternehmen, häufig mit angepassten und damit individualisierten

---

[451] Vgl. Microsoft: „Structure of a Flat File Message", WWW.
[452] Vgl. Lebender, M. u. a.: „Business Integration Software", 2003, S. 23.
[453] Vgl. Buxmann, P., Ladner, F.; Weitzel, T.: „Anwendung der Extensible Markup Language (XML): Konzeption und Implementierung einer WebEDI-Lösung", 2001, S. 257. Aufgrund der Vielzahl von Subsets und feinkörniger Datenelemente sieht Niggl in EDIFACT auch nur eine gemeinsame syntaktische Basis, aus der dann Teilmengen für ein eigenes Datenformat entnommen werden können. Vgl. Niggl, J.: „Die Entstehung von Electronic Data Interchange Standards", 1994, S. 41.

Formaten, genutzt.[454] Löwer / Picot attestieren Flat-file-EDI so auch eine hohe Spezifität, u. a. weil ausscheidende Partner nur aufwändig ersetzt werden können. Sie begründen dies mit den notwendigen Arbeiten zur Abstimmung der einzelnen Partner.[455] Der bilaterale Charakter ändert sich auch nicht mit steigender Dauer des EDI-Einsatzes. Statt neue Geschäftspartner einzubinden, würden eher die Beziehungen zu bestehenden Partnern intensiviert.[456]

Neben syntaktischen und semantischen Festlegungen berühren EDIFACT-Nachrichten auch die pragmatische Ebene der Geschäftskommunikation. Sie bilden einen Zyklus von aufeinander abgestimmten Nachrichten, die einzeln betrachtet nur einen Baustein eines Geschäftsprozesses darstellen, im Zusammenspiel jedoch einen kompletten, wohl definierten unternehmensübergreifenden Geschäftsprozess ausmachen. Die so verbundenen Partner wissen damit sehr genau, wie eine aktuelle Nachricht zu einer anderen, gegebenenfalls von ihnen selbst zuvor versendeten oder empfangenen Nachricht, gehört.[457]

4.2.3 XML-basierter EDI

Mit dem Entstehen und der Verbreitung von XML hat auch das Thema EDI wieder an Präsenz und Aktualität gewonnen. Mit ihr ist die Hoffnung verbunden, eine einfache Lösung für bisherige Hindernisse zu finden. Im Folgenden wird XML zunächst dargestellt und es werden Gründe für die erfolgreiche Diffusion, aber auch bestehende Mängel diskutiert. Schließlich wird exemplarisch das ebXML-Standardisierungsprojekt und seine Nachfolger vorgestellt.

4.2.3.1 Begriffe und Spezifaktionen im Rahmen von XML

XML wurde vom W3C entwickelt und liegt seit Februar 2004 in der Version 1.0 (Third Edition) vor.[458] Es handelt sich um eine textbasierte Meta-Auszeichnungssprache zur Beschreibung, Darstellung und Manipulation strukturierter Daten. Von Beginn an

---

454 Vgl. Markus, M. L. u. a.: „The Future of Enterprise Integration: Strategic and Technical Issues in Systems Integration", 2002, S. 4.

455 Vgl. Löwer, U. M.; Picot, A.: „Web Services – Technologie-Hype oder Strategie-Faktor?", 2002, S. 23.

456 Vgl. Wüstner, E.: „Standardisierung und Konvertierung: Ökonomische Bewertung und Anwendung am Beispiel von XML/EDI", 2005, S. 107.

457 Vgl. Hildebrand, U.: „Wer Edifact kann, ist für XML gerüstet", 2003, S. 18.

458 Vgl. W3C: „XML Core Working Group Public Page", WWW. Mit der Version XML 1.1, ebenfalls vom Februar 2004, wird die Unabhängigkeit von einer bestimmten Unicodeversion erreicht, wobei aber weiterhin der Verwendung von XML 1.0 empfohlen wird, wenn die Funktionen von XML 1.1 nicht benötigt werden.

wurde in der Verwendung von XML beim standardisierten Geschäftsdatenaustausch ein mögliches Anwendungsgebiet gesehen.[459] XML liefert dabei das Schnittstellenformat beim Austausch von Geschäftsdaten und gilt als mächtige syntaktische Standardinfrastruktur zur Kopplung von Anwendungssystemen,[460] auf der weitere Standardisierungsvorhaben aufsetzen können.[461] XML entbindet Anwender bzw. Entwickler aber nicht von der semantischen Festlegung der Datenfelder[462] und der daraus folgenden pragmatischen Reaktion im Rahmen eines Geschäftsprozesses.[463] Das Datenformat, das eingesetzt wird, ist also nicht XML, sondern eines, das mit XML definiert wurde.[464]

Das wesentliche Konzept von XML ist unter dem Namen Generic Markup bekannt. Basierend auf einer klaren Trennung von Inhalt, Struktur und Layout der Daten[465] beschreibt es ein Vorgehen, Texte mit Auszeichnungen bzw. Markierungen zu versehen, die eine semantische Aussage über die Bedeutung der markierten Stelle machen. Dokumente können in XML mit eigenen Tags versehen werden und erhalten so eine inhaltliche Struktur. Mit der Standard Generalized Markup Language (SGML) wurde die Idee des Generic Markup bereits in den achtziger Jahren als ISO-Norm umgesetzt. Die Verwandtschaft zwischen XML und SGML besteht darin, dass XML eine gesamte Teilmenge von SGML ist. Teile, die bei SGML als zu komplex, zu schwierig zu implementieren oder als nicht unbedingt notwendig galten, wurden vereinfacht.

Bei der Verarbeitung von XML-Dokumenten liest zunächst ein XML-Prozessor die Dokumente ein und macht deren Inhalt und Struktur für eine Zielanwendung verfügbar. Ein XML-Dokument wird als wohlgeformt bezeichnet, wenn es den syntaktischen Minimalanforderungen entspricht.[466] Zentrales Konzept von XML ist der Dokumententyp (Document Type Definition: DTD). Er beschreibt eine Klasse von Dokumenten, die sich im strukturellen Aufbau gleichen. Auf Typebene wird die Struktur der

---

459 Vgl. Bosak, J.: „XML, Java, and the future of the web", 1997, WWW.

460 Vgl. Weitzel, T.; Harder, T.; Buxmann, P.: „Electronic Business und EDI mit XML", 2001, S. 66; Huemer, C.: „UML – Was hat das mit elektronischem Datenaustausch zu tun?", 2001, S. 18.

461 Siehe Frank, U.: „Vergleichende Betrachtung von Standardisierungsvorhaben zur Realisierung von Infrastrukturen für das E-Business", 2000, S. 7.

462 Siehe Jost, W.: „Technologie allein reicht nicht für die Integration", 2002, S. 19.

463 Vgl. Fensel, D.: „Ontologies", 2001, S. 7-8.

464 Vgl. Mintert, S.: „XML: Extensible Markup Language", 2001, S. 1-2.

465 Werden Texte hingegen ausschließlich mit Markierungen versehen, die der Formatierung dienen wie z. B. Kursivdruck, spricht man von Visual Markup.

466 Vgl. W3C: „Extensible Markup Language (XML) 1.1", WWW.

zugehörigen Dokumente festgelegt und definiert, welche Elemente in den Dokumenten enthalten sein müssen oder optional sind. Mit Hilfe der DTD ist es Programmen möglich, ein XML-Dokument auf strukturelle Fehler zu überprüfen[467] oder eine neue Instanz des Dokumententyps zu bilden. Eine DTD erweist sich insbesondere dann als vorteilhaft, wenn mehrere verschiedene Instanzen angelegt werden sollen. Solche Dokumenttypdefinitionen sind für beliebige Arten von Dokumenten jeweils zu formulieren. Ein XML-Dokument, dem eine DTD zugeordnet ist und dieser entspricht, wird als gültig bezeichnet.

Inzwischen wurde die DTD vom XML-Schema weitgehend abgelöst. Das W3C hat die Spezifikation des XML-Schemas im Mai 2001 verabschiedet. Es definiert ähnlich wie die DTD Regeln für die Syntax und die Struktur einer Klasse von XML-Dokumenten. Als wichtigste Verbesserungen gegenüber der DTD gelten:

- Jedes XML-Schema ist selbst ein XML-Dokument, sodass im Gegensatz zur DTD keine spezielle Syntax verwendet wird, die separate Werkzeuge zur Verarbeitung erfordert. Insbesondere lässt sich jedes XML-Schema wiederum durch ein XML-Schema validieren, ohne dass eine weitere Metaebene benötigt wird.
- Auch komplexe Integritätsbedingungen sind formulierbar (z. B. kann formuliert werden, wie häufig Elemente mindestens oder höchstens vorkommen dürfen).
- Das XML-Schema enthält eine große Zahl vordefinierter Datentypen und ermöglicht die Definition von eigenen Datentypen, wodurch eine Typprüfung möglich wird.
- Bei Datentypen werden Vererbung und Substitution unterstützt.
- Nullwerte sind, wie bei Referenzen und in Datenbanken üblich, darstellbar.
- Das Modularisieren und Wiederverwenden von XML-Schemata ist möglich.[468]

Ein wichtiger Aspekt im Zusammenhang mit der objektorientierten Modellierung von Systemen ist, dass sich jedes XML-Schema mit seiner gesamten Syntax als UML-Klassendiagramm darstellen lässt.[469]

---

[467] Vgl. Bosak, J.: „XML, Java, and the future of the web“, 1997, WWW.
[468] Vgl. Hansch, M. u. a.: „XML-Schema“, 2002, S. 363.
[469] Vgl. Hansch, M. u. a.: „XML-Schema“, 2002, S. 364.

Semantische Benennungskonflikte bei Verwendung fremder bzw. mehrerer unterschiedlicher XML-Dokumente können durch Verwendung von XML-Namespaces vermieden werden.[470]

Die Darstellung eines XML-Dokuments erfolgt mit Hilfe eines Stylesheets, in dem das Layout des Dokuments festgelegt wird. Für XML gibt es die Extensible Stylesheet Language (XSL), mit der Stylesheets für XML-Dokumente gestaltet werden. Auf Stylesheets wird durch sog. Processing Instructions im Dokument verwiesen und so eine Trennung der Darstellung vom Inhalt und der Struktur des Dokuments vollzogen. Im Gegensatz zu Cascading Stylesheets (CSS) bei HTML können durch XSL ausgezeichnete Dokumente auch transformiert werden. Mittels XSL-Transformations (XSLT) werden die XML-Dokumente nach den Vorgaben verschiedener Stylesheets aufbereitet, sodass medienspezifische Formatierungen aus einer XML-Quelle generiert werden können. XSLT eignen sich aber auch dazu, ein XML-Dokument von einer Struktur in eine andere zu überführen und eine Konvertierung zwischen unterschiedlichen XML-Dokumenten durchzuführen.[471] Solche Konvertierungen zwischen verschiedenen Datenstrukturen sind immer dann notwendig, wenn Standardschemata nicht existieren oder auf besonderen Wunsch eine eigene Terminologie verwendet werden soll.[472] Bei der Transformation können die Inhalte vollständig übernommen, verändert oder vollständig ersetzt werden. Dadurch kann eine Auswahl von bestimmten Informationen vorgenommen und Teilstrukturen gebildet werden.[473]

Die Schutzziele Vertraulichkeit und Integrität werden durch Identifikations-, Authentifizierungs- und kryptographische Maßnahmen gewährleistet. Diesbezüglich normiert das W3C XML-Encryption, XML-Signature und XML-Access Control.[474] XML-Encryption sichert durch Verschlüsselungsverfahren die Vertraulichkeit von XML-Daten. Grundsätzlich lassen sich beliebige Bereiche eines Dokuments verschlüsseln, vom gesamten Dokument bis hin zu einzelnen Elementen. Durch XML-Signature werden Syntaxkonstrukte und Verfahrensregeln zur Repräsentation von digitalen Signaturen in XML spezifiziert. XML-Signaturen können über Verweismechanismen

---

470 Vgl. W3C: „Namespaces in XML“, WWW.
471 Vgl. Buxmann, P.; Ladner, F.; Weitzel, T.: „Anwendung der Extensible Markup Language (XML): Konzeption und Implementierung einer WebEDI-Lösung“, 2001, S. 260.
472 Vgl. Fensel, D.: „Ontologies“, 2001, S. 9.
473 Vgl. Zumpe, S.: „Möglichkeiten der Informationsdarstellung mit XSL“, WWW.
474 Vgl. W3C: „XML Encryption Syntax and Processing", WWW.

auf einzelne Daten angewendet werden. Die Struktur einer XML-Signatur ist flexibel gestaltbar, sodass ihre Nutzung an jede Form von Authentifizierung elektronischer Aussagen angepasst werden kann. Auch Dokumente, die im Netz verteilt liegen, können signiert werden.[475] Ähnlich wie bei der DTD können die Signaturen sowohl innerhalb des Dokuments, Enveloped Signatures, als auch außerhalb, als Detached Signatures, gespeichert sein. XML-Access Control erlaubt die differenzierte Vergabe von Rechten in XML-Dokumenten bis auf die Feldebene hinunter. So kann ein XML-Dokument für eine Kauftransaktion Zahlungsinformationen enthalten, die nicht dem Verkäufer, sondern nur dem Zahlungsabwickler zugänglich sind.[476]

4.2.3.2 Erfolgreiche Diffusion von XML

Ein Merkmal von XML ist die generelle Unabhängigkeit von Soft- und Hardwaresystemen, die schon von HTML her bekannt ist, wobei es sich bei HTML um eine reine Präsentationsbeschreibungssprache, d. h. ein Visual Markup, handelt. Mit XML lassen sich hingegen auch komplexe Datenstrukturen vergleichsweise einfach darstellen und zwischen verschiedenen Plattformen und Programmiersprachen austauschen,[477] ohne sich den Vorgaben einer übergeordneten Institution zu unterwerfen.

Als wesentliche Gründe für die erfolgreiche Diffusion von XML nennen Weitzel u. a.:[478]

- XML verfügt über eine installierte Basis von verwandten Technologien, wie HTML, HTTP und Webbrowsern. Durch das etablierte Internet existierte eine Vielzahl von Autoren und Programmierern, die mit der verwandten Technologie HTML vertraut waren und so sehr schnell Komplementärprodukte wie Editoren, Parser, XML-fähige Browser etc. z. T. kostenlos zur Verfügung stellten. Zudem ist in erster Linie das ubiquitäre Internet für den Transport der Dokumente ist vorgesehen.
- XML ist einfach und portabel. Der ausgezeichnete Inhalt ist im Gegensatz zu Binärdateien leicht lesbar,[479] was z. B. die Fehlersuche bei der Entwicklung er-

[475] Vgl. Grimm, R.: „XML-Signaturen in der Anwendung“, 2005, S. 190.
[476] Vgl. Eckert, S. u. a.: „Sichere Kopplung von ERP-Systemen und elektronischen Marktplätzen“, 2002, S. 75-76.
[477] Vgl. Tesch, T.; Fankhauser, P.; Weitzel, T.: „Skalierbare Verarbeitung von XML mit Infonyte-DB“, 2002, S. 269.
[478] Vgl. im Folgenden Weitzel, T. u. a.: „Konzept und Anwendungen der Extensible Markup Language“, WWW.

heblich vereinfacht. Auch aus diesem Grunde entstand schnell eine Vielzahl von freien und kommerziellen Werkzeugen zur Erstellung, Validierung und Transformation von XML für unterschiedlichste Plattformen.[480]

- XML kann Dokumente beliebiger Komplexität abbilden. So können z. B. Tabellen relationaler Datenbanksysteme in eine XML-Baumstruktur gemappt werden.
- XML ist international ausgerichtet und unterstützt daher internationale Zeichensätze (Unicode).
- Insgesamt bietet XML Funktionen, die über die Aufgaben einer Auszeichnungssprache hinausgehen, und kann als ein Paket an Funktionalität gemäß den Anforderungen des weltweiten Datenaustauschs angesehen werden.

Ein weiterer Vorteil von XML ist die höhere Robustheit XML-basierter Kommunikation. Ist bei Flat-file-EDI bspw. ein erwartetes Dokument oder Steuerelement fälschlicherweise nicht vorhanden, steht die Kommunikation in der Regel still, wohingegen die XML-Kommunikation weiterläuft und nur das fehlende Element nachträglich angefordert wird.[481]

4.2.3.3 Bestehende Mängel von XML beim strukturierten Datenaustausch

Nachteile von XML beim strukturierten Datenaustausch werden in erster Linie im Umfang der auszutauschenden Daten gesehen. Trotz der unmittelbaren Zusammenhänge werden die folgenden Aspekte unterschieden:

- Mangelnde Performance und Skalierbarkeit: Die existierenden XML-Werkzeuge werden immer wieder wegen ihres Speicherverbrauchs während ihrer Verarbeitung und der resultierenden geringen Verarbeitungsgeschwindigkeit kritisiert. Gängige Prozessoren stoßen bei der Transformation von XML-Daten schnell an ihre Leistungsgrenzen. Dies betrifft insbesondere Rea-

---

479 Auch CORBAs IDL (Interface Definition Language) ist plattformunabhängig, allerdings liegen die Daten hier in binärer Form vor. Vgl. Hars, A.; Schlüter-Langdon; C.: „Chancen und Risiken für verteilte Informationssysteme", 2002, S. 15.

480 Vgl. Schader, M.: „Überblick über Produkte für XML-Schema", 2002, WWW.

481 Vgl. Glaap, R.: „Die Einheit in der Vielfalt", 2002, S. 25; Rawolle u. a. identifizieren hingegen mangelnde Robustheit als prinzipiellen Schwachpunkt XML-basierter Integrationsansätze. Sie führen dies auf eine nicht ausreichende Toleranz von XML-Parsern zurück. (Vgl. Rawolle, J.; Ade, J.; Schumann; M.: „XML als Integrationstechnologie bei Informationsanbietern im Internet", 2002, S. 26.) Der Zeitraum ihrer Untersuchung lag in den Jahren 1999 bis 2000. In jüngerer Zeit wird nicht mehr über einen generellen Mangel an Robustheit berichtet.

lisierungen der Programmierschnittstelle Document Object Model (DOM)[482] des W3C, die XML-Dokumente komplett als Baum im Hauptspeicher darstellen.[483] Je nach XML-Dokument und DOM-Implementierung kann ein XML-Dokument in einem Hauptspeicher-DOM auf die zwanzigfache Größe anschwellen. Ähnliche Probleme treten bei Implementierungen der Transformationssprache XSLT auf.[484] Zwar existieren bereits Verfahren (z. B. XOP (XML-binary Optimized Packaging) oder Fast Infoset), die XML-Dokumente verkleinern bzw. zu einer höheren Verarbeitungsgeschwindigkeit führen, aber die Verschiedenartigkeit der Verfahren kann schnell zu Inkompatibilitäten führen,[485] sodass auch hier vorerst auf Kosten der Performance abzuwarten ist, welches Verfahren sich durchsetzen wird.

- Speicherbedarf: Ein Designziel von XML, nämlich die Selbstbeschreibung, führt zu großen Dokumenten. Im Vergleich zu X12-Nachrichten sind XML-Nachrichten bis zu 25mal größer.[486] In vielen Dokumenten ist die Auszeichnungsinformation größer als die ausgezeichneten Daten. Der direkte Umgang mit XML-Daten belastet daher die Speichersysteme ebenso wie die zur Verfügung stehende Netzbandbreite.[487]
- Mittlerweile wird zunehmend kritisiert, dass auch XML durch das Hinzukommen von immer mehr Spezifikationen den Vorteil der Einfachheit verliert.[488]

4.2.3.4 ebXML als Beispiel für ein XML-Standardisierungsvorhaben

Im Mittelpunkt des betriebswirtschaftlichen Interesses an XML steht die Suche nach geeigneten semantischen und pragmatischen Festlegungen, denn wenn diese ver-

---

482 DOM wurde als standardisiertes Datenzugriffsmodell und Schnittstelle für die Verarbeitung von XML-Dokumenten entwickelt. Bspw. müssen die Dokumente für XML-Access Control auf einem XML-Server in Form von DOM-Bäumen vorliegen. Bei Abruf eines Dokuments erfolgt anhand der zuvor durchgeführten Identifikation und Authentifizierung des Anwenders eine Anpassung des DOM-Baumes an das entsprechende Rechteprofil.

483 Vgl. Buxmann, P.; Ladner, F.; Weitzel, T.: „Anwendung der Extensible Markup Language (XML): Konzeption und Implementierung einer WebEDI-Lösung", 2001, S. 260.

484 Vgl. Tesch, T.; Fankhauser, P.; Weitzel, T.: „Skalierbare Verarbeitung von XML mit Infonyte-DB", 2002, S. 270.

485 Vgl. Geer, D.: „Will Binary XML Speed Network Traffic?", 2005, S. 16-18. Mit der JSON (Java Script Object Notation) entsteht aber auch schon eine neue Sprache zur Datenbeschreibung, die bedeutend kompakter und performanter als XML ist und folglich für Anwendungsbereiche mit eng begrenzten Ressourcen eingesetzt werden soll. Allerdings wird die Konvertierung zwischen JSON und XML (noch) als Voraussetzung für eine erfolgreiche Etablierung von JSON angesehen. Vgl. Goessner, S.: „Converting Between XML and JSON", 2006, WWW.

486 Vgl. Jones, M.: „X12 EDI: It's Not Dead Yet", 2005, WWW.

487 Eine Gegenüberstellung verschiedener Verfahren zur Speicherung von XML-Daten mit ihren Vor- und Nachteilen sowie mögliche Auswahlkriterien erarbeiten Vakali u. a. Vgl. Vakali, A. u. a.: „XML Data Stores: Emerging Practices", 2005, S. 62-69.

488 Vgl. Sommergut, W.: „XML & Co. - was bringt die Zukunft?", 2003, S. 36-37.

fügbar und akzeptiert sind, können Mappings auf der technischen und syntaktischen Ebene der Kommunikation vergleichsweise einfach erstellt werden.[489]

Auch bei XML-basierten Datenformaten gilt die These, dass das vollständige Nutzenpotenzial nur erreicht werden kann, wenn sich alle beteiligten Geschäftspartner auf eine einheitliche Definition der Tags und ihrer semantischen Interpretation einigen. Entscheidend für den Erfolg erscheinen globale, herstellerunabhängige Standards.[490] Es ist eine Vielzahl unterschiedlicher Standardisierungsinitiativen entstanden, die von Konsortien, Privatunternehmen, aber auch von staatlich gestützten Organisationen national und international getrieben werden.[491] Kotok unterteilt die verschiedenen prozessorientierten Standards abhängig von der Branchenorientierung in drei Hauptkategorien.[492]

- Rahmenstandards sind Spezifikationen zur Strukturierung von XML-Nachrichten zwischen Parteien auch unterschiedlicher Branchen. Sie beschreiben den gesamten Kommunikationsprozess und nicht bloße inhaltliche Spezifikationen bestimmter Nachrichtentypen.[493]
- Funktionsorientierte Standards geben Richtlinien für bestimmte Geschäftsprozesse über Branchengrenzen hinweg.
- Branchenorientierte Standards spezifizieren den Geschäftsdatenaustausch innerhalb einer z. T. sehr genau abgegrenzten Branche. Sie stellen in der Erhebung von Kotok die größte Gruppe dar und decken spezifische Transaktionen mehr oder weniger vollständig ab.

Einzelnen Standardisierungsbemühungen liegen jeweils unterschiedliche Vorstellungen über Geschäftsprozesse zugrunde, die darüber hinaus als Wettbewerbsparameter nicht immer umfassend standardisierbar sind und zudem im Zeitablauf einer Dynamik unterliegen. Folglich sind auch die ihnen zugrunde liegenden Datenformate dieser Dynamik unterworfen. Weiterhin fokussieren Standardisierungsbemühungen oft nur einzelne Phasen des Transaktionsprozesses, sodass zur vollständigen elektronischen Abbildung von Geschäftsprozessen eine dynamische Kombination ver-

---

489 Vgl. König, W.: „Interview with James Hendler on the Semantic Web“, 2002, S. 482.
490 Vgl. Steffen, T.: „Internet-Quellen zu XML/EDI“, 2000, S. 82.
491 Vgl. Steffen, T.: „Internet-Quellen zu XML/EDI“, 2000, S. 78; Kotok, A.: „Extensible and More“, 2000, WWW.
492 Vgl. Kotok, A.: „Extensible and more“, 2000, WWW.
493 Vgl. Buxmann, P.; Ladner, F.; Weitzel, T.: „Anwendung der Extensible Markup Language (XML): Konzeption und Implementierung einer WebEDI-Lösung“, 2001, S. 260.

schiedener Standards zu erwarten ist. Im Folgenden wird also auf die ausführliche Darstellung und einen Vergleich von Standardisierungsvorhaben verzichtet, da dieses nur für einen konkreten Anwendungsfall sinnvoll erscheint. Exemplarisch und zur Veranschaulichung wird das ebXML-Framework vorgestellt. Dieses gilt als umfassend, ausgereift und gibt Anlass zur Hoffnung, dass zumindest einige der vielen Standardisierungsinitiativen ihre Kompetenzen unter diesem Dach bündeln.[494]

Das ebXML-Projekt wurde von 1999 bis 2001 von UN/CEFACT und OASIS durchgeführt. Durch die Zusammenarbeit sollten Erfahrungen, die bereits bei der Entwicklung von EDIFACT gesammelt wurden, z. B. die in den EDI-Standards enthaltene Semantik, in XML überführt werden. Ziel war die Standardisierung von XML-Geschäftsspezifikationen und die Bereitstellung eines technisches Frameworks, das Interoperabilität und Datensicherheit bei der automatisierten Abwicklung elektronischer Geschäfte gewährleistet. Bestandteil ist insbesondere die Definition einer zentralen, umfassenden Registrierung, um den multilateralen, branchenübergreifenden Charakter der Initiative zu unterstreichen. Insofern definiert die ebXML-Initiative eine Architektur sowie eine Sammlung von Spezifikationen, die auch komplexen B2B-Prozessanforderungen gerecht werden sollen.[495] EbXML sollte also nicht einen weiteren XML-Dialekt und Standards für XML-DTDs oder XML-Schemata liefern, sondern eine Infrastruktur für ein offenes Netz bereitstellen, in dem XML als Basis für den Austausch beliebiger Daten zwischen beliebigen Netzknoten genutzt wird. Die kaufmännische Vision von ebXML ist die Errichtung eines globalen elektronischen Marktplatzes, auf dem beliebige Unternehmen zusammentreffen, um über den Austausch XML-basierter Nachrichten Handel zu treiben.[496]

4.2.3.4.1 Hauptbestandteile der ebXML-Architektur

Die ebXML-Architektur hat fünf Hauptbestandteile, die im Folgenden kurz vorgestellt werden.[497]

- Business Processes: Das Business Process Specification Schema (BPSS) beschreibt ein Metamodell, das Entwickler bei der Gestaltung von Geschäftsprozessen sowie den dazugehörenden Interaktionen im Rahmen der Ge-

[494] Vgl. Wüstner, E.: „Standardisierung und Konvertierung: Ökonomische Bewertung und Anwendung am Beispiel von XML/EDI“, 2005, S. 238.
[495] Vgl. Patil, S.; Newcomer, E.: „ebXML and Web Services“, 2003, S. 76.
[496] Vgl. ebXML Quality Review Team: „ebXML Documentation Roadmap v0.93“, WWW.
[497] Vgl. im Folgenden Patil, S.; Newcomer, E.: „ebXML and Web Services“, 2003, S. 77-78.

schäftstransaktionen zwischen den beteiligten Parteien unterstützt.[498] Dabei werden auch komplexe, geschachtelte Geschäftsprozesse sowie bestimmte Spezifikationen der Laufzeitparameter zur Steuerung der Prozessausführung einbezogen. Es lässt sich so bspw. festlegen, ob Verschlüsselung oder Authentifizierung notwendig ist. Geschäftstransaktionen können implementiert werden, indem eines von vielen erhältlichen Mustern verwendet wird. Diese konkreten Muster determinieren dann den Datenaustausch und legen fest, welche Informationen gesendet bzw. empfangen werden müssen. Das BPSS basiert auf der UMM (UN/CEFACT Modeling Methodology) und ist sowohl als XML-Schema als auch als UML-Klassendiagramm erhältlich. Mittlerweile ist es möglich BPSS-Prozesse mit WS-BPEL zu erstellen.[499]

- Messaging: Die ebXML Messaging Specification (ebMS) basiert auf dem Webservices-Standard SOAP with Attachments (SwA) und unterstützt den sicheren Austausch von Geschäftsdaten. Die Daten können z. B. mit Metadaten, wie Routing-Informationen oder Prozesskennungen, versehen werden, die für komplexe Interaktionen benötigt werden.[500]
- Partnership Profile and Agreement: In der ebXML-Architektur müssen sich die beteiligten Parteien auf verschiedene Aspekte der Prozessausführung einigen und die diesbezüglich benötigte Information bereitstellen. Dies beginnt bei der Bekanntgabe der genauen Adressen und geht hin bis zu den zu verwendenden Verschlüsselungsmethoden. Das ebXML Collaboration Partner Profile (CPP) beschreibt in einer maschinenlesbaren Form die angebotenen Leistungen eines jeden Partners, wie z. B. Dienste oder technischen Fähigkeiten. Die Spezifikation des Collaboration Partner Agreement (CPA) definiert die Syntax, um Vereinbarungen zwischen den Parteien zu formulieren. Das CPA-Dokument ist dabei schlicht eine Schnittmenge der CPPs der beteiligten Parteien. Nachdem sich die Parteien geeinigt und dies im CPA-Dokument festge-

---

[498] Vgl. auch Hackländer, C.: „ebXML", 2004, S. 96-97. Die Autorin sieht in BPSS zwar eine der wichtigsten Spezifikationen des Gesamtpakets, weil es ein gemeinsames Verständnis von Interaktionen zwischen Geschäftspartnern formal, maschinenlesbar und nachrichtenbasiert, bei Bedarf auch in Echtzeit, realisiert. Es fehlen aber noch Vorgaben für die Zusammenarbeit mehrerer Parteien und außerdem erweist sich die Erstellung von effektiven UML-Zustandsdiagrammen als schwierig.

[499] Feßenbecker vermutet, dass man sich von Anfang an bei der Entwicklung von ebXML für die Anwendung von BPEL entschieden hätte, wenn diese Sprache rechtzeitig zur Verfügung gestanden hätte. Vgl. Feßenbecker, M.: „ebXML fasst auch in Europa Fuß", 2003, S. 39.

[500] Im April 2006 wurde ebMS v3.0 als Committee Draft angenommen. Mit der neuen Version sollen insbesondere Verbesserungen im Bereich der Sicherheit, z. B. durch die Verwendung elektronischer Signaturen erreicht werden. Vgl. OASIS: „The Framework for eBusiness", WWW.

legt haben, wird dieses CPA zur Steuerung der Anwendungen genutzt und dient als Grundlage für weitere Geschäftsprozesse.[501]

- Business Registry: Die ebXML Registry Specification beschreibt den allgemeinen und erweiterbaren Registrierungsdienst von ebXML. Sie führt das Konzept von Objekten und ihren Beziehungen ein, um bestehenden Abhängigkeiten zwischen Informationen zu begegnen, die für eine Geschäftsprozessintegration ausgetauscht werden müssen. Diese Beziehungen können je nach Kontext und Methoden unterschiedliche Bedeutungen haben. Die frühere Vorstellung, einen Standardausdruck für bestimmte Tags oder Standarddokumente vorzugeben, wird damit aufgegeben. Dies folgt der Einsicht, dass sich das Vokabular im Geschäftsleben entwickelt: Bedeutungen ändern sich, Begriffe werden übernommen und erhalten eine völlig neue Bedeutung in einem anderen Kontext. Das ebXML-Registry listet Begriffe nicht wie in einem Lexikon auf, sondern ist dynamisch und kontextsensitiv angelegt. Ziel ist es, beim Benutzer ein besseres Verständnis für die aktuelle und zukünftige Bedeutung der Termini durch ein besseres Verstehen der Beziehungen zwischen den Objekten der Registrierung zu bewirken. Durch die Formulierung und Analyse der Metadaten aller Objekte sollen Unternehmen alle Bereiche vollständig verstehen, um zukünftige Änderungen effizient vorzunehmen und schließlich die Korrektheit und Einsicht in die Notwendigkeit der Modifikation zu fördern. Das ebXML Konzept fördert dabei die Wiederverwendung von Informationen und erhöht damit die Effizienz einer Organisation. Industriespezifische Komponenten und Fachsprachen können frei zugänglich als Leitfaden sowohl bei der Modellierung mit UML als auch bei der Entwicklung und beim Testen der Systeme verwendet werden.[502]
- Core Component: Core Components sind grundlegende Zusammenstellungen von Daten, die in verschiedenen Geschäftsnachrichten verwendet werden können. Sie unterstützen Entwickler bei der Erstellung von Geschäftsdokumenten, indem diese auf die vorgefertigten Core Components zurückgreifen können, um neue Dokumente zu erstellen. Sie sollen insbesondere die Interoperabilität zwischen Geschäftspartnern aus unterschiedlichen Branchen erleichtern. Trotz des feingranularen Bausteincharakters von Core Components können diese sehr komplex werden und politisch geprägt sein, sodass schon

[501] Vgl. Patil, S.; Newcomer, E.: „ebXML and Web Services", 2003, S. 77-78.
[502] Vgl. Hackländer, C.: „ebXML", 2004, S. 128.

deren Erstellung bei Standardisierungsorganisationen oder Branchenverbänden anzusiedeln ist.[503]

Insgesamt sind die einzelnen ebXML-Spezifikationen aufeinander abgestimmt, in einer Architektur verankert und bieten zudem schon einige detaillierte semantische Lösungen. So sind verschiedene Anforderungen, die die Verwendung von BPSS mit sich bringt, von ebMS unterstützt, bspw. Sicherheitsbestimmungen. Die einzelnen Spezifikationen können aber auch außerhalb der Architektur unabhängig voneinander verwendet werden.[504]

4.2.3.4.2 ebXML und Webservices

Webservices sind Schnittstellen zu lose gekoppelten Softwarekomponenten, welche über das Internet kommunizieren und eine Interaktion zwischen Programmen vermitteln.[505] Die einzelnen Komponenten sollen kurzfristig, dynamisch und zur Laufzeit zu unterschiedlichen neuen Super-Services zusammengestellt werden können.[506] Durch die Unabhängigkeit von der bestehenden Hard- und Softwareinfrastruktur, inkl. der verwendeten Programmiersprache, sollen uneingeschränkt kompatible Softwarekomponenten erreicht werden: ein Ziel, das aber auch schon andere Komponentenmodelle verfolgt haben.[507]

Standardisierungsvorhaben im Bereich Webservices orientieren sich weniger an betriebswirtschaftlichen Anwendungen als vielmehr an der Verbesserung der technischen Integration. Sie definieren lediglich, wie Informationen ausgetauscht werden können.[508] Daten werden mit Hilfe der Beschreibungssprache XML dargestellt und über das Protokoll SOAP zwischen verschiedenen Anwendungen transportiert. Finden und aufrufen lassen sich Webservices über UDDI-Verzeichnisse (UDDI: Universal Description, Discovery and Integration). Die Aufrufschnittstellen werden dabei in der Sprache WSDL (Web Service Description Language) beschrieben,[509] wobei aber auch WSDL die Funktionsweisen einzelner Dienste nicht exakt beschreibt und Raum

---

503 Vgl. Kotok, A.; Webber, D.: „ebXML", 2002, S. 266.
504 Vgl. Patil, S.; Newcomer, E.: „ebXML and Web Services", 2003, S. 77.
505 Vgl. Hoidn, H.-P.: „Web Services aus Sicht der Unternehmensarchitektur", 2002, S. 32.
506 Vgl. Beimborn, D.; Mintert, S.; Weitzel, T.: „Web Services und ebXML", 2002, S. 277.
507 Vgl. Mossack, P.: „Web-Services sind der lachende Dritte", 2003, S. 40.
508 Vgl. Hoidn, H.-P.: „Web Services aus Sicht der Unternehmensarchitektur", 2003, S. 32.
509 Vgl. Fritsch, W.: „Webservices zwischen Vision und Wirklichkeit", 2002, S. 32.

für Interpretationen lässt, sodass diese durch Technologien aus dem Umfeld von Ontologien, z. B. dem RDF, zur eindeutigen Beschreibung ergänzt werden muss.[510]

Es ist aber nicht zu erwarteten, dass Webservices bisherige Integrationstechnologien schnell überflüssig machen. Webservices dürften vielmehr oft eine Verpackung um Applikationen herum werden. Sie erleichtern die Kommunikation zwischen Applikationen, können differenzierte Integrationsleistungen aber nicht selbst erbringen.[511] Hinter der Abstraktionsschicht liegen weiterhin Server, die Datenbankzugriffe koordinieren und die Beziehung zur Benutzerschnittstelle herstellen. Ferner werden Message Broker gebraucht, die unterschiedliche Datenformate für verschiedenartige Applikationen ausgleichen, ebenso MOM, die Anwendungen asynchron koppeln. Bei Webservices liegt der Schwerpunkt noch auf synchroner Kommunikation aufgrund der Verwendung von HTTP als Trägerprotokoll.[512]

Webservices konzentrieren sich im Allgemeinen auf das Problem des Aufrufs von Programmen, die sich auf einem anderen Rechner befinden, sowie den Austausch von Daten mit diesen. Was für den unternehmenskritischen Einsatz von Webservices vorerst fehlt, sind anerkannte Spezifikationen für die Skalierbarkeit, etablierte Verfahren, um die Sicherheit von Transaktionen,[513] auch im Fehlerfall, zu gewährleisten, oder Verfahren zur Messung und Vergütung von Webservices.[514] Selbst wenn die Standards vorhanden wären, wäre vollständige Interoperabilität dadurch noch nicht gewährleistet. Das könnten erst anerkannte Test- und Zertifizierungsverfahren leisten.[515] Wie schon bei CORBA kann es zu teilweisen Umsetzung von Spezifikationen kommen, die zu Inkompatibilitäten führen. Die Protagonisten der Webservices suggerieren zwar, dass die angebotenen Basiskomponenten für Webservices identisch

---

[510] Vgl. Dostal, W.; Jeckle, M.; Kriechbaum, W.: „Semantik und Web Services: Vokabulare und Ontologien", 2004, WWW.

[511] Vgl. Fritsch, W.: „Webservices zwischen Vision und Wirklichkeit", 2002, S. 34.

[512] Vgl. Meyer, H.; Simon, P.: „EAI und Web-Services – Konkurrenz oder Ergänzung", 2003, WWW.

[513] Transaktionalität von Webservices soll z. B. durch Regelungen des OASIS Web Services Composite Application Framework (WS-CAF) erreicht werden. Die Spezifikation befindet sich aber noch in der Entwicklung. Vgl. OASIS: „OASIS Web Services Composite Application Framework (WS-CAF) TC", WWW.

[514] Vgl. Hars, A.; Schlüter-Langdon, C.: „Chancen und Risiken für verteilte Informationssysteme", 2002, S. 15. Seit 2003 existiert mit der WSLA (Web Service Level Agreement) eine Spezifikation zur Adressierung der SLA-Problematik bei Webservices. Eine allgemeine Akzeptanz bleibt aber aus, sodass die Suche nach geeigneten Lösungen nach wie vor ein Hauptthema von Entwicklerkonferenzen ist. Vgl. XML magazin & Web Services: „JAX 2006: Teilnehmerrekord in neuer Location", WWW.

[515] Vgl. Fritsch, W.: „Webservices zwischen Vision und Wirklichkeit", 2002, S. 34.

implementiert und daher leicht zu verwenden sind, tatsächlich sind die Spezifikationen aber noch im Fluss, sodass das Standardisierungsgremium Webservices Interoperability (WS-I) mit dem Basic Profile 1.1 eine Empfehlung herausgegeben hat, die Kompatibilität sicherstellen soll. WS-I beschreibt, wie Webservices eingesetzt werden müssen, damit unterschiedliche Infrastrukturen zusammen arbeiten können.

Zudem ist die Gewährleistung von Sicherheit nach wie vor eine Hauptschwierigkeit bei der Einführung von Webservices,[516] sodass Firmen ihre internen Informationen aus Sicherheitsgründen nicht in ein öffentliches UDDI-Verzeichnis stellen. Größere Bedeutung als dem öffentlichen UDDI-Verzeichnis im Internet wurde daher zunächst gezielten Gemeinschaften einzelner Marktteilnehmer oder dem Einsatz innerhalb der Firewall eines Unternehmens eingeräumt.[517] Seit Anfang 2005 erleichtert die Security Assertion Markup Language (SAML) in der Version 2 die Umsetzung der Sicherheitsanforderungen von Unternehmen,[518] sodass mittlerweile Webservices vermehrt unternehmensübergreifend eingesetzt werden.

Trotz der bestehenden Probleme werden die grundlegenden Standards, die für das Funktionieren von Webservices entscheidend sind, im Unterschied zu den bisherigen Integrationstechnologien von allen relevanten IT-Firmen unterstützt. Darin kann auch ein entscheidender Vorteil von Webservices gegenüber EAI-Suiten gesehen werden. Dieser besteht in der zunehmenden Standardisierung von Integrationsmechanismen in einem bisher proprietären Markt und der damit sinkenden Abhängigkeit von einzelnen Herstellern. Transformationsregeln oder Prozessdefinitionen aus einem EAI-Werkzeug zu exportieren und in ein anderes zu importieren, erscheint heute noch unmöglich. Zwar ermöglichen einige Produkte den Export von Prozessdefinitionen in einen XML-Dialekt, aber aufgrund fehlender Standards und mangels einer klaren Trennung zwischen Prozessdefinition und werkzeugabhängigen Daten ist ein Austausch der Integrationsinformationen in der Praxis bislang unmöglich.[519] Webservices sind zwar kein Ersatz für zentrale Integrationssysteme, es besteht aber die Wahr-

---

516 Vgl. Chanliau, M.: „Selbstbehauptung – Web Services-Sicherheit und die SAML", WWW.
517 Vgl. Fritsch, W.: „Webservices zwischen Vision und Wirklichkeit", 2002, S. 34.
518 Vgl. OASIS: „Security Services (SAML) TC", WWW.
519 Vgl. Meyer, H.; Simon, P.: „EAI und Web-Services – Konkurrenz oder Ergänzung", 2003, WWW.

scheinlichkeit, dass zentrale, standardisierte Verzeichnisse und standardisierte Beschreibungen die Integration signifikant verbessern.[520]

Es zeichnet sich aber auch bei Webservices bereits jetzt eine drohende Inkompatibilität einzelner Spezifikationen ab, sodass die Interoperabilität von Webservices gefährdet ist. So hat Microsoft gemeinsam mit Bea und Tibco bspw. WS-RM (Web Services Reliable Messaging) veröffentlicht, aber keinem Standardisierungsgremium vorgelegt.[521] Web Services Security (WSS) der OASIS hingegen adressiert ähnliche Funktionen, definiert aber die Anwendung der W3C Authentifizierung- und Verschlüsselungsstandards XML-Signature und XML-Encryption auf SOAP-Basis, um Authentizität und Vertraulichkeit sicherzustellen.

Obwohl Webservices zukünftig eine große Bedeutung zugeschrieben wird, Mossack diese sogar als Gewinner des Glaubenskriegs bisheriger Komponentenmodelle sieht,[522] bleibt festzuhalten, dass auch Webservices das Problem des Datenaustauschs nur auf syntaktischer Ebene lösen.[523] Die Anforderungen einer elektronischen Integration unternehmensexterner Leistungen gehen zudem über die Möglichkeiten der heutigen auf standardisierte Kommunikationsprotokolle und Schnittstellenbeschreibungen ausgerichteten Webservice-Technologien hinaus. In diese Lücke stoßen, wie bei XML-Nachrichten für den Geschäftsdatenaustausch bereits geschehen, zunehmend proprietäre, branchen- oder herstellerspezifische Standards, Subsets und Derivate vor. Dies ist eine Entwicklung, die auch die Webservices Interoperability Group kaum in den Griff bekommen wird.[524]

Die schwerwiegenderen Integrationsprobleme liegen auf semantischer und pragmatischer Ebene, auf dem gemeinsamen Verständnis von Daten, Funktionen und Prozessen.[525] Anwender werden ihre Integrationskosten erst dann senken können, wenn es gelingt, fachliche Standards in Form einer Common Business Language zu defi-

---

520 Vgl. Voigtmann, P.; Zeller, T.: „Enterprise Application Integration und B2B Integration im Kontext von Electronic Business und Elektronischen Marktplätzen Teil II", 2003, S. 14-15.
521 Vgl. Hüls, A.: „Sun: Microsoft gefährdet Web-Services-Standards", WWW.
522 Vgl. Mossack, P.: „Web-Services sind der lachende Dritte", 2003, S. 40.
523 Vgl. Hars, A.; Schlüter-Langdon, C.: „Chancen und Risiken für verteilte Informationssysteme", 2002, S. 17.
524 Vgl. Feßenbecker, M.: „Web Services – Revolution für die B2B-Integration?", 2002, S. 49.
525 Vgl. Alt, R.; Heutschi, R.; Österle, H.: „WebServices – Hype oder Lösung", 2003, S. 66.

nieren.[526] Standardisierungen, wie sie im Rahmen von ebXML versucht werden, könnten hier weiterhelfen und die semantische Lücke füllen.

Aber auch in anderen Bereichen, z. B. zuverlässiger und nicht abstreitbarer Nachrichtenversand, allgemeine Sicherheitsbestimmungen und Geschäftsprozesskoordination, sind bei ebXML bereits Lösungen definiert, die bei Webservices noch gefunden werden müssen.[527] Auch die Registrierung von ebXML leistet momentan noch mehr als UDDI, denn neben der Funktion von Gelben Seiten lassen sich auch spezifischere Informationen über Handelspartner, Geschäftsprozesse und Schemata für Geschäftsdokumente speichern und finden.[528] Es zeichnen sich aber schon Lösungen ab, die eine Konvergenz ermöglichen.[529]

Insgesamt gesehen haben ebXML und Webservices viel gemeinsam, beide adressieren die Integration von Geschäftsanwendungen und verwenden sowohl die grundlegenden Technologien wie XML (bspw. zur Beschreibung von Prozessdefinitionen oder zur Beschreibung der Geschäftsdaten) und das Internet zum Transport der Nachrichten als auch sehr ähnliche architektonische Konzepte (z. B. öffentliche Vereinbarungen für Prozesse und Dienste, Vereinbarungen für das Veröffentlichen und Finden von Diensten, Muster für den Nachrichtenaustausch zwischen verschiedenen Anwendungen). Während Webservices aber auf die Integration in verschiedenen Domänen ausgerichtet sind, ist ebXML einzig auf die Integration verschiedener Unternehmensanwendungen fokussiert und bietet im Gegensatz zu Webservices auch eine nahezu komplette Lösung an.[530]

Feßenbecker schließt seinen kurzen Vergleich von ebXML und Webservices mit einem Plädoyer für Wettbewerb auch beim Thema Integration: „Ein Entweder-Oder zu beschwören ist abwegig. Vielmehr werden beide Standards künftig koexistieren und sich ergänzen. Der Best-of-Breed-Ansatz gilt nicht nur für Unternehmensanwendungen, sondern auch für Integrationsverfahren.“[531]

---

[526] Vgl. Meyer, H.; Simon, P.: „EAI und Web-Services – Konkurrenz oder Ergänzung“, 2003, WWW.
[527] Vgl. Patil, S.; Newcomer, E.: „ebXML and Web Services“, 2003, S. 81.
[528] Vgl. Bosak, J. in einem Interview mit Sommergut, W.: „Web-Servives: Falle für den E-Commerce?“, 2002, WWW.
[529] Vgl. OASIS: „UDDI as the registry for ebXML Components", WWW.
[530] Vgl. Patil, S.; Newcomer, E.: „ebXML and Web Services“, 2003, S. 77-78.
[531] Siehe Feßenbecker, M.: „ebXML fasst auch in Europa Fuß“, 2003, S. 39.

4.2.3.4.3 Universal Business Language (UBL)

Mit UBL[532] kommt seit Herbst 2004 der nächste Versuch einer allgemein gültigen, also internationalen, branchenübergreifenden Standardisierung von Geschäftsdokumenten auf Basis von XML-Schemata. Ziel ist wieder der vereinfachte Informationsaustausch und die Integration verschiedener Geschäftspartner.[533] Auf Basis des etablierten Standards xCBL 3.0 spezifiziert UBL dabei eine allgemein gültige XML-Bibliothek zum einen für komplexe Geschäftsdokumente, wie Rechnung oder Bestellung, und zum anderen für feingranulare Komponenten, aus denen beliebige Geschäftsdokumente konstruiert werden können.[534] Die UBL-Architektur sieht als kleinste Bausteine also nicht Standarddokumente für Aufträge oder Rechnungen vor, sondern definiert sog. Business Information Entities (BIE), eine Bibliothek aus XML-Schemata, die jeweils einzelne Dokumentenelemente beschreiben. Dazu zählen typische Bestandteile eines Geschäftsdokuments wie Adresse, Stückzahl oder Zahlungsweise. Das frei erhältliche Paket enthält zunächst aber nur die Grundbausteine und soll Schritt für Schritt erweitert werden.[535] OASIS verzichtet dabei bewusst auf die Standardisierung ganzer Geschäftsprozesse, sie sieht in UBL aber einen ersten Schritt zur Prozessgestaltung, u. a. da diese in handhabbare Teilaufgaben zerlegt würde.[536]

Dabei ist UBL die erste standardisierte Implementierung der ebXML Core Components Technical Specification.[537] Zwischen den Core Components von ebXML und UBL bestand ursprünglich eine Konkurrenz. Beide wollten die entstandene Unübersichtlichkeit durch die Vielzahl von XML-Formaten durch eine einheitliche Sprache überwinden. Nach Ende des ebXML-Initialisierungsprojekts sollte sich die UN/CEFACT um die Weiterentwicklung semantischer Aspekte, in Form der Core Components, kümmern und OASIS fiel die Weiterentwicklung der Infrastruktur zu.

---

[532] Im Dezember 2006 wurde UBL 2.0 als OASIS-Standard angenommen. Vgl. McRae, M.: „Approval of UBL v2.0 as an OASIS Standard", 2006, WWW.

[533] Siehe OASIS: „Universal Business Language 1.0", 2004, WWW.

[534] Vgl. Waldt, D.: „UBL: A Lingua Franca for Common Business Information", 2004, WWW. Für die technische Integration setzt UBL dabei auf Webservices- oder ebXML-Standards auf. Einzelheiten sind in den UBL Naming and Design Rules (NDRs) festgelegt.

[535] Vgl. Cover Pages: „Universal Business Language (UBL) Version 1.0 Approved as an OASIS Standard", 2004, WWW. Im Mai 2006 waren sieben Schlüsseldokumente definiert. In einer zweiten Version von UBL sollen 28 Schlüsseldokumente definiert sein. Vgl. Harrington, A.: „Standard issue", WWW.

[536] Vgl. OASIS: „OASIS Universal Business Language TC – FAQ", WWW.

[537] Vgl. Cover Pages: „Universal Business Language (UBL) Version 1.0 Approved as an OASIS Standard", 2004, WWW.

Mit UBL bahnte sich eine Konkurrenz an, die aber zwischenzeitlich mit der bestehenden ebXML-Spezifikation in Einklang gebracht wurde und jetzt mit den vorhandenen ebXML-Bibliotheken, ihren Kernkomponenten, ihrem Vokabular und ihrem Aufbau abgestimmt ist. So erlaubt UBL Context-Methodology, Nachrichten in den gewünschten Kontext einzubetten.[538]

4.2.4 Die globale Umweltanalyse zur Beurteilung von EDI

Im Rahmen der strategischen Planung unterstützt das Instrument der Umweltanalyse Unternehmen bei der Evaluierung externer Chancen und Risiken. Sie setzt sich aus der Analyse der globalen Umwelt und der Analyse der Wettbewerbsumwelt, als zwei gleich bedeutenden Bestandteilen, zusammen. Nachdem der Einfluss der Wettbewerbsumwelt auf die Wahl eines Datenformats bereits im dritten Kapitel untersucht wurde, konzentriert sich der folgende Abschnitt auf die globale Umwelt.

Die Analyse der globalen Umwelt identifiziert natürliche, soziokulturelle, politisch-rechtliche, makroökonomische und technologische Faktoren, die das strategische Handeln des Unternehmens beeinflussen (siehe Abbildung 24). Ziel ist es, das externe Umfeld von Unternehmen dahingehend zu untersuchen, inwieweit sich Zeichen für eine Bedrohung des momentanen Geschäfts oder neue Chancen ergeben. Daher werden im Folgenden nicht einzelne Datenformate, sondern die generellen Rahmenbedingungen zur Realisierung von EDI, primär aus der Sicht eines Unternehmens in Deutschland, untersucht. Diesem Umweltanalyse-Verständnis liegt eine interaktive Sichtweise des Verhältnisses von Unternehmen und Umwelt zugrunde. Die interaktive Konzeption geht von interdependenten Beziehungen aus: Die Umwelt ist Restriktion des Handlungsfeldes und Gegenstand strategischer Veränderung zugleich.[539]

---

538 Vgl. Kelz, W.: „Allheilmittel? Die Universal Business Language“, 2004, WWW.
539 Vgl. Steinmann, H.; Schreyögg, G.: „Management“, 2005, S.177.

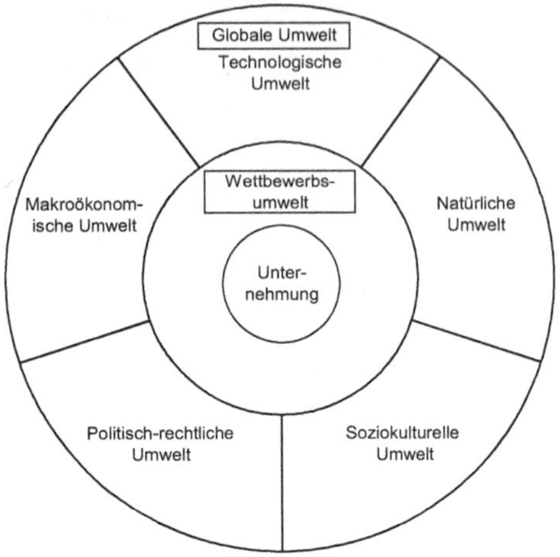

Abbildung 24: Sektoren der allgemeinen Umweltanalyse[540]

Dabei bezieht die natürliche Umwelt u. a. benötigte Rohstoffe und Abfallprodukte, die mit einem Unternehmen verbunden sind, in die Analyse ein, wohingegen der makroökonomischen Umwelt allgemeine ökonomische Einflusskräfte, wie z. B. Konjunkturprognosen, Arbeitslosenquote, Bruttoinlandsprodukt oder die Entwicklung des Ölpreises zugerechnet werden. Beide Komponenten bleiben bei der folgenden Betrachtung ausgeklammert, da sie kaum Potenzial für unmittelbar differenzierende Aussagen für die Beurteilung von EDI bieten.

4.2.4.1 Soziokulturelle Umwelt

Bei der Analyse der soziokulturellen Umwelt werden u. a. demografische Merkmale sowie vorherrschende Wertmuster und Einstellungen z. B. zur IT untersucht, die durch Erfahrung oder Erfolgserlebnisse geprägt sein können. Erschwert wird diese Analyse jedoch insbesondere durch die Schwierigkeit, einzelne Faktoren zunächst zu beobachten und anschließend zu quantifizieren, um sie einem Vergleich zugänglich zu machen.

Zur soziokulturellen Umwelt kann sowohl die Nutzung von IT zur Abwicklung geschäftlicher Aktivitäten als auch die Einführungsgeschwindigkeit solcher Technologien gezählt werden, die von der Europäischen Kommission unter dem Schlagwort

---

[540] Vgl. Steinmann, H.; Schreyögg, G.: „Management", 2005, S. 178.

E-Business-Readiness[541] erfasst werden. Der entwickelte E-Business-Readiness-Index dient in erster Linie dem Vergleich der 26 Mitgliedsstaaten der EU. Deutschland nimmt sowohl in der Nutzung als auch in der Einführungsgeschwindigkeit von IT einen vorderen Platz hinter den skandinavischen Ländern ein, wobei allen Ländern in Europa eine gestiegene E-Business-Readiness attestiert wird.[542]

Als soziokultureller Einflussfaktor auf EDI kann des Weiteren die Computerakzeptanz, als Basistechnologie für EDI und rechnergesteuerte Prozesskoordination, herangezogen werden. Computer und IT können heute, im Gegensatz zu Zeiten des beginnenden EDI, als bekannt und akzeptiert angesehen werden. Auch die schnelle Verbreitung des Internets sowohl im privaten als auch im beruflichen Bereich erweitert die Vertrautheit und die Akzeptanz der Verwendung von Datennetzen. Parallel dazu steigt auch der Anteil von Personen, die Kaufs- und Verkaufsaktivitäten über das Internet abwickeln. In Unternehmen entstehen Akzeptanzprobleme heute weniger aus der Technologie selbst als vielmehr aus den mit der Einführung verbundenen organisatorischen Veränderungen.[543]

4.2.4.2 Politisch-rechtliche Umwelt

Bei der Betrachtung der politisch-rechtlichen Umwelt werden gesetzliche Rahmenbedingungen als Ausdruck des politischen Willens in den strategischen Planungsprozess einbezogen. Im Bereich der Datenformate macht sich die enge Verbindung zwischen politisch-rechtlicher Umwelt und den Entscheidungen eines Unternehmens z. B. darin bemerkbar, dass elektronisch abgeschlossene Verträge nur unter bestimmten Voraussetzungen für verbindlich erklärt werden, sich Zollbestimmungen für den Im- und Export ändern, Gefahrenklassenzuordnungen neu geregelt werden, Umweltauflagen hinzukommen, Änderungen der Besteuerung berücksichtigt werden müssen etc. Berücksichtigt man neben nationalen auch internationale Bestimmungen, wird die Abbildung der Vorschriften in Datenformaten beliebig komplex und auf-

[541] Bei E-Business-Readiness handelt es sich um ein multi-dimensionales Konstrukt, das neben der Computerakzeptanz auch Aspekte der Technologieverbreitung und rechtlichen Rahmenbedingungen berücksichtigt. Vgl. Pennoni, F.; Tarantola, S.: „The European e-business readiness index - based on the year 2004 data of 26 countries", 2005, WWW.

[542] Vgl. Pennoni, F.; Tarantola, S.: „The European e-business readiness index – based on the year 2004 data of 26 countries", 2005, WWW. Für einen weltweiten Vergleich vgl. Economist Intelligence Unit: „The 2005 e-readiness rankings", WWW.

[543] Vgl. Kersten, W.: „Geschäftsmodelle und Perspektiven des industriellen Einkaufs im Electronic Business", 2001, S. 28.

grund der Dynamik zu einer Daueraufgabe, was für flat-file- wie für XML-basierte Datenformate gleichermaßen zutrifft.

Beide Technologien profitieren von der gestiegenen (zunächst europäischen) Rechtssicherheit im elektronischen Geschäftsverkehr. Für Verträge im elektronischen Geschäftsverkehr bedarf es der Schriftform und einer Urkunde, um zwei korrespondierende Willenserklärungen, Angebot und Annahme, abzugeben. Eine Urkunde wird als verkörperte Gedankenerklärung definiert, die zum Beweis im Rechtsverkehr geeignet und bestimmt ist und einen Aussteller erkennen lässt. Verkörperung bedeutet, dass die Urkundensubstanz nicht flüchtig sein darf (Perpetuierungsfunktion, fehlt z. B. bei Schrift im Sand). Beweiseignung bedeutet, dass die Urkunde in einem Prozess zumindest grundsätzlich – und sei es auch nur mitbestimmend – die Entscheidung beeinflussen kann und das nach dem Willen des Ausstellers auch soll (Beweisfunktion, Beweisbestimmung). Aus ihr muss zumindest ein Aussteller als konkrete Person hervorgehen (Garantiefunktion).[544]

Hinsichtlich der rechtlichen Rahmenbedingungen, deren Anpassungsprozess an den elektronischen Geschäftsverkehr in der Schuldrechtsreform seinen vorläufigen Abschluss gefunden hat, hat Deutschland gute Voraussetzungen geschaffen. Das E-Commerce-Gesetz (auch Elektronischer Geschäftsverkehr-Gesetz: EGG) setzt die EU-Richtlinie zum elektronischen Handel in deutsches Recht um. Mit dem Signaturgesetz (SigG) und der zugehörigen Signaturverordnung (SigV), der steuerlichen Anerkennung elektronischer Abrechnungen für Zwecke des Vorsteuerabzugs,[545] der Abschaffung des Rabattgesetzes sowie Bestimmungen für öffentliche Ausschreibungen über das Internet wurden weitere wichtige Grundlagen geschaffen.[546]

Das Schutzziel Verbindlichkeit kann zwischen den Vertragspartnern durch Verwendung von SigG-konformen Signaturen erreicht werden. Allerdings ist eine umfassende Trust-Service-Infrastruktur, die die Verwaltung von SigG-konformen Signaturen bereitstellen würde, nicht vorhanden und wird wohl auch in absehbarer Zeit nicht zur

[544] Vgl. Kordey, N.; Selhofer, H.: „Stand und Entwicklungsperspektiven des elektronischen Geschäftsverkehrs in Deutschland, Europa und den USA (1999-2001)“, 2002, S. 74.

[545] Diesbezüglich ist auf die Einhaltung der Grundsätze zum Datenzugriff und zur Prüfbarkeit digitaler Unterlagen (GDPdU) zu achten.

[546] Vgl. Kordey, N.; Selhofer, H.: „Stand und Entwicklungsperspektiven des elektronischen Geschäftsverkehrs in Deutschland, Europa und den USA (1999-2001)“, 2002, S. 74.

Verfügung stehen.[547] Ein Schritt zur Standardisierung international anerkannter Signaturen, die es ermöglichen, elektronisch signierte Daten in Massenverarbeitung kostengünstig und ohne menschlichen Eingriff zu verarbeiten, ist ISIS-MTT (Industrial Signature Interoperability Specification - Mailtrust-Spezifikation), auf dessen Basis die Gültigkeit und Authentizität von Zertifikaten signierter Daten beim Aussteller der Zertifikate überprüft werden kann.

Bezüglich des Beweiswertes elektronischer Signaturen schuf der deutsche Gesetzgeber schon 1997 mit § 1 Abs. 1 SigG 1997 eine Sicherheitsvermutung, wonach diese Signaturen, die den Rahmenvorgaben des SigG entsprechen, als sicher gelten können. Nach Novellierung des Signaturgesetzes im Mai 2001 und Verabschiedung des Formanpassungsgesetzes wurde zum 2001-08-01 mit § 292a ZPO eine Beweisregel eingeführt, wonach bei einer in elektronischer Form (§ 126a BGB) vorliegenden Willenserklärung der Anschein bezüglich Echtheit und Abgabe dieser Willenserklärung gesetzlich angeordnet wird.[548] Die Beweisregel des § 292a ZPO kommt dabei nur bei qualifizierten elektronischen Signaturen und qualifizierten elektronischen Signaturen mit Anbieter-Akkreditierung zur Anwendung. Jungermann kommt bei seiner Analyse des Beweiswerts elektronischer Signaturen zum Schluss, dass es sich bei § 292a ZPO um eine Beweislastumkehr mit reduzierter Wirkung handele. Dieser Terminus solle den Unterschied zum Beweis des Gegenteils (§ 292 ZPO) und zum Gegenbeweis darstellen. Letzen Endes hänge die Beweislast mit reduzierter Wirkung aber nach wie vor von der freien richterlichen Würdigung ab. Dennoch attestiert er qualifizierten elektronischen Signaturen einen deutlichen Vertrauensbonus durch den Gesetzgeber.[549] Es ist zu beachten, dass maschinell erzeugte Zertifikate z. Z. nicht den Anforderungen des SigG entsprechen. Die Verbindlichkeit wird dann durch bila-

---

547 Vgl. Tauschek, P.: „Zur Problematik der Existenz mehrerer heterogener Trust-Service-Infrastrukturen", 2002, S. 9.

548 Vgl. Jungermann, S.: „Der Beweiswert elektronischer Signaturen", 2003, S. 69.

549 Vgl. Jungermann, S.: „Der Beweiswert elektronischer Signaturen", 2003, S. 72. Die Bundesnetzagentur, Nachfolgerin der Regulierungsbehörde für Telekommunikation und Post (RegTP), als zuständige Behörde gemäß § 3 SigG, in Zusammenarbeit mit dem Bundesamt für Sicherheit in der Informationstechnik, legt fest, welche Methoden bis wann als sicher angesehen werden können. Die Bundesnetzagentur veröffentlicht gemäß Anlage 1 SigV im Bundesanzeiger eine Übersicht über die Algorithmen und zugehörigen Parameter, die zur Erzeugung von Signaturschlüsseln, zum Hashen zu signierender Daten oder zur Erzeugung und Prüfung qualifizierter elektronischer Signaturen als geeignet anzusehen sind, sowie den Zeitpunkt, bis zu dem die Eignung jeweils gilt. Der Grund dafür ist die Annahme, dass die Komplexität und damit die Sicherheit der zur Erstellung genutzten Methoden durch den Fortschritt der Technik und der Rechenleistung gefährdet sind und Signaturen in der Zukunft gefälscht werden könnten. Auf die Sicherheit einer konkreten Implementierung in Hard- und Software wird im Rahmen von § 15 Abs. 7 und § 17 Abs. 4 SigG eingegangen.

terale Verträge bspw. zwischen Marktplatzteilnehmern und -betreiber gewährleistet.[550]

Welche Dokumentenarten welcher Signaturstufe zuzuordnen sind, regelt u. a. das Formanpassungsgesetz. Im Falle von elektronischen Rechnungen sind das Steueränderungsgesetz 2001 sowie die Abgabenordnung maßgeblich. Besonders hohe Anforderungen ergeben sich daraus für elektronische Rechnungen. Für diesen Dokumenttyp wird der Einsatz qualifizierter Signaturen mit Anbieterakkreditierung wohl insbesondere zur Vermeidung eines Umsatzsteuerbetrugs verlangt. Unverständlich ist die Ungleichbehandlung verschiedener Dokumentenarten. Denn für andere geschäftsrelevante Dokumente wie z. B. Angebote, Auftragsbestätigungen, insgesamt sogar die meisten Vertragsformen, sind keine gesetzlichen Formvorschriften vorgesehen. So lassen sich Aufträge in Millionenhöhe einfach per unverschlüsselter und unsignierter E-Mail bestätigen; auch genügt es, den entsprechenden Kaufvertrag einfach durch die Eingabe der Kontoangaben für die Abbuchung in einem Online-Formular abzuschließen.[551]

Die gestiegene Rechtssicherheit gilt auch für Verträge zwischen Unternehmen und externen Dienstleistern zur Abwicklung elektronischer Transaktionen. Dabei ist zu beachten, dass Diensteanbieter im B2B-Bereich den rechtlichen Anforderungen des Landes unterworfen sind, in dem sie ihren Sitz haben, und zwar auch dann, wenn sie ihre Dienste in anderen europäischen Staaten anbieten.[552]

Für eine juristische Betrachtung eignen sich in erster Linie explizite Verträge. Da aber die Effizienz expliziter Verträge im internationalen bzw. interkulturellen Kontext aufgrund der mit unterschiedlichen nationalen Rechtsordnungen verbundenen Prob-

---

550 Vgl. Eckert, S. u. a.: „Sichere Kopplung von ERP-Systemen und elektronischen Marktplätzen", 2002, S. 14.

551 Vgl. Merz, T.: „Sicherer als Papier", 2002, WWW.

552 Diensteanbieter ist jede natürliche oder juristische Person, die eigene oder fremde Teledienste zur Nutzung bereit hält oder den Zugang zur Nutzung vermittelt (§ 3 TDG). Teledienste sind alle elektronischen Informations- und Kommunikationsdienste, die für eine individuelle Nutzung von kombinierbaren Daten wie Zeichen, Bilder oder Töne bestimmt sind und denen eine Übermittlung mittels Telekommunikation zugrunde liegt (Legaldefinition in § 2 Abs. 1 TDG). Vgl. Bundesministerium für Wirtschaft und Technologie: „E-Commerce und Recht", WWW. Auch die EU-Dienstleistungsrichtlinie, die vom Europäischen Parlament am 2006-02-16 in erster Sitzung angenommen wurde und nach der das sog. Herkunftslandprinzip (jetzt freier Dienstleistungsverkehr) deutlich gelockert wurde, nimmt Dienstleistungen und Netze der elektronischen Kommunikation von der Richtlinie aus. Vgl. Europäisches Parlament: „Ein großer Schritt nach vorne für den freien Dienstleistungsverkehr", 2006, WWW.

leme tendenziell abnimmt, steigt hier der Bedarf an Vertrauen im Sinne einer riskanten Vorleistung. Andererseits wird die Vertrauensbildung durch die unterschiedlichen kulturellen Hintergründe und Kommunikationsprobleme erschwert.[553] Die Zertifizierung nach bestimmten Gütesiegeln als vertrauensbildende Maßnahme eignet sich zum Schließen von Gesetzeslücken,[554] wie es früher durch einen EDI-Rahmenvertrag[555] möglich war.[556]

Obwohl die immer wieder geäußerte These, die EDI-Diffusion gestalte sich aufgrund der unzureichenden rechtsverbindlichen und beweissicheren Voraussetzungen so schleppend, anhand von Praxisfällen nicht bestätigt werden kann,[557] trägt die gestiegene Rechtsverbindlichkeit zum Abbau von Hemmnissen beim elektronischen Handel bei.

4.2.4.3 Technologische Umwelt

Die technologische Umwelt umfasst die Bereiche Technik und Naturwissenschaft. Da die Verwendbarkeit von Technologien im eigenen Unternehmen bzw. in der eigenen Branche oft nur schwer vorhersehbar ist, muss die Beobachtung generell branchenübergreifend und international ausgerichtet sein. Es gilt technologische Entwicklungen auf ihre Anwendbarkeit und strategische Bedeutung hin zu überprüfen. Gerade die erstmalige Anwendung von Technologien in einer Branche bzw. das Erkennen des Marktpotenzials z. B. für eine bestimmte Zielgruppe ist ein kreativer Prozess.

Im Rahmen dieser Untersuchung interessiert in erster Linie die Veränderung der technologischen Umwelt im Bereich der IT und hier im Speziellen inhärente technische Unterschiede zwischen Flat-file-EDI und XML-EDI sowie Unterschiede der technischen Rahmenbedingungen, insbesondere die zur Verfügung stehenden Datennetze.

---

553 Vgl. Picot, A.; Reichwald, R.; Wigand, R. T.: „Die grenzenlose Unternehmung", 2003, S. 138.
554 Vgl. Hladjk, J.: „Qualität und Effektivität von Gütesiegeln", 2002, S. 597-600.
555 Vergleichbare Verträge wurden z.B. von American Bar Association oder der Internationalen Handelskammer vorgeschlagen.
556 Aufgrund der Vielzahl nationaler und internationaler Gütesiegel mit sehr unterschiedlichen Prüfbereichen und -verfahren ist der Markt für Gütesiegel aber nach wie vor undurchsichtig und führt zur Verunsicherung z. B. bei Betreibern und Kunden elektronischer Marktplätze. In Deutschland versucht die Initiative D21, sich über eine Vereinheitlichung zu verständigen. Vgl. Roos, U.; Schwonbeck, S.: „Trau, schau, wem!", 2001, S. 100 und o. V.: „Gütesiegelportal", WWW.
557 Vgl. Ballnus, R.: „Erfolg mit EDI und E-Commerce, 2000, S. 274.

4.2.4.3.1 Vergleich von Flat-file- und XML-EDI

Aufgrund der in der Regel aufwändigen Einführung und Unterhaltung von Flat-file-EDI-Systemen eignen sich diese bislang in erster Linie für Unternehmen, die eine Vielzahl von gleichartigen Dokumenten austauschen. Die Vorteile von Flat-file-EDI liegen in der Reife der Technologie. Es bestehen etablierte und rechtlich verbindliche Verfahren zur Umsetzung des elektronischen Datenaustauschs, ggf. mit Hilfe eines externen Dienstleisters im Rahmen eines Outsourcingabkommens, und zur Weiterentwicklung der verwendeten Formate durch etablierte Standardisierungsinstitutionen. Aufgrund seiner Kompaktheit ist Flat-file-EDI zudem für zeitkritische Anwendungen und beim Massenversand von Nachrichten empfehlenswert.

XML eröffnet nun die Chance, eine neue Anwendergruppe am EDI teilhaben zu lassen, weil sich nun auch kleinere Geschäftspartner in den elektronischen Datenaustausch einbinden lassen, ohne dass größere Investitionen in Hard- und Software anfallen.[558] Aufgrund der hohen Verbreitung von XML und der Verfügbarkeit vergleichsweise günstiger XML-Entwickler sind die Leistungen als weniger spezifisch einzuordnen. Darüber hinaus wird beim Einsatz von XML weniger spezielle Software gefordert, da unterschiedliche Formate bspw. technologieimmanent über XSLT und nicht über teure Konverter umzuwandeln sind. Als Folge entstehen niedrige Kosten für die Teilnahme am unternehmensübergreifenden elektronischen Geschäftsverkehr und für die Wartung des Systems. Diese Faktoren führen zu einer Verringerung der Bedeutung von Datenformaten als Markteintrittsbarriere,[559] sodass XML-basierten Datenformaten bei der Ersteinrichtung von EDI teilweise der Vorzug gegeben wird, wobei aber insgesamt Flat-file-EDI-Projekte überwiegen.[560] Auch in Zukunft ist also nicht zu erwarten, dass Flat-file-EDI vom Markt verschwinden wird. Erwartet wird ein jährliches Wachstum um 15% auf über 800 Mrd. Euro in 2006.[561] Für den Erhalt von Flat-file-EDI spricht ferner, dass Konverter beide Technologien verknüpfen und so einen Wechsel nicht zwingend notwendig machen.

---

558 Die Auswirkungen für bisherige EDI-Dienstleister und VAN-Anbieter diskutiert Hackmann. Vgl. Hackmann, J.: „EDI-Provider müssen sich wandeln“, 2002, S. 38.

559 Vgl. Buxmann, P.; Ladner, F.; Weitzel, T.: „Anwendung der Extensible Markup Language (XML): Konzeption und Implementierung einer WebEDI-Lösung“, 2001, S. 266-267.

560 Vgl. Berlecon Research: „E-Business-Standards“, 2003, S. 117.

561 Vgl. IDC: „EDI, the Grandfather of B2B, Set to Continue to Drive Commerce Value in Europe Between 2002 and 2006“, 2002, WWW.

Die relativ einfache Spezifikation XML-basierter Geschäftsdatenformate ist zwar positiv, weil sie das schnelle und kostengünstige Erstellen ermöglicht, sie wird aber andererseits durchaus kritisch gesehen, da sie zu einer Vielzahl von Datenformaten geführt hat und dadurch Standardisierungsprobleme eher verschärft hat.[562]

Buxmann u. a. fassen die Vorteile von XML- gegenüber Flat-file-EDI in Bezug auf den strukturierten Datenaustausch in fünf Thesen zusammen.[563] XML

- öffnet Netze, insbesondere durch geringe Kosten für die benötigte Software, wobei im einfachsten Fall lediglich ein Browser zum Empfangen von Geschäftsdokumenten notwendig ist,
- erleichtert die Weiterverarbeitung von Daten, durch die Verfügbarkeit von Programmierschnittstellen und frei verfügbaren XML-Prozessoren,
- führt zu höherer Flexibilität durch leicht zu ändernde Vorlagen und die einfache Abbildung verschiedener EDI-Formate,
- erleichtert die Konvertierung zwischen Formaten, da auf der Basis von XSLT Umwandlungen in andere XML-Standards und Fremdformate vorgenommen werden können,
- senkt die Kommunikationskosten, insbesondere durch die Nutzung des Internets.

4.2.4.3.2 Das Internet als günstige und globale Infrastruktur

Im Rahmen der globalen Umweltanalyse kommt neben der Analyse der konkreten technologischen Unterschiede zwischen Flat-files und XML für EDI der Betrachtung der notwendigen Infrastruktur, hier in Form elektronischer Netze, entscheidende Bedeutung zu. Das Internet als universell verfügbare Kommunikationsinfrastruktur mit seinen freien technischen und syntaktischen Standards und der umfassende Unterstützung durch Softwarelösungen und -systeme leistet einen zentralen Beitrag zur Verbreitung von elektronischem Datenaustausch und eröffnet neue Möglichkeiten regionalen und globalen Handels.[564] Es liefert eine Infrastruktur für neue Formen der Kooperation mit Geschäftspartnern, die für viele Unternehmen eine wesentliche Grundlage langfristiger Wettbewerbsvorteile darstellen werden, z. B. zur Erstellung

---

562 Vgl. Knox, R.: „Here's What's Wrong With XML-Defined Standards“, 2002, WWW.

563 Vgl. Buxmann, P.; Ladner, F.; Weitzel, T.: „Anwendung der Extensible Markup Language (XML): Konzeption und Implementierung einer WebEDI-Lösung“, 2001, S. 266.

564 Vgl. Sammut-Bonnici, T.; McGee, J.: „Network strategies for the new economy“, 2002, S. 174-175; Esswein, W.; Zumpe, S.: „Realisierung des Datenaustauschs im elektronischen Handel“, S. 260.

und Pflege gemeinsamer Informations- oder Wissensbestände und dadurch zur Nutzung von Skaleneffekten.[565]

Wegen der zunächst militärischen und universitären Nutzung des Internets unterstützte die Regierung der USA den Aufbau zu einer nationalen Infrastruktur. Erst später wurde diese für den elektronischen Handel, für die Kommunikationsbedürfnisse amerikanischer Behörden, aber auch für Ausbildung, Kultur und Unterhaltung verwendet. Diesbezüglich wurden allein für die zweite Hälfte der neunziger Jahre bis zu 50 Mrd. Dollar veranschlagt.[566] Die US-Regierung sponserte somit gewissermaßen das Internet.[567] Kommerzielle Datennetze kamen nicht in den Genuss einer solchen Unterstützung und mussten sich voll refinanzieren und wirtschaftlich betrieben werden, um langfristig am Markt zu bleiben. Heute haben anerkannte Organisationen wie die Internet Engineering Task Force (IETF) für das Internet allgemein und z. B. das Word Wide Web Consortium (W3C) für das WWW richtungweisenden Charakter. Das W3C ist ein Zusammenschluss wichtiger Softwarehersteller und Netzwerkausrüster, deren Hauptanliegen die Standardisierung ist. Das Gremium hat bewiesen, dass es auch gegensätzliche Interessen ausgleichen kann und wird aufgrund seiner Fähigkeit, schnelle, akzeptierte Lösungen zu präsentieren, als eine Stärke des Internets angesehen.[568]

Des Weiteren ist TCP/IP seit langem fester Bestandteil mitgelieferter Systemsoftware aller relevanten Computersysteme. Die zugrunde liegende Technologie ist auch für Kommunikationsnetze innerhalb von Unternehmen (Intranet) verbreitet, sodass der Aufwand für den Anschluss eigener Rechner an das Internet minimiert ist. Die Internet- bzw. Intranetfähigkeit ist zum notwendigen Produktmerkmal im Bereich der Datenkommunikation geworden.

Im Vergleich zu den variablen Kosten, die an VANs (Value Added Networks) zu zahlen sind, ein Preismodell, bei dem Gebühren z. B. pro tausend übertragener Zeichen

---

565 Vgl. Frank, U.: „Standardisierungsvorhaben zur Unterstützung des elektronischen Handels: Überblick über anwendungsnahe Ansätze“, 2001, S. 283.
566 Vgl. Klein, S.: „Interorganisationssysteme und Unternehmensnetzwerke“, 1996, S. 23 sowie dort angegebene vertiefende Literaturhinweise.
567 Vgl. Evans, P.; Wurster, T. S.: „Blown to Bits“, 2000, S. 178.
568 Vgl. Arndt, T.: „Erfolgreich auf B2B-Marktplätzen“, 2002, S. 231.

anfallen, sind diese Kosten bei Nutzung des Internets nahe null,[569] was zur Folge hatte, dass viele VANs ihr Preismodell änderten. Neben Preissenkungen führten sie bspw. auch zeit- und volumenunabhängige Tarife ein.[570] Das Internet kann so gleichzeitig für den Erhalt von VAN-gebundenem Flat-file-EDI sprechen. Auch die Möglichkeit Flat-file-EDI-Nachrichten über das Internet zu versenden, erhöht den Preisdruck auf die VANs.

Gleichzeitig kann die traditionelle Nutzung von VANs zu den Vorteilen von Flat-file-EDI gezählt werden, da dies im Gegensatz zum Transport über das Internet eine hohe Zuverlässigkeit sowie eindeutige Zuständigkeiten und Verantwortungsbereiche garantiert. Trotz der Existenz von als sicher geltenden internetbasierten VPNs (Virtual Private Network) werden VANs immer noch eine höhere Datensicherheit zugesprochen.[571] Zudem haben sie eine bessere Skalierbarkeit und Vorteile bei der Anwenderbetreuung, sodass mittelfristig von einer Koexistenz beider Transportvarianten ausgegangen werden kann.[572] XML-Nachrichten können zwar auch über VANs übermittelt werden, führen dann aber bei einem entsprechenden Preismodell aufgrund ihrer Größe zu erheblichen Kommunikationskosten.

Insgesamt zeichnet sich ein Trend zur internetbasierten Integration ab.[573] Gerade für kleine und mittlere Unternehmen kommt für die Nachrichtenübertragung praktisch nur das Internet mit seinen verschiedenen Diensten und Zugangswegen in Frage, da hier aufgrund der hohen Verbreitung, Verfügbarkeit und dem Standardisierungsgrad der geringste Aufwand für den Aufbau einer elektronischen Geschäftsbeziehung notwendig ist. Das ubiquitäre, multimediale Internet erweist sich auch hier als starke Antriebskraft für XML.

---

569 Vgl. Buxmann, P.; Ladner, F.; Weitzel, T.: „Anwendung der Extensible Markup Language (XML): Konzeption und Implementierung einer WebEDI-Lösung“, 2001, S. 266.

570 Vgl. Kotok, A.: „XML and EDI Lessons Learned and Baggage to Leave Behind“, 1999, WWW. Zum gleichen Ergebnis kommen auch Hasenkamp / Stemmann bei einer Untersuchung zum Preis-/Leistungsvergleich von X.400-Dienstleistungen. Danach lässt der harte Wettbewerb auf dem Messaging-Markt Preisstrukturmodelle der Anbieter relativ werden, da der Markt sehr dynamisch und Preise verhandelbar seien. Vgl. Hasenkamp, U.; Stemmann, B.: „Preis-/Leistungsvergleich von X.400-Dienstleistungen verschiedener Anbieter“, 2000.

571 Vgl. Buxmann, P.; Ladner, F.; Weitzel, T.: „Anwendung der Extensible Markup Language (XML): Konzeption und Implementierung einer WebEDI-Lösung“, 2001, S. 266.

572 Vgl. Hasenkamp, U.; Stemmann, B.: „Preis-/Leistungsvergleich von X.400-Dienstleistungen verschiedener Anbieter“, 2000.

573 Vgl. Fricke, M. u. a.: „EDI and Business-to-Business Systems: The Status Quo and the Future of Business Relations in the European Automotive Industry”, 2002, S. 10; Otto, B. u. a.: „E-Business-Standards“, 2002, S. 28.

4.3 Zwischenergebnis: Gestiegene Chancen für EDI bei Koexistenz von Flat-file- und XML-EDI und Integration als Daueraufgabe

Nachdem in den letzten Jahren Erfahrungen mit elektronischem Datenaustausch, mit Anwendungs- und Prozessintegration, auch unternehmensübergreifender, gesammelt wurden, steht XML für einen Neubeginn im unternehmensübergreifenden Datenaustausch und der unternehmensübergreifenden Prozessintegration auf Basis des Internets. Die Grenzen der bisherigen Technologien und Fehleinschätzungen der Vergangenheit sind weitestgehend bekannt und akzeptiert, sodass in XML auch eine gewisse Chancengleichheit für die Beteiligten gesehen wird, da proprietäre elektronische Geschäftsverbindungen als Eintrittsbarriere an Bedeutung verlieren.

Sowohl aus technischer als auch aus betriebswirtschaftlicher Sicht rechtfertigen ausgereifte, implementierte Flat-file-Lösungen sowie die Nachteile von XML auch weiterhin den Einsatz beider Technologien. Bei der Auswertung einer Expertenbefragung bzgl. der Bewertung von Transaktionsstandards bescheinigte Berlecon Research der Diskussion über die Vorteile der einen oder anderen Technologie einen eher dogmatischen Charakter. Vor- und Nachteile der jeweiligen Technologie höben sich gegenseitig auf, sodass eine parallele Existenz verschiedenster Technologien und Standards vorhergesagt wird.[574]

Bislang entwickelten sich Flat-file- und XML-EDI weitgehend getrennt von einander. Zukünftig ist gleichwohl mit einem Zusammenwachsen beider Welten zu rechen. Dies erschließt einerseits kleinen Unternehmen, die bislang die Investitionen in EDI gescheut haben, die Möglichkeit, nun auch mit Partnern, die EDI verlangen, geschäftliche Transaktionen abzuwickeln. Andererseits können Konzerne, die Flat-file-EDI bereits eingeführt haben, den Kreis ihrer potenziellen Lieferanten und Abnehmer mit XML-EDI vergrößern. Allein der Investitionsschutz für bestehende Flat-file-EDI-Systeme wird eine schnelle Substitution solcher Systeme durch XML verhindern. Hinzu kommt, dass viele IT-Manager, deren Aufgabe die Installation und Wartung von Flat-file-EDI-Systemen ist, sich vehement gegen einen schnellen Umstieg wehren werden. Zu erwarten ist daher auch von dieser Seite aus betrachtet ein Zusammenwachsen. Bestehende EDI-Systeme werden XML-Erweiterungen erfahren und

---

[574] Vgl. Berlecon Research: „E-Business-Standards in Deutschland", 2003, S. 84-85.

so insbesondere die Vorteile schneller, flexibler und individueller Erweiterungen in ihren Systemen anbieten.[575]

Der heterogene Charakter vieler IT-Umgebungen für Geschäftsanwendungen, hervorgerufen durch beständige Änderungen im Bereich Technologie, Produktentwicklung, Organisationsgestaltung und sonstige neue Anforderungen an Unternehmen, bedeuten einen bleibenden Bedarf nach Integration.[576] Insgesamt kann die Integration neuer Datenformate als Daueraufgabe aufgefasst werden. Im Zentrum steht dabei immer die eigene Geschäftsfeldstrategie, die sowohl vom Markt als auch von den eigenen Ressourcen bestimmt ist. Die Wahl der Datenformate erfolgt aus einem Pool von bekannten Datenformaten, wenn ihnen eine Supportfunktion beigemessen wird. Sie ist von technischen Charakteristika, z. B. Größe oder Unterstützung durch vorhandene IT, deren Verbreitungsgrad, z. B. Verwendung bei wichtigen Handelspartnern oder auf einem bestimmten elektronischen Marktplatz, und des Angebots an Komplementärgütern, z. B. Beratungs- oder sonstigen Dienstleistungen bestimmt. Sobald in der Abbildung von Prozessen eine Kernfunktion gesehen wird, erfolgt entweder eine Adaption bestehender oder die Entwicklung neuer Datenformate.[577]

Aufgrund des dynamischen Charakters wird das jeweils aktuelle Format an Bedeutung verlieren und Werkzeuge zur Integration werden ins Zentrum des Interesses rücken.[578] Es gilt die IT-Systeme so flexibel wie möglich zu gestalten und eine möglichst große Effizienz bei der Integration neuer Datenformate zu erreichen,[579] indem bspw. bei zukünftig zu entwickelnden Formaten auf einen möglichst geringen Konvertierungsaufwand zwischen bereits vordefinierten Formaten und abweichenden Anforderungen geachtet wird.[580]

---

575 Vgl. Vollmer, K.: „Don't Believe The Hype: EDI And XML Are Just Perfect Together", WWW.
576 Siehe Vinoski, S.: „It's Just a Mapping Problem", 2003, S. 88.
577 Vgl. Hasselbring, W.: „Web Data Integration for E-Commerce Applications", 2002, S. 20. Hasselbring plädiert für ein Gegenstromverfahren bei der Implementierung elektronischer Geschäftsbeziehungen. Während er die Verwendung eines vorhandenen Standards als Top-down-Verfahren einstuft, ist die Entwicklung eines individuellen Austauschformats ein Bottom-up-Vorgehen.
578 Siehe Jones, M.: „X12 EDI: It's Not Dead Yet", 2005, WWW.
579 Siehe Vinoski, S.: „It's Just a Mapping Problem", 2003, S. 90.
580 Vgl. Zumpe, S.; Esswein, W.: „Konzeptuelle Schnittstellenanalyse von eCommerce Applikationen", 2002, S. 70.

5 Elektronische Marktplätze als Standard, Integrator sowie institutionelle und technische Zentrale virtueller Unternehmen

Die Diskussion der Vor- und Nachteile verschiedener Technologien zur Umsetzung von EDI hat zum Ergebnis geführt, dass keiner Technologie ein genereller Vorteil zugesprochen werden kann, der es rechtfertigt, dieser grundsätzlich den Vorzug zu geben. Unterschiedliche Anforderungen und Rahmenbedingungen lassen mal die eine, mal die andere Technologie vorteilhafter erscheinen und können auch zur Notwendigkeit führen, beide Varianten zu unterstützen. Allerdings haben sich die Rahmenbedingungen für EDI und elektronischen Handel in den letzten Jahren insgesamt gesehen erheblich gebessert. Im Folgenden werden daher wieder verstärkt betriebswirtschaftliche Aspekte bei der Realisierung elektronischen Handels und der Auswahl geeigneter Datenformate betrachtet. Die zentrale Fragestellung bleibt: Wie lässt sich Netznutzen bei gegebener Heterogenität und der Notwendigkeit zur Differenzierung realisieren?

Eine mögliche Antwort sind elektronische Marktplätze, die für viele Unternehmen Realität im Wettbewerbsprozess geworden sind. Als fassbare Orte des Zusammentreffens von elektronischem Angebot und elektronischer Nachfrage reduzieren sie dabei die vorhandene Komplexität, indem sie Angebot und Nachfrage in konkreten Datenformaten abbilden. Die vielfältigen Funktionen und Leistungen elektronischer Marktplätze, die untereinander im Wettbewerb stehen und sich durch ein individuelles Angebot im Wettbewerb behaupten wollen, führen dabei aber zur Anwendung unterschiedlicher Datenformate. Die Entscheidung für einen bestimmten Marktplatz ist daher zunächst eng mit der Wahl eines Standards für Geschäftdatenformate verbunden. Im Anschluss daran wird in einer erweiterten Betrachtung elektronischer Marktplätze die enge Verbindung zwischen diesen und virtuellen Unternehmen aufgezeigt. In einer von Dynamik geprägten Umwelt gelten virtuelle Unternehmen als eine mögliche Organisationsform zur Koordination unternehmensübergreifender wirtschaftlicher Aktivitäten. Kennzeichnend für diese sind neben einem starken IT-Bezug, ein dynamischer Charakter sowie eine ausgeprägte Vertrauenskultur unter den Mitgliedern. Zur technischen und organisatorischen Integration und Koordination der Mitglieder kann ein elektronischer Marktplatz eine geeignete Plattform bieten. Schon für den Anschluss an einen elektronischen Marktplatz sind Integrationsdienste meist unvermeidbar. Die Notwendigkeit verstärkt sich bei der Geschäftsabwicklung über verschiedene elektronische Marktplätze. Daher werden im letzten Teil des Kapitels Aspekte diskutiert, die bei der Auswahl und dem Betrieb eines Integrationsservers eine wichtige Rolle spielen. Für das Unternehmen stellt sich bspw. die Frage, ob diese Dienste selbst oder durch einen Dienstleister erbracht werden.

5.1 Angebot und Nachfrage auf elektronischen Marktplätzen

Auf elektronischen Marktplätzen werden Angebot und Nachfrage konkretisiert und in reale Verträge überführt. Nach einer grundlegenden Begriffsklärung und der Gegenüberstellung der Positionen der Marktplatzbetreiber und der Marktplatzteilnehmer werden insbesondere verschiedene Funktionen elektronischer Marktplätze aufgezeigt, die im Wettbewerb stehende Marktplätze in vielfältigen Ausprägungen erfüllen. Die elektronische Abbildung einzelner Funktionen, die zudem im Zeitablauf einer Dynamik unterliegt, erfolgt dabei in unterschiedlichsten Datenformaten. Technische Grundlage von Marktplätzen und somit der Abbildung der einzelnen Funktionen sind Marktplatzsysteme, deren Erfolgsfaktoren am Ende des Unterkapitels dargestellt werden.

5.1.1 Begriffe und Klassifikation elektronischer Marktplätze

Man spricht von einem elektronischen Markt, sobald die Informations- und die Vereinbarungsphase einer Transaktion durch IT unterstützt werden.[581] Elektronische Marktplätze sind konkrete wirtschaftliche Objekte, die es Käufern und Verkäufern ermöglichen, Phasen einer Transaktion durchzuführen[582] und insbesondere die Möglichkeit zum Vertragsabschluss bieten.[583] Sie sind als Intermediäre zwischen Käufer und Verkäufer geschaltet und haben generell die Aufgabe, Inkompatibilitäten zwischen Handelspartnern zu überbrücken. Dabei können sich die Inkompatibilitäten auf physische Güter, Kapital, Dienstleistungen und Informationen, die in der Regel in Datenformaten abgebildet sind, beziehen.[584] Den elektronischen Marktplätzen kommt dabei zunehmend eine bedeutende Rolle als Drehscheibe zwischen Zulieferern und

---

581 Vgl. Schmid, B.: „Elektronische Märkte“, 1993, S. 468.

582 Synonym wird der Begriff Handelsplattform für das wirtschaftliche Objekt zur Transaktionsunterstützung verwendet. (Vgl. Prozeus: „Elektronische Marktplätze auswählen und nutzen“, 2005, S. 7.) Aber ebenso wie bei den Begriffen elektronischer Markt bzw. Marktplatzsystem wird darunter je nach Autor und Kontext mal das wirtschaftliche Objekt und mal das Softwareprodukt, ggf. inkl. Hardware, verstanden.

583 Vgl. Hoppe, U.; Krohn, J.: „Grundlagen zu B2B-Marktplätzen“, 2003, S. 7.

584 Vgl. Rose, F.: „The Economics, Concept, and Design of Information Intermediaries“, 1999, S. 51.

Abnehmern zur Zusammenführung von Angebot und Nachfrage zu.[585] Teilweise wird Zulieferern, die sich nicht an einen Marktplatz anschließen, sogar mit dem Ausschluss aus dem Lieferantenstamm eines Unternehmens gedroht.[586] Die dahinter stehende technische Infrastruktur, bestehend aus Software und z. T. auch Hardware, wird als Marktplatzsystem bezeichnet.

Elektronische Marktplätze können abhängig von der Branchenausrichtung und der Rolle des Betreibers in verschiedene Typen klassifiziert werden.[587] Bezüglich der Branchenabdeckung der gehandelten Produkte unterscheidet man z. B. zwischen horizontalen und vertikalen Marktplätzen. Auf horizontal ausgerichteten Marktplätzen werden vorwiegend indirekte Güter und Dienstleistungen angeboten, die für eine Vielzahl von Kunden, unabhängig von der Branche relevant sind. Vertikale Plattformen hingegen konzentrieren sich auf den Handel von Produkten einer bestimmten Branche, um so speziellen Anforderungen der Marktteilnehmer gerecht zu werden.

Bezüglich der Rolle des Betreibers kann zwischen käufergeführten, verkäufergeführten und neutralen Marktplätzen unterschieden werden. Käufergeführte Marktplätze werden in der Regel von großen Unternehmen betrieben, die sich durch den Einsatz Spar- und Optimierungseffekte erhoffen, indem sie ihren Bedarf an Produkten zentralisieren und durch die gestiegene Transparenz einen stärkeren Anbieterwettbewerb mit für sie günstigeren Konditionen ermöglichen. Es treten also nur ein großer Nachfrager, dafür mehrere Anbieter auf. An Stelle des Begriffs käufergeführter Marktplatz hat sich mittlerweile für Beschaffungsaktivitäten eines Unternehmens der Begriff Electronic Procurement etabliert.[588] Verkäufergeführte Marktplätze werden von einem großen Anbieter betrieben, der idealtypisch nur seine eigenen Produkte an viele Nachfrager vertreiben will. Systeme für den Vertrieb eigener Produkte sind auch unter Begriffen wie Shop-System oder Customer Relationship Management (CRM)-System verbreitet.[589] Neutrale Marktplätze hingegen sind keiner Marktseite zuzurechnen und in der Regel für eine Vielzahl an Kunden und Lieferanten zugänglich.[590]

---

585 Vgl. Kersten, W.: „Geschäftsmodelle und Perspektiven des industriellen Einkaufs im Electronic Business", 2001, S. 24.
586 Vgl. Prozeus: „Elektronische Marktplätze auswählen und nutzen", 2005, S. 9.
587 Für weitere Klassifikationsmöglichkeiten vgl. Zumpe, S. u. a.: „Virtuelle B2B-Marktplätze", 2003, S. 19-20.
588 Vgl. Stahlknecht, P.; Hasenkamp, U.: „Einführung in die Wirtschaftsinformatik", 2005, S. 327.
589 Vgl. Prozeus: „Elektronische Marktplätze auswählen und nutzen", 2005, S. 4.
590 Sog. geschlossene Marktplätze sind an Zugangsbedingungen geknüpft.

Sie verfolgen mit dem Angebot des elektronischen Marktplatzes an sich die Absicht, Gewinn zu erzielen. Berücksichtigt man des Weiteren die Möglichkeit direkter Kontakte zwischen zwei Handelspartnern ergeben sich vier Formen elektronischen Handels (siehe Abbildung 25).

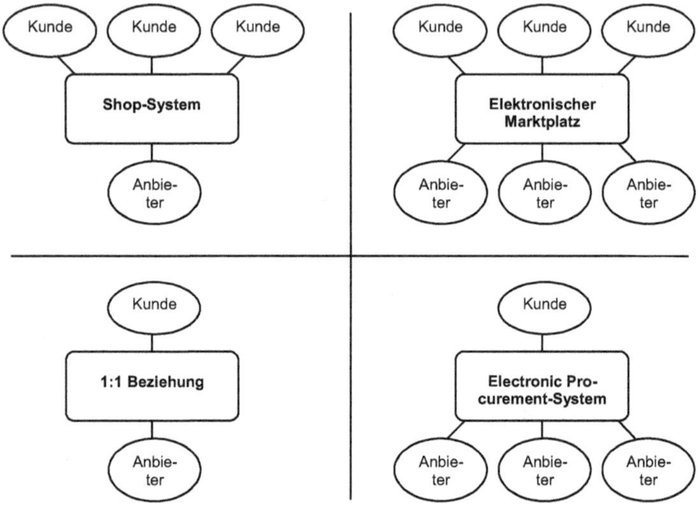

Abbildung 25: Formen elektronischen Handels[591]

5.1.2 Ziele des Marktplatzbetreibers

Um dauerhaft am Markt zu bleiben, müssen elektronische Marktplätze rentabel betrieben werden, indem sie für ihre Kunden einen Mehrwert generieren und sich durch ein Angebot von Kern- und Zusatzleistungen im Wettbewerb mit anderen Marktplätzen behaupten.

Die Betreiber eines elektronischen Marktplatzes sehen sich dabei folgender Branchenstruktur ausgesetzt (siehe Abbildung 26).

[591] Vgl. Prozeus: „Elektronische Marktplätze auswählen und nutzen", 2005, S. 4.

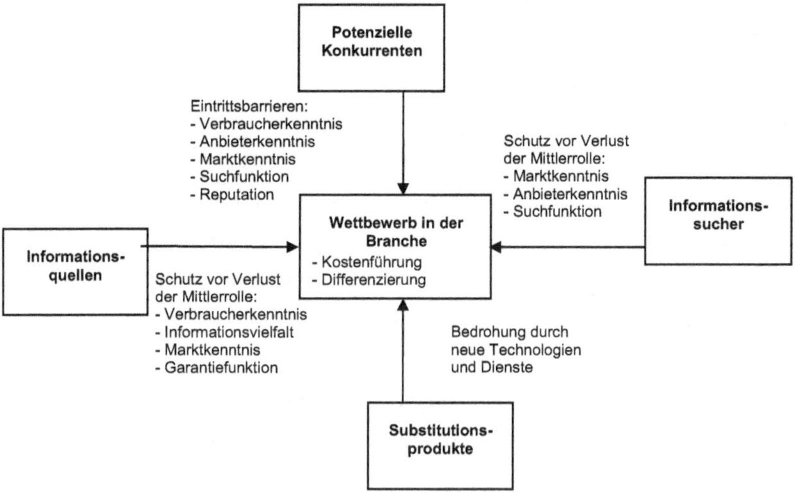

Abbildung 26: Wettbewerbsvorteile elektronischer Marktplätze als Informationsintermediäre[592]

Die Kern- und Zusatzleistungen eines elektronischen Marktplatzes lassen sich einzelnen Transaktionsphasen zuordnen (siehe Abbildung 27).

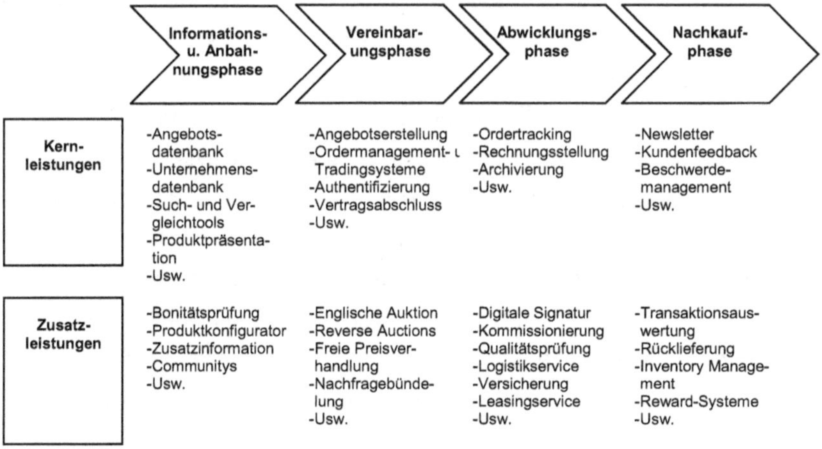

Abbildung 27: Mögliche Kern- und Zusatzleistungen elektronischer Marktplätze entlang der Transaktionskette[593]

[592] Vgl. Rose, F.: „The Economics, Concept, and Design of Information Intermediaries“, 1999, S. 207.

Porter weist auf die große Bedeutung von Standards im Wettbewerb zwischen elektronischen Marktplätzen hin. „Much of the economic value created by marketplaces derives from the standards they establish, both in the underlying technology platform and in the protocols for connecting and exchanging information. But once these standards are put in place, the added value of the marketplace may be limited."[594] Eine mögliche Option ist dann die Etablierung eines neuen, besseren Standards zur Verbindung der handelnden Marktpartner. Die Betreiber elektronischer Marktplätze bzw. die Entwickler der dahinter stehenden Marktplatzsysteme und Integrationsplattformen sehen sich oft als Vorreiter neuer Entwicklungen und erzeugen vielfach De-facto-Standards, wenn sich Applikationen, die auf einer Plattform entwickelt und angeboten werden, aufgrund von Marktmacht und / oder erfolgreicher Vermarktung durchsetzen. So wird vielfach nicht von Standards auf Marktplätzen, sondern von Marktplätzen als Standard gesprochen.[595]

Neben dem Wettbewerb mit anderen Marktplätzen sehen sich die Betreiber von Marktplätzen aber auch der Gefahr ausgesetzt, dass Marktplatzteilnehmer, nachdem sie eine Geschäftsbeziehung über den Marktplatz aufgebaut haben, diesen umgehen und plattformlosgelöste Folgegeschäfte in einer 1:1-Beziehung tätigen.[596] „Over the long haul, moreover, we may well see many buyers back away from open marketplaces. They may once again focus on building close, proprietary relationships with fewer suppliers, using Internet technologies to gain efficiency improvement in various aspects of those relationships".[597] Porter unterstellt dabei eine Veränderung der Transaktionsabwicklung im Laufe des Lebenszyklus einer Geschäftsbeziehung aus der Notwendigkeit heraus, am Markt einzigartige Produkte anzubieten. Beziehungsinhärente Faktoren, z. B. gestiegenes Vertrauen, werden dabei nicht näher thematisiert. Auch Markus u. a. weisen darauf hin, dass Geschäftsbeziehungen und die damit verbundene Integration der Geschäftspartner einem Lebenszyklus unterliegen und ein Unternehmen vielfältige Geschäftsbeziehungen unterhält, die sich in unterschiedlichen Stadien befinden. Ein Unternehmen muss daher in der Lage sein, An-

---

593 Vgl. Migalk, F.; Hammerschmidt, M.: „Erfolgsstrategien mittelständischer Zulieferer auf elektronischen Handelsplattformen", 2004, S. 34.
594 Siehe Porter, M. E.: „Strategy and the Internet", 2001, S. 70.
595 Vgl. Institute of Electronic Business: „B2B-Entwicklung von Standards im Electronic Business", 2003, S. 21.
596 Vgl. Baal, S. v.; Hudetz, K.: „Handel: Ziele auf Online-Marktplätzen noch nicht erreicht", 2003, WWW.
597 Siehe Porter, M. E.: „Strategy and the Internet", 2001, S. 70.

forderungen verschiedener Geschäftspartner verschiedener Märkte in verschiedenen Phasen des Lebenszyklus wirtschaftlich abzubilden.[598] Nur so lassen sich unterschiedliche Marktsegmente mit einer individuellen Strategie bearbeiten. Während anfänglich einfache, standardisierte Transaktionen durchgeführt werden, die über einen elektronischen Marktplatz abgewickelt werden können, steigen im Zeitablauf die Anforderungen bzgl. der Individualität der ausgetauschten Informationen, sodass neue Informationen automatisiert ausgetauscht und neue Systeme eingebunden werden müssen. Diese Individualität des Informationsaustauschs und die damit verbundene Hoffnung auf Wettbewerbsvorteile rechtfertigen den Aufwand einer spezifischen Verbindung, die dann über eigene Integrationsserver oder am Markt erhältliche Integrationsdienstleistungen, die bspw. wieder von einem elektronischen Marktplatz angeboten werden, realisiert wird.

5.1.3 Chancen und Risiken für teilnehmende Unternehmen

Für Geschäftstätigkeiten sowohl der Anbieter als auch der Nachfrager auf elektronischen Marktplätzen stellt das Fraunhofer-Institut für Arbeitswirtschaft und Organisation folgende Chancen und Risiken gegenüber (siehe Abbildung 28).[599]

Chancen	Risiken
Neue Märkte	Übertragung veralteter Prozesse
Marktausweitung	Entstehen von Monopolisten[600]
Höhere Markttransparenz	Vermeintliche Preistransparenz
Senkung der Transaktionskosten	Hohe Einstiegsinvestitionen / Integrationskosten
Integration der Kataloge	Preisgabe von Betriebsinterna
Werbemöglichkeiten	Entscheidung für den falschen Marktplatz

Abbildung 28: Nutzenpotenziale und Risiken elektronischer Marktplätze[601]

598 Vgl. Markus, M. L. u. a.: „The Future of Enterprise Integration: Strategic and Technical Issues in External Systems Integration", 2002, S. 20-21.

599 Für kurze Erläuterungen der einzelnen Punkte siehe Otto, B. u. a.: „Marktstudie: Elektronische Marktplätze", 2000, S. 72-74; zu vergleichbaren Ergebnissen kommt auch Prozeus: „Elektronische Marktplätze auswählen und nutzen", 2005, S. 14.

600 Zur kartellrechtlichen Beurteilung der Gründung und des Betriebs von B2B-Marktplätzen nach europäischem und deutschem Recht vgl. Sura, M.: „Unternehmensverbände im Internet. § 6 Kartellrecht", 2003, S.109-139. Danach befindet sich der Markt für B2B-Dienstleistungen noch in der Findungsphase und sei zersplittert, sodass bisher noch keine Zusammenschlüsse untersagt worden wären. Bei voranschreitender Konsolidierung könne sich das aber sehr wohl ändern.

601 Vgl. Otto, B. u. a.: „Marktstudie: Elektronische Marktplätze", 2000, S. 71.

Zur objektiven Beurteilung des Nutzens elektronischer Marktplätze sollten die Chancen und Risiken zunächst gemessen und schließlich gewichtend quantifiziert werden, um zu Entscheidungen über die Teilnahme oder Nichtteilnahme gelangen zu können. Geeignet erscheinende Beurteilungskriterien wie z. B. individualisierte Produkte, verkürzte Produktions- und Lieferzeiten oder allgemein erhöhte Kundenzufriedenheit lassen sich aber nur schwer messen und quantifizieren[602] und unterliegen subjektiven Einflüssen.

Im Rahmen des Prozeus-Projekts wurde ein Bezugsrahmen zur Auswahl eines geeigneten Marktplatzes entwickelt, der einen Vergleich einzelner Marktplätze zulässt. Anhand von neun Faktoren[603] können mittels einer Nutzwertanalyse Vergleichszahlen ermittelt und einzelne Marktplätze in eine Rangfolge gebracht werden.[604] Methodeninhärent sind aber sowohl die Gewichtung der einzelnen Faktoren als auch die Festlegung und Messung einzelner Kriterien stark durch den Analysten geprägt, sodass die entstehende Matrix zwar mehr Transparenz schafft, die Entscheidung für einen Marktplatz aber letztendlich mit Unsicherheit behaftet bleibt und neben subjektiven Erwartungen insbesondere Macht und politische Erwägungen bei der Entscheidungsfindung eine Rolle spielen.[605]

Auf der Seite der Risiken der Teilnahme an elektronischen Marktplätzen besteht zudem die Gefahr der Vernachlässigung bestehender Geschäftsbeziehungen.[606] Trotz der seit Jahren propagierten Vorteile der (auch teilautomatisierten) elektronischen Geschäftsprozessabwicklung sind nach wie vor viele Unternehmen nicht ausreichend darauf vorbereitet und können die notwendigen Informationen nur über traditionelle Kanäle wie Fax, Brief oder telefonisch bereitstellen. Daher sind es insbesondere Unternehmen, die es verstehen, das Internet mit bestehenden Geschäftsstrategien zu verbinden, die von der elektronischen Geschäftsabwicklung profitieren.[607]

---

602 Vgl. Bailey, J. P.; Bakos, Y.: „An Exploratory Study of the Emerging Role of Electronic Intermediaries“, 1997, S. 19.

603 Die Faktoren sind: 1. Branche; 2. wirtschaftliches Potenzial der Plattform für den Handel mit den fokussierten Produkten; 3. Präsentationsmöglichkeiten der fokussierten Produkte; 4. Einsatz von E-Business-Standards; 5. Services; 6. Kosten / Nutzen; 7. Kommunikation; 8. Kundenbetreuung; 9. Vertrauen und Sicherheit.

604 Vgl. Prozeus: „Elektronische Marktplätze auswählen und nutzen“, 2005, S. 11-13.

605 Vgl. Janssen, M.; Verbraeck, A.: „Evaluating the Information Architecture of an Electronic Intermediary“, 2005, S. 43.

606 Vgl. Markus, M. L.; Christiaanse, E.: „Adoption and impact of collaboration electronic marketplaces“, 2003, S. 147.

607 Siehe Porter, M. E.: „Strategy and the Internet“, 2001, S. 64.

5.1.4 Funktionen elektronischer Marktplätze

Die Funktionen elektronischer Marktplätze lassen sich auf strukturelle und funktionelle Ursachen zurückführen.[608] Zu den strukturellen Ursachen zählen in erster Linie Betriebsgrößenersparnisse, denn als Intermediäre können elektronische Marktplätze z. B. durch Spezialisierung, Lernkurveneffekte und Investitionen in spezielle Technologien profitieren, sodass komparative Vorteile gegenüber direkten Transaktionen zwischen einzelnen Marktteilnehmern entstehen, wobei sich die Kosten zudem auf mehrere Nachfrager aufteilen lassen. Der Erklärungsansatz zur strukturbedingten Reduktion von Transaktionskosten ist als Baligh-Richartz-Effekt bekannt. Analog zu Standards für Geschäftsdaten werden insbesondere durch die Reduktion der Anzahl notwendiger individueller Kontakte zwischen Anbietern und Nachfragern strukturbedingte Transaktionskostenersparnisse erzielt.[609] Durch seine zentrale Stellung gewinnt der Marktplatz zudem wertvolle Informationen über eine Vielzahl von Transaktionen seiner Kunden, die z. B. für umfassende Marktanalysen genutzt werden. Aufgrund dieser strukturellen Vorteile können so Marketingempfehlungen auf einer (stärker) gesicherten statistischen Basis erarbeitet werden. Allerdings sind es gerade die strukturellen Ursachen, die, nachdem sie sich als erfolgreich erwiesen haben, in einem von Wettbewerb bestimmten Markt schnell zu kopieren sind, sodass die strukturellen Vorteile für den Anbieter eines elektronischen Marktplatzes durch das Auftreten von Wettbewerbern (vor Erreichen der kritischen Masse) flüchtig sind und für die teilnehmenden Unternehmen zu einem Anwachsen der Anzahl der Geschäftskontakte führen.[610] Größere Nachhaltigkeit der Wettbewerbsvorteile ist bei einer spezifischen Funktionserfüllung zu erwarten. Zu den funktionellen Ursachen wird insbesondere die Professionalisierung und damit höhere Qualität der vom Marktplatz angebotenen Funktionen gezählt. Bailey / Bakos unterteilen diese in die Funktionen Sammeln, Vertrauen und Abgleichen.[611]

---

[608] Vgl. Rose, F.: „The Economics, Concept, and Design of Information Intermediaries", 1999, S. 62-66.

[609] Vgl. z. B. Reichwald, R.; Wagner, M.: „Interaktive Anbahnung in Unternehmensnetzwerken – Auswirkungen intermediärer Webplattformen auf den Prozess der Kooperationsanbahnung", 2004, S. 58 für weitere Erläuterungen.

[610] Vgl. Janssen, M.; Verbraeck, A.: „Evaluating the Information Architecture of an Electronic Intermediary", 2005, S. 41-42.

[611] Vgl. Bailey, J. P.; Bakos, Y.: „An Exploratory Study of the Emerging Role of Electronic Intermediaries", 1997, S. 7-20.

5.1.4.1 Sammeln

Durch zentrales Sammeln, Klassifizieren und Beschreiben von Angebot und Nachfrage wird eine qualitativ hochwertige und anforderungsgerechte Präsentation der Marktdaten angestrebt. Somit verringern sich Such- und Informationskosten für die Anbahnung von Geschäftskontakten und führen zu einer höheren Markttransparenz.

Die IT-Umsetzung erfolgt z. B. durch elektronische Branchenverzeichnisse und Produktkataloge, Suchmaschinen, elektronische Ausschreibungsplattformen oder das Erstellen von Unternehmensprofilen.[612] Marktplätze erhalten dabei von den Lieferanten häufig unklassifizierte Produktdaten, die sie selbst mit Inhalten anreichern und so die Produkte nachklassifizieren.[613] Zudem bieten sie vielfach die Konvertierung zwischen unterschiedlichen Formaten als Dienstleistung an, sodass die angeschlossenen Zulieferer und Einkäufer das von ihnen präferierte Format verwenden können; Informationen werden so über ein einheitliches (Marktplatz-) Format integriert.[614] Möglichkeiten der Integration werden als ein wesentliches Kriterium für das erfolgreiche Betreiben eines elektronischen Marktplatzes angesehen.[615] Die beteiligten IT-Systeme sind auf der einen Seite Marktplatzsysteme, seitens der Verkäufer und Käufer vielfach ERP-Systeme,[616] aber auch Browser oder papierbasierte Varianten.

5.1.4.2 Vertrauen

Ziel der Vertrauensfunktion eines elektronischen Marktplatzes ist es in erster Linie, die Unsicherheit von Käufern und Verkäufern bzgl. eines opportunistischen Verhaltens der Gegenseite zu minimieren.

Marktplatzbetreiber haben einen hohen Anreiz ihren Kunden, Käufern und Verkäufern, zuverlässige Geschäftsabwicklungen zu gewährleisten, da dies die Basis für eine lang andauernde Geschäftsbeziehung zwischen dem Marktplatz und seinen

---

612 Vgl. Reichwald, R.; Wagner, M.: „Interaktive Anbahnung in Unternehmensnetzwerken – Auswirkungen intermediärer Webplattformen auf den Prozess der Kooperationsanbahnung", 2004, S. 60-61.

613 Vgl. Dorloff, F.-D.: „Standards – die neue Sprache für E-Business?", 2002, S. 50.

614 Vgl. Berlecon Research: „E-Business-Standards in Deutschland", 2003, S. 72.

615 Vgl. PricewaterhouseCoopers: „Elektronische Marktplätze: Chancen und Risiken für Betreiber und Teilnehmer", 2002, S. 22 oder Bullinger, H.-J. (Hrsg.); Hinderer, H.; Kirchhof, A..: „Trendanalyse Elektronische Marktplätze", 2002, S. 23. Vor dem Aufkommen elektronischer Marktplätze wurden die Integrationsaufgaben von sog. Clearingcenter wahrgenommen.

616 Vgl. Eckert, S. u. a.: „Sichere Kopplung von ERP-Systemen und elektronischen Marktplätzen", 2002, S. 1.

Kunden und somit eine Quelle für Wettbewerbsvorteile ist.[617] Sie übernehmen dabei neben Aufgaben der Überprüfung auch die Empfehlung von Kooperationspartnern und Produkten und haften dabei mit ihrer Reputation für die Richtigkeit der Qualitätseigenschaften der empfohlenen Kooperationspartner.[618]

Auch Verkäufer und Käufer haben aufgrund der großen Anzahl möglicher Geschäftspartner einen hohen Anreiz zum Verzicht auf opportunistisches Verhalten, auch wenn zwischen den einzelnen Partnern nur eine einmalige Transaktion stattfindet.

Vertrauen kann als Vorbedingung und zentrales Koordinationsinstrument kollektiven strategischen Handelns angesehen werden und wird dabei als einseitig risikobehaftete Vorleistung verstanden, die auf einer Mischung aus Wissen und Nichtwissen basiert und deshalb einer Risiko kompensierenden Kontrolle bedarf. Sjurts entwickelt das Konzept der Vertrauenskontrolle, um die Entscheidung für oder gegen Vertrauen rational begründen zu können. Diese zielt auf die Beherrschung des Kooperationsrisikos. Die Entscheidung, einem Geschäftspartner zu vertrauen, wird dabei nur dann positiv ausfallen, wenn der Ergebniserwartungswert von Vertrauen größer ist als der Ergebniserwartungswert der Vertrauenskosten.[619] Um das Risiko der Auswahl eines unzuverlässigen Transaktionspartners in Grenzen zu halten, bieten elektronische Marktplätze den teilnehmenden Unternehmen Informationen über das bislang unbekannte Unternehmen im Vorfeld einer Kooperation. Neben Zertifikaten kann die IT-Umsetzung der Abbildung von Vertrauen z. B. durch Reputationssysteme[620] zur Lieferanten- und Kundenbeurteilung oder die Visualisierung von Beziehungsnetzwerken erreicht werden.[621] Zertifikate können sich bspw. auf IT-Sicherheit, Vertrauenswür-

---

617 Vgl. Petrovic, O. u. a.: „Vertrauen in digitale Transaktionen“, 2003, S. 63-64.

618 Vgl. Reichwald, R.; Wagner, M.: „Interaktive Anbahnung in Unternehmensnetzwerken – Auswirkungen intermediärer Webplattformen auf den Prozess der Kooperationsanbahnung“, 2004, S. 63.

619 Vgl. Sjurts, I.: „Kollektive Unternehmensstrategie“, 2000, S. 276.

620 Vgl. Rose, F.: „The Economics, Concept, and Design of Information Intermediaries“, 1999, S. 162, 206-207.

621 Vgl. Reichwald, R.; Wagner, M.: „Interaktive Anbahnung in Unternehmensnetzwerken – Auswirkungen intermediärer Webplattformen auf den Prozess der Kooperationsanbahnung“, 2004, S. 61-62. Zur Abbildung von Vertrauen in E-Business-Beziehungen schlagen Ekström u. a. ein Werkzeug namens TrustBuilder vor. Auf Basis der Source Credibility Theory entwickeln sie ein Rating-System, das unter Berücksichtigung von Spezifika einer B2B-Beziehung, wie z. B. Reziprozität und Erfahrungen anderer Geschäftspartner, eine anhand von Nutzerpräferenzen gewichtete Beurteilung von zukünftigen Geschäftspartnern zulässt. Vgl. Ekström, M. A. u. a.: „A Reputation Mechanism for Business-to-Business Electronic Commerce That Accounts for Rater Credibility“, 2005, S. 1-18.

digkeit im Umgang mit den Daten und Zuverlässigkeit beziehen; daneben existieren auch Zertifikate, die Unternehmen bzgl. einer umweltgerechten Produktion oder der Einhaltung von sozialen Normen zertifizieren. Bspw. entstand für Fragen der Unternehmensethik die Zertifizierungsinitiative Social Accountability 8000. Der weltweit erste ethische Zertifizierungsstandard verpflichtet Unternehmen darauf, in bestimmten Bereichen der operativen Geschäftsführung aktive soziale Verantwortung zu übernehmen. Die Umsetzung der erarbeiteten Standards wird von externen, unabhängigen Zertifizierungsgesellschaften nach anerkannten Regeln überwacht und bestätigt. Nach erfolgreicher Überprüfung erhält das Unternehmen eine Zertifizierung nach SA 8000.[622]

Neben der Überprüfung und der Empfehlung von Kooperationspartnern haben Marktplatzbetreiber die Bedeutung der Vertrauensfunktion auch für Produktempfehlungen erkannt und versuchen entsprechend, entwickelte Methoden zu dessen Abbildung zu schützen. Im Juni 2005 wurde bspw. Amazon ein Patent für ein Verfahren zugeteilt, mit dem anhand des bisherigen Verhaltens der Kunden diesen relevante Produkte zugeordnet und empfohlen werden können.[623]

Weitere Leistungen im Rahmen der Vertrauensfunktion sind z. B. die Überprüfung der Unternehmensidentität, Musterverträge, Versicherungen sowie die Gewährleistung von IT-Sicherheit, inkl. der Verwaltung der Zugriffsrechte.

Während sich die Funktion Sammeln auf die Sucheigenschaften eines Produkts und / oder Anbieters bezieht, sind dies bei Vertrauen die Erfahrungs- und Vertrauenseigenschaften. Ohne Vertrauen ist eine gesicherte Identität, ein genau spezifizierbares Produkt und ein rechtssicheres Verfahren zur Geschäftsabwicklung Voraussetzung für eine unsicherheitsreduzierte Teilnahme am elektronischen Geschäftsverkehr. Sobald der Erfahrungs- und Vertrauensanteil eines Produkts steigt und sich dieses somit nicht gemäß den Ansprüchen des Nachfragers genau spezifizieren lässt, scheitert ein automatisierter Leistungs- und vorheriger Datenaustausch. Durch eine vertrauenswürdige Abbildung werden Erfahrungs- und Vertrauenseigen-

---

[622] Vgl. Social Accountability International: „SA8000", WWW; Steinmann, H.; Schreyögg, G.: „Management", 2005, S. 121.

[623] Vgl. o. V.: „Amazon erhält Patent auf Produktempfehlungen in Online-Shops", 2005, WWW.

schaften zu Sucheigenschaften und erleichtern somit allgemein den Handel derartiger Produkte. Diese werden somit auch auf elektronischen Marktplätzen handelbar.

5.1.4.3 Abgleichen

Abgleichen bedeutet das konkrete Zusammenbringen von Verkäufern und Käufern. Für das Zusammenführen, die Vertragsgestaltung und -abwicklung ist es Grundfunktion eines elektronischen Marktplatzes, die Geschäftsbeziehung durch den Austausch von Geschäftsdokumenten, die den jeweiligen Adressaten anzupassen sind, zu koordinieren.[624]

Dazu gehören z. B. Werkzeuge zu Verhandlungen und zur Preisfindung. Der Preis zum Ausgleich von Angebot und Nachfrage kann statisch als Festpreis oder durch dynamische Mechanismen wie Ausschreibung, Börse oder Auktion bestimmt werden. Janssen / Verbraeck weisen darauf hin, dass den ausgehandelten Verträge unterschiedliche Intentionen zugrunde liegen. Sie unterscheiden zwischen Spotgeschäften und systematischer Beschaffung. Bei Spotgeschäften handelt es sich um kurzfristig orientierte Verträge in einem von Wettbewerb und Konkurrenz geprägten Verhältnis zu seinem Geschäftspartner. Das Ziel sei es, optimale Konditionen für das eigene Unternehmen zu erreichen, die notfalls zu Lasten des Geschäftspartners gingen. Bei systematischer Beschaffung seien die Geschäftsbeziehungen auf einen längeren Zeitraum angelegt. Ziele seien nicht kurzfristige Optima, sondern zuverlässige und qualitativ hochwertige Geschäftsbeziehungen. Einzelne Verträge kämen oftmals im Kontext übergeordneter Rahmenverträge zustande,[625] die vom Marktplatz in Datenformaten gespeichert und bei der Vertragsgestaltung berücksichtigt werden müssen. Markus / Christiaanse unterscheiden diesbzgl. zwischen transaktionsorientierten und kollaborationsorientierten Marktplätzen. Merkmale transaktionsorientierter Marktplätze sind Kataloge, Auktionen und Preisverhandlungen, wohingegen sich kollaborationsorientierte Marktplätze durch Planungsmethoden und -werkzeuge auszeichnen, die bspw. CPFR und das Produktlebenszyklusmanagement unterstützen. Folglich bezeichnen sie kollaborationsorientierte elektronische Marktplätze auch als Prozessvermittler.[626]

---

[624] Vgl. Berlecon Research: „E-Business-Standards in Deutschland“, 2003, S. 72.

[625] Vgl. Janssen, M.; Verbraeck, A.: „Evaluating the Information Architecture of an Electronic Intermediary“, 2005, S. 42.

[626] Vgl. Markus, M. L.; Christiaanse, E.: „Adoption and impact of collaboration electronic marketplaces" 2003, S. 139-155. Am Beispiel des elektronischen Marktplatzes Supply-On lässt sich eine

Weitere Dienste zur Unterstützung der Abgleichfunktion sind z. B. elektronische Vertragsvorlagen, Versionsverwaltung von Vertragsentwürfen[627] oder die Etablierung eines elektronischen Bezahldienstes,[628] oder die Übernahme oder teilweise Übernahme der logistischen Abwicklung.

5.1.4.4 Community

Zukünftig wird ein Wandel der elektronischen Marktplätze von der Unterstützung der frühen Phasen einer Transaktion hin zu kunden- und prozessorientierten Dienstleistern auch späterer Transaktionsphasen prognostiziert.[629] Dies verspricht neues Differenzierungs- und Erfolgspotenzial für den Marktplatzbetreiber und erfordert auch hier eine erweiterte Sicht auf die Transaktion. Ziel sollte es sein, die Nachkaufphase direkt in eine erneute Informations- und Anbahnungsphase überzuleiten. In einer späten Nachkaufphase bzw. einer frühen Informations- und Anbahnungsphase, die nur noch in einem sehr losen Zusammenhang zu einer Transaktion stehen, stellt der elektronische Marktplatz einen virtuellen Treffpunkt dar, der einem vermeintlich ungerichteten Informations- und Erfahrungsaustausch sowie der Beziehungspflege dient.

Diese Entwicklung macht es notwendig die funktionellen Ursachen für elektronische Marktplätze um eine Kategorie Community zu erweitern. Communitys[630] sind eine u. a. im Zusammenhang mit der Netzeffektökonomie diskutierte Erscheinungsform lose organisierter Gruppen. Lechner u. a. definieren Communitys als Zusammenschluss von Personen oder durch diese vertretenen Organisationen, die eine gemeinsame Sprache haben, Welt, Werte und Interessen teilen und über Medien, in Rollen agierend kommunizieren.[631] Mitglieder einer Community haben gleiche und / oder komplementäre Interessen. Gleiche Interessen können aber auch indivi-

---

evolutionäre Erweiterung des zunächst transaktionsorientierten Marktplatzes um kollaborationsorientierte Funktionen verfolgen. Zunächst als Ein- und Verkaufsplattform mit Präsentationsfunktion, Funktionen zur Ausschreibung und Angebotsabgabe gestartet, kamen später Funktionen zur Warenverfolgung, die schließlich um Werkzeuge zur optimierten Lagerverwaltung bis hin zur Geschäftsprozesssteuerung erweitert wurden, hinzu. Vgl. Quicken, M.: „Webplattform verknüpft Lieferanten und Produzenten", 2005, S. 19.

627 Vgl. Reichwald, R.; Wagner, M.: „Interaktive Anbahnung in Unternehmensnetzwerken – Auswirkungen intermediärer Webplattformen auf den Prozess der Kooperationsanbahnung", 2004, S. 61-62.

628 Vgl. Rose, F.: „The Economics, Concept, and Design of Information Intermediaries", 1999, S. 210.

629 Vgl. Bullinger, H.-J. (Hrsg.), Hinderer, H.; Kirchhof, A.: „Trendanalyse Elektronische Marktplätze", 2002, S. 39.

630 Der deutsche Begriff Gemeinschaften ist synonym zu verwenden, wird aber in der von Anglizismen dominierten Diskussion kaum verwendet.

631 Vgl. Lechner, U. u. a.: „Ein Referenzmodell für Gemeinschaften und Medien", WWW.

duelle Nutzenmaximierung sein, sodass das Interesse an einem Informationsaustausch einen wettbewerblichen Charakter haben kann.[632] Die behandelten Themen können sehr unterschiedlich sein und Produkte, Unternehmen, Technologie usw., aber auch einen gemeinsamen Arbeitszusammenhang zum Inhalt haben. Die Gruppenzuordnung ist dann durch den Geschäftsprozess bestimmt. Als formale Interaktionsmechanismen mit unterschiedlichen Intensitätsgraden werden Kommunikation, Koordination, Kooperation und Kollaboration unterschieden.[633]

Communitys bieten auch insofern eine sinnvolle Ergänzung von transaktionsorientierten Marktplätzen, da in ihnen exogene, heterogene Informationen ausgetauscht werden, die sich mit relativ statischen Datenformaten nicht abbilden lassen, im Laufe einer Geschäftsbeziehung aber eine starke Wirkung entfalten können.[634]

Nach einer Untersuchung von Jirik / Sint sind es auch Communitys, d. h. insbesondere bessere Möglichkeiten der Kommunikation zwischen Anbietern und Nachfragern, die die Überlebenswahrscheinlichkeit elektronischer Marktplätze erhöhen. Die Autoren untersuchen Kriterien, die Auskunft über die Überlebenswahrscheinlichkeit von elektronischen Marktplätzen liefern können, und ermitteln, dass bspw. die auf den einzelnen Marktplätzen anzutreffenden Datenformate und Klassifizierungsstandards keine statistischen Auffälligkeiten im Hinblick auf einen Zusammenhang mit der Überlebensfähigkeit eines elektronischen Marktplatzes aufweisen.[635]

5.1.5 Erfolgsfaktoren für Marktplatzsysteme

Die Erfolgsfaktoren elektronischer Marktplatzsysteme ergeben sich in erster Linie aus den individuell verfolgten Zielen der Betreiber und den zu ihrer Erreichung notwendigen Funktionalitäten.[636] Trotz solcher situativ bedingten Unterschiede können

[632] Vgl. Gronau, N.: „Kollaborative Engineering Communities – Architektur und Integrationsansätze", 2002, S. 3-4.
[633] Vgl. Gronau, N.: „Kollaborative Engineering Communities – Architektur und Integrationsansätze", 2002, S. 4-5 für eine Erläuterung einzelner Begriffe.
[634] Vgl. Schoberth, T.: „DiViCom – Eine Längsschnittstudie der Kommunikationsaktivität in Virtual Communities", 2002, S. 125.
[635] Vgl. Jirik, C.; Sint, P. P.: „Kriterien von B2B-Marktplätzen", 2003, S. 2-4.
[636] Vgl. Rose, F.: „The Economics, Concept, and Design of Information Intermediaries", 1999, S. 162 für eine Aufstellung und Klassifizierung einzelner Erfolgsfaktoren.

einige allgemeingültige Anforderungen an elektronische Marktplatzsysteme formuliert werden.[637]

- Flexibilität: Ein elektronischer Marktplatz muss den spezifischen organisatorischen und informationstechnischen Anforderungen der Teilnehmer angepasst werden können.
- Schnittstellen für Verbindungen zu Backend-Systemen: Die zu transferierenden Daten sollten direkt zwischen den betriebsinternen Backend-Systemen der beteiligten Unternehmen über den elektronischen Marktplatz weitergeleitet werden können.
- Benutzerfreundlichkeit: Die Funktionen des elektronischen Marktplatzes sollten gut zu bedienen sein, über eine einfache Benutzeroberfläche verfügen und schnell zu erlernen sein.
- Hohe Systemverfügbarkeit und schnelle Datenübertragung: Die Aktivitäten weltweit agierender Unternehmen erfordern eine permanente Verfügbarkeit der Informationssysteme. Auch große Datenmengen müssen rasch übertragen werden können.
- Rechtssicherheit, Datensicherheit und Datenschutz: Sicherheitsanforderungen müssen soweit möglich z. B. über digitale Signaturen und verschlüsselte Datenübertragung gewährleistet sein.
- Wirtschaftlichkeit: Der Aufwand zur Entwicklung, zum Betrieb und zur Anpassung eines elektronischen Marktplatzes muss einer Wirtschaftlichkeitsanalyse standhalten. In dieser Kategorie können neben monetär quantifizierbaren Größen auch strategische Aspekte in Bezug auf die Verbesserung der Wettbewerbsfähigkeit berücksichtigt werden.

5.2 Unternehmensübergreifende Kooperation in virtuellen Unternehmen

Mit dem virtuellen Unternehmen werden im Folgenden Aspekte der Koordination wirtschaftlicher Aktivitäten über Netzwerke in die Diskussion eingeführt. Wie bei elektronischen Marktplätzen steht auch bei diesen die elektronische Abbildung der Transaktionen (mittels geeigneter Datenformate) und ein notwendiges Vertrauen unter den Mitgliedern des virtuellen Unternehmens im Zentrum der Betrachtung. Nach einer Klärung hier verwendeter Begriffe werden allgemeine Chancen und Risiken, die

---

[637] Vgl. Knolmayer, G. u. a.: „Elektronische Marktplätze und Supply Chain Management: Antagonistische oder synergetische Konzepte?", 2003, S 51; Bogaschewsky, R.: „Virtuelle Plattformen zur Unterstützung von B2B-Partnernetzwerken", 2002, S. 7-14.

in Verbindung mit virtuellen Unternehmen diskutiert werden, genannt, um schließlich auf das Problemfeld der Koordination virtueller Unternehmen einzugehen. Die Fähigkeit, Aktivitäten sowohl technisch, aber auch organisatorisch in die eigene Organisation zu integrieren, erweist sich dabei als zentrale Herausforderung.

5.2.1 Begriffe

Über den reinen Austausch von Geschäftsdokumenten hinaus erfordert unternehmensübergreifende Kooperation und Geschäftsprozessintegration eine effektive und effiziente Gewinnung und Nutzung von Information und der damit verbundenen Technologien zur Planung, Ausführung und Kontrolle solcher Aktivitäten. Dies beinhaltet den Willen und ein verbindliches Engagement der Unternehmen zur Zusammenarbeit. In der Organisationslehre werden solche Fragestellungen mit Hilfe der Netzwerktheorie zu beantworten versucht. Als drittes idealtypisches Koordinationsinstrument neben der Weisung, die Hierarchien zugeordnet wird, und dem Preis, der Märkten zugeordnet wird, hat sich für Unternehmensnetzwerke Vertrauen herausgebildet.[638]

Generelle Wettbewerbskonstellationen werden in immer mehr Märkten nicht mehr von Einzelunternehmen oder Konzernen, sondern von Unternehmensnetzwerken geprägt.[639] Dabei setzt eine erfolgreiche Wettbewerbsstrategie die unternehmensübergreifende, konsistente Integration der Wertaktivitäten voraus.[640] Mit dem Konzept der Netzwerke[641] beschriebt Hagel III[642] einen strategischen Ansatz zur Reaktion auf eine Umwelt, in der Netzeffekte auftreten. Unter Netzwerken werden Gruppen aus freiwillig und temporär kooperierenden Unternehmen verstanden. Diese Koope-

---

638 Der Ursprung der Diskussion von Vertrauen als Koordinationsinstrument liegt in der Strukturationstheorie, die als gesellschaftstheoretischer Erklärungsversuch von kollektivem, strategischem Handeln herangezogen werden kann. Vgl. Sjurts, I.: „Kollektive Unternehmensstrategie“, 2000, S. 218.

639 Siehe Sjurts, I.: „Kollektive Unternehmensstrategie“, 2000, S. 273.

640 Vgl. Porter, M. E.: „Was ist Strategie“, 1999, S. 67 ff.; Porter, M. E.; Millar, V. E.: „Wettbewerbsvorteile durch Information“, 1999, S. 86. Porter bezeichnet hier die ganzheitliche Betrachtung der Wertketten vom Lieferanten bis zum Abnehmer als Wertsystem.

641 Netzwerke sind dem Koordinationstyp des Unternehmensnetzwerks zuzuordnen. (Vgl. Hagenhoff, S.: „Kooperationsformen: Grundtypen und spezielle Ausprägungen“, 2004, S. 18.) Zerdick verwendet zur Erläuterung der Gedanken von Hagel III den Begriff des Business Web (vgl. Zerdick, A. u. a.: „Internet-Ökonomie“, 2001, S. 182), wohl in der Absicht, das Konzept gegenüber dem Word Wide Web abzugrenzen, das üblicherweise auch mit dem von Hagel III verwendeten Begriff Web abgekürzt wird. Hagel III beschränkt sein Konzept auf den Hochtechnologiesektor.

642 Vgl. im Folgenden Hagel III, J.: „Spider versus Spider“, 1996, S. 5-18.

rationen sind Geschäftsbeziehungen zwischen Unternehmen,[643] die Marktbeziehungen zwischen diesen ergänzen. Auf Basis eines gemeinsamen Geschäftsverständnisses und einer ausgeprägten Vertrauenskultur stellen die Kooperationspartner materielle und immaterielle komplementäre Ressourcen[644] zur Verfügung, um ein wettbewerbsfähiges Angebot am Markt positionieren zu können, das von keinem der beteiligten Unternehmen allein oder nur zu höheren Kosten geleistet werden kann. Der Markterfolg der einzelnen Unternehmen ist so aneinander gekoppelt, dass der Nachfrager erst durch das im gesamten Wertschöpfungsnetz entstandene Systemprodukt ganzheitliche Problemslösungen erhält, die sich gegenüber Konkurrenzprodukten durchsetzten müssen. Aus den Ressourcen wird im Extremfall auftragsindividuell ein Angebot geschnürt. Aus Kundensicht tritt das Netzwerk wie ein einheitliches Unternehmen auf. Durch den temporären Charakter[645] der Unternehmensverbünde ändern sich die Kooperationspartner eines Mitglieds des Unternehmensnetzwerks regelmäßig. Die Grenzen eines Netzwerks mit samt seinen Kontakten bzw. technischen Schnittstellen zu Lieferanten, Partnerunternehmen und Kunden sind dabei oft unklar und somit schwer fassbar.[646] Man verzichtet also auf eine unternehmenspolitische vertikale Integration und starre Strukturen zugunsten einer Kooperation, um sich den Marktgegebenheiten besser, schneller und problemadäquater anzupassen. Der Austausch ganzer Unternehmen zur Verbesserung oder auch Anpassung der Netzwerkleistung z. B. an neue Kundenbedürfnisse ist gleichbedeutend mit einer Neuformation eines Netzwerks.[647]

---

643 Vgl. Sydow, J.: „Unternehmenskooperation", 2004, Sp. 1543. Dieser verweist darauf, dass es sich in der Regel um dyadische Beziehungen handelt.

644 Nach Alt u. a. stellen die Mitglieder eines virtuellen Unternehmens diesem grundsätzlich ihre Kernkompetenzen zur Verfügung. Vgl. Alt, R. u. a.: „Virtuelle Organisation – Konzept, Realität und Umsetzung", 2005, S. 8; ebenso Albers, S. u. a.: „Management Virtueller Unternehmen", 2002, S. 47-48.

645 Sydow untersucht Modelle zur Abbildung und Erklärung von Dynamik in Netzwerkorganisationen. Er kommt zum Schluss, dass die Verbindung von Evolutions- und Sozialtheorie zu brauchbaren Ergebnissen führe. Marktprozesse und strategische Überlegungen werden hier nicht berücksichtigt. Vgl. Sydow, J.: „Dynamik von Netzwerkorganisationen – Entwicklung, Evolution, Strukturation", 2003.

646 Vgl. Cooper, W. W.; Muench, M. L.: „Virtual Organizations: Practice and the Literature", 2000, S. 190.

647 Vgl. McHugh, P. u. a.: „Beyond Business Process Reengineering", 1995, S. 15. Dies bedeutet zwangsläufig, dass Mitglieder eines virtuellen Unternehmens permanent Geschäftbeziehungen unterhalten. Albers u. a. lockern diese Forderung, indem sie lediglich definieren, dass die Mitglieder eines virtuellen Unternehmens generell bi- und multilateral zusammenarbeiten; sie geben somit die Forderung nach einer permanenten Zusammenarbeit auf. Albers, S. u. a.: „Management Virtueller Unternehmen", 2002, S. 6.

Die beteiligten Unternehmen arbeiten oft mit einer Vielzahl von Partnern zusammen, die in verschiedenen Märkten bzw. in verschiedenen Branchen tätig sein können. Die Komplexität des Wettbewerbsumfelds steigt zudem, da Unternehmen auch zeitgleich Mitglied verschiedener, ggf. konkurrierender Netzwerke[648] sein können, wenn die Mitgliedschaft in einem Netzwerk nicht alle Ressourcen des eigenen Unternehmens bindet.[649]

Abhängig vom konstituierenden Element unterscheidet Hagel III in Technologie-, Kunden- und Marktnetzwerke. Technologienetzwerke basieren meist auf einem technologischen De-facto-Standard. Eine bestimmte Technologie bildet dabei den zentralen Mittelpunkt des gemeinsam erstellten Produkts, auf den die übrigen Komponenten ausgerichtet werden. Dabei ist insbesondere die Schnittstellenkompatibilität von hoher Bedeutung, da nur so ein reibungsloses Zusammenwirken der Komplementärprodukte untereinander und mit der Kerntechnologie möglich ist.[650] Innerhalb der Technologienetzwerke können sich Wertnetzwerke herauskristallisieren. Diese Gruppe von Unternehmen innerhalb eines Technologienetzwerks versucht ihren Marktanteil auf Kosten der anderen Mitglieder zu erhöhen. Konstellationen innerhalb eines Technologienetzwerks können also durchaus wettbewerblichen Charakter haben.[651]

Kundennetzwerke entstehen aus dem Verhalten bzw. den Vorstellungen und Wünschen bestimmter Kundensegmente. Dabei verfügt z. B. ein Unternehmen des Netzwerks über einzigartige Kundenbeziehungen, auf deren Basis die Leistungen des Unternehmensnetzwerks erstellt werden. Die Informationen über die Kundensegmente können z. B. in einer nur dem Unternehmensnetzwerk zugänglichen Kundendatenbank verwaltet werden.

Marktnetzwerke entstehen aus spezifischen Arten von Markttransaktionen. Sie bauen eine möglichst enge Bindung zwischen Käufern und Verkäufern anhand einer spezifischen Transaktionsausführung auf.[652]

---

648 Siehe Zerdick, A. u. a.: „Internet-Ökonomie", 2001, S. 186.

649 Vgl. Cooper, W. W.; Muench, M. L.: „Virtual Organizations: Practice and the Literature", 2000, S. 190.

650 Vgl. Zerdick, A. u. a.: „Internet-Ökonomie", 2001, S. 182.

651 Vgl. Hagel III, J.: „Spider versus Spider", 1996, S. 7.

652 Vgl. Hagel III, J.: „Spider versus Spider", 1996, S. 16-18.

Mit dem Begriff des virtuellen Unternehmens wird der IT erstmalig eine zentrale Stellung in der Diskussion zur kooperativen, unternehmensübergreifenden Organisationsgestaltung eingeräumt.[653] Dabei sind virtuelle Unternehmen nicht zwangsläufig unter die Technologienetzwerke einzuordnen, da IT und Geschäftsdatenformate als spezielle Technologieausprägung lediglich die technologische Kommunikationsbasis eines virtuellen Unternehmens bilden, nicht aber der Grund für dessen Konstituierung sind.

5.2.2 Chancen und Risiken virtueller Unternehmen

Aus der Koordination wirtschaftlicher Aktivitäten durch virtuelle Unternehmen ergeben sich für die beteiligten Akteure in erster Linie folgenden Chancen:

- Eine mögliche Konzentration auf Kernkompetenzen ermöglicht einzelnen Unternehmen eine stärkere Spezialisierung. Die Verbindung dieser Kernkompetenzen führt dann langfristig zu geringeren Stückkosten oder einer erhöhten Produktqualität. So sollen in einem virtuellen Unternehmen auch große Innovationspotenziale erschlossen werden.[654]
- Durch die Verteilung des Risikos verringert sich die Unsicherheit für Unternehmen in den von hoher Dynamik und Komplexität geprägten Märkten und Unternehmen können flexibler auf Veränderungen reagieren.[655]
- Durch die Modularisierung des Netzeffektguts soll eine schnelle Marktreife und -penetration realisiert werden.[656]
- Die Verbindung der Partner in einem virtuellen Unternehmen bietet ihnen einen Zugriff auf umfangreichere Ressourcen, die einem allein im Wettbewerb stehenden Unternehmen verschlossen geblieben wären, sodass sich das Leistungsspektrum insgesamt erhöht.[657]

Den Chancen stehen folgende organisationsbezogenen Risiken bzw. Problemfelder gegenüber:

---

[653] Vgl. Hagenhoff, S.: „Kooperationsformen: Grundtypen und spezielle Ausprägungen", 2004, S. 9.
[654] Vgl. Schräder, A.: „Management virtueller Unternehmungen: Organisatorische Konzeption und informationstechnische Unterstützung flexibler Allianzen", 1996, S. 56 ff.
[655] Vgl. Hagel III, J.: „Spider versus Spider", 1996, S. 6.
[656] Vgl. Krystek, U.; Redel, W.; Reppegather, S.: „Grundzüge virtueller Organisationen: Elemente, Erfolgsfaktoren, Chancen und Risiken", 1997, S. 14.
[657] Vgl. Schuh, G.; Millarg, K.; Göransson, A.: „Virtuelle Fabrik: Neue Marktchancen durch dynamische Netzwerke", 1998, S. 146 ff.

- Generell haben virtuelle Unternehmen für die Beteiligten eine geringe juristische Verbindlichkeit, da zwischen den Wertschöpfungspartnern in der Regel keine (stillschweigende Vereinbarung) oder nur partiell vertragliche Regelungen über die Zusammenarbeit oder Beteiligungen zwischen den Unternehmen bestehen.[658] Zwischen den rechtlich selbständigen und wirtschaftlich unabhängigen Unternehmen geschlossene Verträge sind im Rahmen der Kooperation relational, d. h. sie sind unvollständig und bilden nur die allgemeinen Rahmenbedingungen einer Interaktion ab. Leistungsbeziehungen und das Vorgehen im Detail werden nur z. T. geregelt und sind situationsbezogen von den Vertragspartnern zu vereinbaren. Der Grund für diese Unvollständigkeit liegt in unvollkommener Information über die Umweltentwicklung zum Zeitpunkt des Vertragsabschlusses oder darin, dass dem Vertragsinhalt implizites Wissen zugrunde liegt, dass nur schwer expliziert werden kann. Zudem haben explizite Verträge, den Nachteil, dass die ausgetauschten Leistungen genau spezifiziert werden müssten und so durch Konkurrenzunternehmen leichter zu imitieren wären.[659] Im Ergebnis sind relationale Verträge deshalb nur beschränkt rechtlich durchsetzbar.[660]
- Fundament eines Netzwerks ist vielmehr die Aussicht auf gemeinsamen Gewinn: einzelne Unternehmen sind nur dann erfolgreich, wenn das Wertschöpfungsnetz erfolgreich ist. Aufgrund dieser gegenseitigen Abhängigkeiten besteht das gemeinsame Ziel der Unternehmen in der Erhaltung und Stabilisierung des virtuellen Unternehmens und das Gemeinschaftsinteresse rückt in den Vordergrund. Diesem gemeinsamen Interesse steht in den meisten Fällen ein Verteilungswettbewerb innerhalb des virtuellen Unternehmens gegenüber. Die Wertschöpfung eines virtuellen Unternehmens verteilt sich entsprechend ihrer Stellung auf die einzelnen Unternehmen. Dies wird solange von den anderen Unternehmen unterstützt, solange sie ausreichend am Erfolg teilhaben. Ein Problem kann auftreten, falls die Position einzelner Partner im Unternehmensnetz nicht eindeutig geklärt ist. Diese müssen sich auf spezialisierte Angebote mit klar abgegrenzter und akzeptierter Positionierung innerhalb des virtuellen Unternehmens verständigen. Gelingt dies nicht, verlässt ein Mitglied

---

[658] Vgl. Alt, R. u. a.: „Virtuelle Organisation – Konzept, Realität und Umsetzung“, 2005, S. 9.
[659] Vgl. Osterloh, M.; Frost, J.: „Prozessmanagement als Kernkompetenz“, 2003, S. 155.
[660] Vgl. Sjurts, I.: „Kollektive Unternehmensstrategie“, 2000, S. 263-264; Richter, R.; Furobutn, E.: „Neue Institutionenökonomik“, 1996, 175.

das Unternehmen oder Investitionen z. B. in den Auf- oder Ausbau der Netzinfrastruktur werden vernachlässigt. Neben einer zu geringen Stabilität und der Stagnation wird das Trittbrettfahrerproblem befürchtet. Dritte Unternehmen profitieren vom Unternehmensnetz, ohne ihrerseits einen angemessenen Teil der Entwicklungskosten zu tragen.[661]

- Als einer von wenigen Autoren weist Ribbers ausdrücklich darauf hin, dass neben gemeinsamen Interessen alle Teilnehmer eines Unternehmensnetzes auch noch weitere eigene Geschäftsinteressen verfolgen[662] und trotz ihrer Kooperation im Wettbewerb miteinander stehen können. Neben den erhofften Synergieeffekten versuchen Partnerunternehmen auch von den anderen Unternehmen zu lernen und so Know-how auf das eigene Unternehmen zu übertragen.[663]
- Die enge Kooperation mit anderen Unternehmen birgt gleichzeitig die Gefahr einer erhöhten Abhängigkeit, wenn ein Großteil der Unternehmensressourcen durch das virtuelle Unternehmen gebunden werden und die Konzentration auf die Kernkompetenzen zu einer Vernachlässigung der Komplementärkompetenzen führt.[664]
- Insgesamt erweist sich die Koordination der Aktivitäten einzelner Mitgliedsunternehmen in virtuellen Unternehmen als aufwändig, sodass entweder hohe Interaktionskosten entstehen[665] oder eine mangelhafte Koordination mit unzureichenden Schnittstellen resultiert.[666] Neben einer klaren Aufgabenverteilung und -abgrenzung sowie notwendiger Personalmaßnahmen zur Vorbereitung einer Kooperation in virtuellen Unternehmen bedarf es der Einsicht, dass Vertrauen zwar ein Koordinationsinstrument in virtuellen Unternehmen ist, dieses aber der Pflege und vertrauensbildender Maßnahmen bedarf. Auch die Informationstechnogie kann nur ein Mittel zum Zweck sein und entbindet die Initiatoren nicht von der Festlegung klar definierter Verhaltensregeln im Rahmen einer gemeinsamen Planung. Albers u. a. weisen darauf hin, dass die Koordination virtueller Unternehmen dabei nicht völlig neue Instrumente erfordere,

---

[661] Vgl. Zerdick, A. u. a.: „Internet-Ökonomie", 2001, S. 184-185.
[662] Vgl. Ribbers, P.: „The need for Interoperability: the Corporate Information Manager becomes a Network Manager?", 2004, S. 23.
[663] Vgl. Stieglitz, N.: „Strategie und Wettbewerb in konvergierenden Märkten", 2004, S. 124.
[664] Vgl. Albers, S. u. a.: „Management Virtueller Unternehmen", 2002, S. 11
[665] Vgl. Hagel III, J.; Singer, M.: „Unbundling the corporation", 1999, S. 133-134
[666] Vgl. Albers, S. u. a.: „Management Virtueller Unternehmen", 2002, S. 11.

sondern lediglich eine Rekonfiguration bekannter Managementwerkzeuge nötig mache.[667]

5.2.3 Auswirkungen der IT auf die Koordination wirtschaftlicher Aktivitäten

Die Auswirkungen der IT im Allgemeinen und elektronischer Marktplätze im Besonderen auf die organisatorische Gestaltung von Geschäftsbeziehungen werden von zwei Entwicklungshypothesen, der Move-to-the-Market-Hypothese und der Move-to-the-Middle-Hypothese, dominiert. Die Move-to-the-Market-Hypothese[668] geht davon aus, dass aufgrund sinkender Transaktionskosten kleinere Unternehmen entstehen, die sich flexibel über Marktmechanismen in übergreifende Wertschöpfungsprozesse integrieren.[669] Ergebnis des technischen und wettbewerblichen Wandels ist dann auch eine vertikale Aufteilung von bisher einheitlichen Unternehmen in kleinere, selbstverantwortliche Einheiten, die über einen Markt koordiniert werden. Die Abbildung und Abwicklung der Marktaktivitäten erfolgt dann über einen Broker bzw. elektronischen Marktplatz.[670] Die sich um den elektronischen Marktplatz entwickelnden dynamischen Geschäftsbeziehungen sind temporäre Verbindungen zwischen Unternehmen, um schnell auf Veränderungen des Absatzmarktes reagieren zu können. Die Koordination der häufig einmaligen Zusammenarbeit erfolgt über explizite Verträge[671] und eignet sich in erster Linie für einfache Transaktionen oder für sehr junge Industrien, in denen sich Produkte und Verfahren häufig ändern.[672] Die verwendeten Datenformate sind zum einen verbindendes Element der Marktplatzteilnehmer sowie Eintrittsbarriere für Nicht-Teilnehmer und zum anderen Differenzierungskriterium gegenüber anderen Marktplätzen. Aber auch für derartige Konstellationen mit einfachen Transaktionen gilt wieder, dass sich sowohl Anbieter auf elektronischen Marktplätzen und als auch insbesondere der Betreiber des Marktplatzes gegenüber ihren Wettbewerbern differenzieren, um sich einem Preisdruck zu entziehen, und daher versu-

---

667 Vgl. Albers, S. u. a.: „Management Virtueller Unternehmen", 2002, S. 49.

668 Vgl. Malone, T. W.; Yates, J.; Benjamin, R.I.: „Electronic Markets und Electronic Hierarchies", 1987.

669 Vgl. Alt, R. u. a.: „Virtuelle Organisation – Konzept, Realität und Umsetzung", 2005, S. 8.

670 Vgl. z. B. Miles, R. E., Snow, C. C.: „Organizations: New Concepts for New Forms", 1986, S. 64. Der institutionelle Begriff, dem diese Aufgaben zugeschrieben werden, variiert. Annähernd bedeutungsgleich sind elektronischer Marktplatz, Intermediär im elektronischen Geschäftsverkehr und Information Broker zu verstehen. Je nach Darstellung variieren die wahrgenommenen Funktionen, wobei aber nach wie vor keine klare Zuweisung bestimmter Funktionen zu bestimmten Begriffen zu erkennen ist.

671 Vgl. Ribbers, P.: „The need for Interoperability: the Corporate Information Manager becomes a Network Manager?", 2004, S. 24.

672 Vgl. Osterloh, M.; Frost, J.: „Prozessmanagement als Kernkompetenz", 2003, S. 155.

chen, eigene Datenformate (Standards aus Sicht der Gruppe der Marktplatzteilnehmer) zu etablieren.

Dagegen nimmt die Move-to-the-Middle-Hypothese[673] an, dass günstigere Transaktionen einen intensiveren und umfassenderen Informationsaustausch zwischen wenigen Partnern zur gemeinsamen Entwicklung von Wettbewerbsvorteilen bewirken. In einer branchenübergreifenden, empirischen Untersuchung aus dem Jahr 2004 bestätigen White u. a., dass aus dem Gebrauch elektronischer Marktplätze eine Reduzierung der Lieferanten resultiert, wobei die Geschäftsbeziehung zu den verbleibenden Unternehmen intensiviert würde.[674] Charakteristisch für derartige Geschäftsbeziehungen sind langfristige, stabile Verbindungen zwischen einer begrenzten Zahl von Lieferanten, Herstellern oder Distributoren, die sehr sorgfältig ausgewählt werden. Sie sind darauf ausgelegt, in einem relativ vorhersagbaren Markt unabhängige, spezialisierte Unternehmen entlang einer bereits etablierten Wertschöpfungskette zu dauerhaft zu verbinden.[675] Osterloh / Frost betonen, dass eine fruchtbare Zusammenarbeit immer auch längerfristige Prozesse des interorganisationalen Lernens voraussetze.[676] Diese Gruppen mit intensivem, tiefgehendem Informationsaustausch bilden virtuelle Unternehmen, um informationstechnische Möglichkeiten durch Integration zu erschließen.[677] Die zur Anwendung kommenden Datenformate grenzen andere Unternehmen bewusst aus, um die eigene Leistung vor Imitation zu schützen.

Je nach Ausprägung der Eigentums und Leitungskonstellationen kann die Steuerung des Unternehmensnetzwerks sowohl mono- als auch polyzentrisch erfolgen. In polyzentrischen Netzwerken sind alle oder mehrere Partner gleichberechtigt, während die Entscheidungen bei monozentrischen Netzwerken von einem Teilnehmer getroffen werden.[678] Im Gegensatz dazu sieht Hagel III die hierarchische Beziehung zwischen Formern und Anpassern als zentrales Charakteristikum aller virtuellen Unternehmen. Ein Former kontrolliert das zentrale Element des virtuellen Unternehmens, das die

673 Vgl. Clemons, E. K. u. a.: „The Impact of Information Technology on the Organization of Economic Activity: The „Move to the Middle“ Hypothesis“, 1993.

674 Vgl. White, A. u. a.: „The impact of e-marketplaces on buyer-supplier relationships: a cross industry perspective of the ‘move to the middle’ hypothesis“, 2004, S. 134.

675 Vgl. Ribbers, P.: „The need for Interoperability: the Corporate Information Manager becomes a Network Manager?“, 2004, S. 24.

676 Vgl. Osterloh, M.; Frost, J.: „Prozessmanagement als Kernkompetenz“, 2003, S. 155.

677 Vgl. Klein, S.: „Interorganisationssysteme und Unternehmensnetzwerke“, 1996, S. 22.

678 Vgl. Sydow, J.: „Management von Netzwerkorganisationen – zum Stand der Forschung“, 1999, S. 286 ff.

Anpasser akzeptieren, um ihre Leistungen darauf auszurichten.[679] Anhand der Auswertung praxisorientierter Arbeiten kommen auch Alt u. a. zum Schluss, dass die Vision von spontan entstehenden, zeitlich begrenzten Unternehmensnetzwerken ohne zentrale Koordination, die klassische Unternehmen vom Markt verdrängen würden, sich als fast schon naive Vorstellung erwiesen hätte. Die praktische Erfahrung zeige, dass die Partner virtueller Organisationsformen meist vorher bekannt seien und eine persönliche Bindung mit gegenseitigem Vertrauen aufgebaut hätten. Auch sie betonen die Notwendigkeit eines zentralen Integrators. Koordinationsfunktionen, die vom Integrator wahrzunehmen sind, seien Netzwerkkonfiguration und -management, auftragsbezogene Vermittlungs-, Steuerungs- und Kundenkontaktfunktionen sowie die Infrastrukturfunktion, zum Aufbau oder zur Bereitstellung einer technischen Integration, die auch die Durchsetzung von Standards beinhalte.[680]

Die Funktionen eines elektronischen Marktplatzes ähneln denen eines Integrators in einem virtuellen Unternehmen, sodass ein elektronischer Marktplatz viele Funktionen eines Integrators in einem virtuellen Unternehmen übernehmen oder notwendige Werkzeuge bereitstellen kann. Um einen elektronischen Marktplatz herum kann sich aufgrund seiner zentralen Stellung ein virtuelles Unternehmen bilden. Wettbewerb zwischen virtuellen Unternehmen ist dann Wettbewerb zwischen elektronischen Marktplätzen, wenn sich Unternehmenskonstellationen auf verschiedenen Marktplätzen entwickeln. Allerdings können auch auf einem Marktplatz verschiedene virtuelle Unternehmen entstehen, die sich gegeneinander abgrenzen und den Marktplatz dann bspw. lediglich zur technischen Integration nutzen.

5.2.4 Integrationsfähigkeit als strategische Ressource in virtuellen Unternehmen

An die Mitglieder virtueller Unternehmen werden hohe Anforderungen bzgl. der technischen und organisatorischen Integrationsfähigkeit gestellt,[681] um einen durchgehenden, automatisierten Wertschöpfungsprozess zu gewährleisten. Die optimale Abstimmung von Prozessen mit der diese stützenden IT ist Grundvoraussetzung für die erfolgreiche Transformation zu einer anpassungsfähigen und flexiblen Organisa-

---

[679] Vgl. im Folgenden Hagel III, J.: „Spider versus Spider“, 1996, S. 8-12.
[680] Vgl. Alt, R. u. a.: „Virtuelle Organisation – Konzept, Realität und Umsetzung“, 2005, S. 17.
[681] Alt verwendet den Begriff Netzwerkfähigkeit zur Beschreibung der Möglichkeiten eines Unternehmens kooperative Prozesse mit anderen Unternehmen effektiv und effizient aufzubauen und zu betreiben. Vgl. Alt, R. u. a.: „Virtuelle Organisation – Konzept, Realität und Umsetzung“, 2005, S. 15-16.

tion.[682] Die Zusammenarbeit selbst bzw. die Fähigkeit zur Zusammenarbeit kann als strategische Ressource interpretiert werden.[683] Dabei kann zwischen einer organisatorischen und einer technischen Integrationsfähigkeit unterschieden werden.

5.2.4.1 Organisatorische Integrationsfähigkeit

Da virtuelle Unternehmen gerade in der Heterogenität und Flexibilität Wettbewerbsvorteile suchen, müssen sich diese schnell an neue Marktgegebenheiten anpassen können.[684] Neben einer Reorganisation oder Neugestaltung der Prozesse kann es auch den Austausch einzelner Mitglieder oder sogar die völlige Auflösung bedeuten. Anschließend bildet sich dann ein neues virtuelles Unternehmen mit einer neuen Partnerkonstellation. Ggf. stehen Unternehmen in Konkurrenz, die vorher noch eng kooperiert haben.

Zu den Problemen, die bei virtuellen Organisationen verstärkt adressiert werden müssen, zählen neben der Schulung und Eingewöhnung von Mitarbeitern an flache, flexible Organisationsstrukturen und der Tatsache, dass sich Unternehmen verstärkt in die Abhängigkeit von IT begeben, insbesondere der Umgang bzw. die Kontrolle von Informationen, die das eigene Unternehmen betreffen.[685] Die besondere Herausforderung virtueller Unternehmen liegt in der Notwendigkeit, die Informationsflüsse nicht nur an die momentanen Geschäftspartner, sondern auch an bislang evtl. unbekannte, potenzielle Partner mit wechselnde IT-Systemen anpassen zu können.[686]

Geschäftspartner können die Zusammenarbeit zu einer spezifischen, nur schwer imitierbaren Ressource ausbauen, wenn

- beziehungsspezifische Investitionen getätigt,
- Routinen des internen Wissenstransfers erzeugt,
- gemeinsame Fähigkeiten bei der Kombination und / oder Entwicklung von Wissen erarbeitet,

682 Vgl. Picot, A.; Reichwald, R.; Wigand, R. T.: „Die grenzenlose Unternehmung", 2003, S. 225.
683 Vgl Zerdick, A. u. a.: „Internet-Ökonomie", 2001, S. 186-187.
684 Vgl. Cooper, W. W.; Muench, M. L.: „Virtual Organizations: Practice and the Literature", 2000, S. 191.
685 Vgl. Cooper, W. W.; Muench, M. L.: „Virtual Organizations: Practice and the Literature", 2000, S. 194-195. Zu Beginn der Diskussion über Unternehmensnetzwerke und virtuelle Unternehmen wurde die komplette Offenlegung der eigenen Informationen noch als konstitutionelles Charakteristikum gesehen. Vgl. z. B. Miles, R. E., Snow, C. C.: „Organizations: New Concepts for New Forms", 1986, S. 65.
686 Vgl. Mertens, P.; Griese, J.; Ehrenberg, D.: „Virtuelle Unternehmen und Informationsverarbeitung", 1998, S. 69.

- Verbundeffekte bei der Kombination komplementärer Ressourcen entdeckt oder
- effiziente Koordinationsinstrumente der Zusammenarbeit implementiert werden.[687]

5.2.4.2 Technische Integrationsfähigkeit

Bestimmendes Merkmal virtueller Unternehmen ist die informationstechnische Integration der Mitglieder, da nur auf dieser Basis ein schneller und effizienter Austausch relevanter Informationen möglich ist. Die Relevanz bestimmter Informationen kann dabei von einem zum anderen virtuellen Unternehmen variieren. Art und Inhalt der ausgetauschten Informationen unterliegen aber auch innerhalb eines virtuellen Unternehmens einem Wandel. Da sich die ausgetauschten Informationen in Datenformaten konkretisieren, wenn diese vollautomatisiert verarbeitet werden sollen,[688] müssen Mitglieder virtueller Unternehmen in der Lage sein, evtl. gleichzeitig Anforderungen verschiedener Datenformate zu erfüllen.

Mertens / Griese / Ehrenberg zeigen zwar, dass bei einigen vernetzten Unternehmen die Ablauforganisation weitgehend standardisiert wurde, um jedem Partner eine Orientierung zugeben und Abstimmungsprobleme zu verringern. Fraglich sei allerdings, inwieweit eine Standardisierung hier wegen der Einmaligkeit von Projekten möglich und wegen der Individualität als Differenzierung vom Wettbewerb wünschenswert sei.[689]

Individualität kann sich dabei nicht auf alle Prozesse eines virtuellen Unternehmens beziehen, sondern wieder nur auf die Kernprozesse. Um Netzeffekte erzielen zu können, ist standardisierte IT bei Supportprozessen auch in virtuellen Unternehmen notwendig, sodass Mitglieder virtueller Unternehmen letztendlich sowohl standardisierte als auch individuelle Datenformate unterstützen müssen.

Die Leistungsfähigkeit von IT für virtuelle Unternehmen ergibt sich neben den angebotenen Funktionen oder der Performance insbesondere aus der Fähigkeit, sich

---

687 Vgl. Sjurts, I.: „Kollektive Unternehmensstrategie“, 2000, S. 178-179.

688 Techniken, die sog. Freitext treffsicher analysieren und zur Weiterverarbeitung strukturieren, befinden sich noch im Anfangsstadium.

689 Vgl. Mertens, P.; Griese, J.; Ehrenberg, D.: „Virtuelle Unternehmen und Informationsverarbeitung“, 1998, S. 76.

schnell auf sich verändernde Marktanforderungen, die sich in veränderten Datenformaten niederschlagen, reagieren und diese integrieren zu können.[690] Langfristig geplante Migrations- und Implementierungsprojekte können nicht auf Situationen übertragen werden, in denen z. B. permanent kurzfristig neue Partner in ein Projektnetzwerk eingebunden werden. Die auf Standardisierung und kontrollierter Entwicklung beruhenden Ansätze der IT-Abteilungen, die sich bei traditioneller Unternehmens-IT-Infrastruktur bewährt haben, sind auf die Heterogenität in virtuellen Unternehmen nicht übertragbar.[691]

Die Fähigkeit, verschiedene Systeme effektiv und effizient zu integrieren stellt aber nach Carr nur noch vorübergehend einen Wettbewerbsvorteil dar. Demnach deuten Trends im Bereich der Softwareentwicklung an, dass bereits existierende Anwendungen schnell zum Allgemeingut werden und auch neue Funktionen sehr schnell kopiert und verbreitet werden könnten. Nach seiner Vision verbindet sich ein Unternehmen zukünftig schlicht mit dem Kommunikationsnetz und ruft dort die benötigte Funktionalität auf.[692] Folgt man diesem Gedanken, handelt es sich auch bei der technischen Integrationsfähigkeit nur um einen temporären Wettbewerbsvorteil. Ob Software bzw. ganze IT-Systeme tatsächlich irgendwann zum Allgemeingut bzw. Orientierungspunkt im Wettbewerb werden oder ob IT, wie bisher (aus technischer Sicht gerechtfertigt oder nicht) zum Erlangen von Wettbewerbsvorteilen durchaus erfolgreich eingesetzt wird, lässt sich nicht sicher vorhersagen. Fest steht, dass sowohl IT-Industrie als auch andere im Wettbewerb stehende Unternehmen immer wieder versuchen müssen, Alleinstellungsmerkmale ihrer Produkte im Bewusstsein ihrer Abnehmer zu prägen und zu vermarkten, sodass die These von Carr letztendlich gewagt erscheint. Unternehmen, die heute vor der Entscheidung für ein bestimmtes Datenformat bzw. für ein Mittel zur Integration seiner IT-Systeme mit anderen stehen, können aber den zumindest temporären Wettbewerbsvorteil nutzen; aus technischer Inflexibilität entsteht schon heute ein Wettbewerbsnachteil.

---

690 Vgl. Katzy, B. R.: „IT-Werkzeuge für virtuelle Organisationen – eine strategische Sicht“, 2005, S. 43.

691 Vgl. Katzy, B. R.: „IT-Werkzeuge für virtuelle Organisationen – eine strategische Sicht“, 2005, S. 48.

692 Vgl. Carr, N. G.: „Does software matter?“, 2005, S. 273.

5.3 Integrationsserver zur Erhaltung der Flexibilität bei sich verändernden Geschäftsprozessen und Datenformaten

Nachdem sich Integrationsdienste insbesondere aus betriebswirtschaftlicher Sicht als unausweichlich und wiederkehrend erwiesen haben, soll im abschließenden Abschnitt auf die Möglichkeit zur Bewältigung dieser Aufgabe mittels eines Integrationsservers eingegangen werden. Nach einer Begriffsklärung ist zunächst einmal die grundlegende Frage zu klären, ob Integrationsdienste von einem externen Unternehmen im Rahmen eines Outsourcing erbracht oder die Aufgabe mit eigenen Kräften bewältigt werden sollte. Für die jeweilige Variante werden zum einen Anhaltspunkte zur Beurteilung des EDI-Dienstleisters bzw. zum anderen ein mögliches Vorgehen bei der Auswahl eines Integrationsservers diskutiert.

5.3.1 Begriff und Ziele

Zur Lösung des Integrationsproblems bei bestehender Dynamik von Marktprozessen fordert schon Brousseau ein pragmatisches Vorgehen, ohne dies allerdings weiter zu konkretisieren.[693] Nach wie vor zeichnet sich kein allgemein akzeptiertes, umfassendes Geschäftsdatenformat ab. Integrationsbedarf ergibt sich aufgrund verschiedener Beziehungen zwischen den Funktionen des Marktplatzes einerseits und den Anforderungen der Verkäufer / Käufer andererseits. Daher müssen Unternehmen in der Lage sein, mehrere Standards zu unterstützen.[694] Pragmatismus beim Umgang mit der Integrationsaufgabe bedeutet in diesem Zusammenhang also, die Vielfalt und Dynamik zu akzeptieren und die Anstrengungen nicht auf die Etablierung eines bestimmten Standards bzw. den Anschluss an den Standard mit der größten Erfolgswahrscheinlichkeit zu richten, sondern Wege zu finden, möglichst viele, auch zukünftige, Standards wirtschaftlich unterstützen zu können. Die eigentliche Herausforderung liegt in der Flexibilität und Erweiterbarkeit von Anwendungen und deren Schnittstellen.[695]

Ähnlich wie EAI sind Integrationsserver dabei als eine Zusammenfassung von Middleware-Technologien zu verstehen, die sich aber neben unternehmensinterner auch auf unternehmensübergreifende Ex-post-Integration bezieht. Obwohl eine Un-

---

[693] Vgl. Brousseau, E.: „EDI and Inter-Firm Relationships: Toward a Standardization of Coordination Processes", 1994, S. 340, ebenso Besen, S. M.; Saloner, G.: „The Economics of Telecommunications Standards", 1989, S. 201.
[694] Vgl. Dorloff, F.-D.: „Standards – die neue Sprache für E-Business?", 2002, S. 52.
[695] Vgl. Hildebrand, U.: „Wer Edifact kann, ist für XML gerüstet", 2003, S. 18.

terscheidung zwischen unternehmensinterner und -übergreifender Integration aus technischer Sicht weder sinnvoll noch möglich ist, da auch Produktbezeichnungen der Hersteller willkürlich erscheinen, soll hier für die unternehmensübergreifende Integration noch der Begriff Integrationsserver Anwendung finden. Zukünftig ist aber zu erwarten, dass der Begriff EAI den unternehmensinternen Fokus verliert und für alle zentralisierten Integrationsaufgaben gilt. Ansonsten müsste auch für die Integration rechtlich selbständiger Unternehmen innerhalb eines virtuellen Unternehmens ein dritter Begriff entwickelt werden. Verschiedene Softwarehersteller bieten Lösungen an, die unter Namen wie Integrationsserver, Integration Suite oder Business-Server vertrieben werden. Gemein ist diesen Produkten, dass es sich um eine zentralisierte Software handelt, die mit vorhandenen Anwendungen in Kontakt tritt, ggf. Datenformate umwandelt und so den automatisierten und überwachten Datenaustausch zwischen verschiedenen Anwendungen ermöglicht. Punkt-zu-Punkt-Verbindungen mit unzähligen, kaum noch wartbaren Schnittstellen weichen damit einer zentral zu verwaltenden Integrationsplattform. Aus betriebswirtschaftlicher Sicht gewährleistet sie dabei die Möglichkeit sowohl mehreren elektronischen Marktplätzen gleichzeitig anzugehören als auch direkte Verbindungen zwischen zwei Unternehmen aufzubauen.

5.3.2 Betrieb eines Integrationsservers als Make-or-Buy-Entscheidung

Die Integrationsaufgabe kann ein Unternehmen entweder selbst durch den Betrieb eines eigenen Integrationsservers bewältigen oder diesbezüglich einen externen Dienstleister betrauen. Ein Outsourcing der Integrationsaufgabe z. B. an einen elektronischen Marktplatz oder sonstigen EDI-Dienstleister ist insbesondere für kleine und mittlere Unternehmen interessant, die weder über das Know-how noch über die Mittel zum Erwerb und Betrieb eigener Integrationslösungen haben. Für Integrationsdienstleister garantiert dies zusätzliches Auftragsvolumen und vor allem hohe Gewinnmargen,[696] sodass wenig überraschend gerade von diesen ein Trend zur Prozessintegration über externe Dienstleister erkannt wird.[697] Entsprechend jeder anderen Make-or-buy-Entscheidung bedeutet auch der Betrieb einer eigenen Integrationssoftware den Aufbau von Integrationskompetenz und somit die Unabhängigkeit vom Dienstleister,[698] sodass die Frage, ob die notwendigen Integrationsdienste am

---

[696] Vgl. Holzwart, G.: Riem, S.: „Outsourcing: Einziger „Boom" in der IT?", 2002, S. 48. Der Umsatzanteil für EAI-Dienstleistungen ist dabei zwei- bis dreimal so hoch wie der Umsatzanteil für EAI-Produkte. Vgl. Müller, D.: „Der Dauerbrenner EAI wird wieder heiss", 2006, WWW.

[697] Vgl. Huttenloher, R.: „Prozesseinbindung findet über Marktplätze statt", 2001, S. 17.

[698] Vgl. Huttenloher, R.: „Prozesseinbindung findet über Marktplätze statt", 2001, S. 17.

Markt bezogen oder selbst erbracht werden sollen, nur vor dem konkreten Hintergrund eines Unternehmens und insbesondere dessen strategischen Zielen beantwortet werden kann.

Beim Einsatz von EDI benötigen fast alle Anwender die Unterstützung von Dienstleistern. Die Beziehungen zu diesen gelten als ein wichtiger Faktor für den generellen Erfolg beim Einsatz von EDI.[699] Mittels einer Delphi-Studie ermittelt Alpar insgesamt vierzehn Erfolgsfaktoren, die aus Sicht der Anwender entscheidend bei der Wahl eines EDI-Dienstleisters sind. Die bedeutendsten sind:[700]

- Technisches EDI-Know-how: Dies beinhaltet Kenntnisse der EDI-Verfahren und -Nachrichten sowie deren Einsatz und Verhalten unter verschiedenen Betriebssystemen.
- Unterstützung der Schnittstellen zu gängigen ERP-Systemen: EDI-Dienstleister sollten über Basiswissen gängiger ERP-Systeme (z. B. SAP, Oracle) verfügen und möglichst vordefinierte und zertifizierte Schnittstellen zu diesen aufweisen.
- Schnelle Reaktion auf Kundenwünsche: Die Umsetzung von Änderungen in Mappings oder das Einrichten neuer Partner sollte zeitnah erfolgen.
- Help Desk / Hotline: Die Mitarbeiter des Help Desk müssen über Kenntnisse auf allen Ebenen der Integration verfügen, die also bis in die Anwendungsfunktionalität und die Geschäftsprozessebene hineinreicht. Erreichbarkeit und Preismodell müssen angemessen sein.
- Branchen-Know-how: Des Weiteren benötigen EDI-Dienstleister Kenntnis der Branchenspezifika, um effektiv beraten und implementieren zu können. Dazu gehören Kenntnisse der jeweiligen EDI-Subsets und Beziehungen zu den EDI-Hubs der Branche sowie Kenntnisse ihrer Prozesse.
- Guter EDI-Konverter: Wenn EDI-Dienstleister ihre Dienste im Zusammenhang mit einen EDI-Konverter anbieten, muss auch dieser den Anforderungen (z. B. mit guter Handhabung von Setups und Mappings) gerecht werden. Vom EDI-Dienstleister können aber auch gute Kenntnisse gängiger Konverter erwartet werden.

---

[699] Vgl. Fearon, C.; Philip, G.: „An Empirical Study of the Use of EDI in Supermarket Chains Using a New Conceptual Framework“, 1999, S. 3-21.

[700] Vgl. Alpar, P.: „Die kritischen Erfolgsfaktoren für EDI-Dienstleister. Eine Delphi-Studie“, 2002, S. 37.

Alpar betont, dass die Betrachtung und Interpretation der Ergebnisse unter Berücksichtigung der Restriktionen der verwendeten Delphi-Methode zu geschehen hat. So sei z. B. nicht auszuschließen, dass sich einzelne Faktoren aufgrund eines unterschiedlichen Verständnisses überlappen und es so zu Verzerrungen der Rangordnung kommen könnte.[701] Trotz einer stark an Flat-file-EDI orientierten Terminologie ließen sich die Ergebnisse auch auf XML-basiertes EDI beziehen. Neben den statischen Faktoren technisches EDI-Know-how, Unterstützung der Schnittstellen zu gängigen ERP-Systemen, Branchen-Know-how und guter EDI-Konverter, die als Grundvoraussetzung anzusehen sind, fällt auf, dass sich unter den wichtigsten Faktoren aus Anwendersicht mit schnelle Reaktion auf Kundenwünsche und Help Desk / Hotline zwei Faktoren befinden, die einen wiederkehrenden Charakter haben. Während Help Desk / Hotline tendenziell ein Funktionieren des einmal Eingerichteten sicherstellt, weist schnelle Reaktion auf Kundenwünsche darauf hin, dass die Anwender EDI einen auch dynamischen Charakter zuweisen, der regelmäßige Anpassungen erfordert. EDI wird also nicht als einmaliges Projekt aufgefasst, sondern kann als Bestandteil veränderlicher Geschäftsbeziehungen aufgefasst werden.

Zur Kontrolle der Leistungen des EDI-Dienstleisters werden zwischen diesem und seinem Auftraggeber sog. Service Level vereinbart. Dabei erscheint eine Abkehr von ausschließlich technikbasierten Kennzahlen der Systemmanagement-Werkzeuge zugunsten des Service-Managements von Geschäftsprozessen sinnvoll. Betrachtet werden demzufolge nicht mehr einzelne IT-Komponenten und ihre Leistungsfähigkeit, sondern End-to-End- oder geschäftsprozessbezogene Vorgänge, wie z. B. die Dauer einer Buchungsanfrage, bei der ggf. verschiedenen Datenformate umgewandelt werden müssen.[702]

Nach Pierre Audoin Consultants zeigt sich der Markt für Integrationssoftware und -dienstleistungen in Deutschland nach wie vor fragmentiert (siehe Abbildung 29).

---

[701] Vgl. Alpar, P.: „Die kritischen Erfolgsfaktoren für EDI-Dienstleister. Eine Delphi-Studie", 2002, S. 30-31; 37.

[702] Vgl. Hackmann, J.: „Kennzahlen-Korsett für Service-Provider", 2002, S. 66.

Platz	Unternehmen	Umsatz in Mio. €
1	IBM	60
2	T-Systems	22
3	SAP	18
4	HP	17
5	TIBCO Software	16
6	Atos Origin (inkl. Actis)	14
7	SBS	12
8	Accenture	11
9	Seeburger	10
10	EDS	7
10	Seebeyond	7
12	Capgemini	6
12	Software AG	6
12	Webmethods	6
12	Microsoft	6
12	Oracle	6
12	Bea	6
18	Sybase	5

Abbildung 29: Umsätze der Anbieter von Integrationssoftware und -dienstleistungen 2004[703]

5.3.3 Auswahl eines Integrationsservers

Grundsätzlich entspricht das Vorgehen bei der Auswahl von Integrationsservern der bekannten Vorgehensweise bei der Softwareauswahl. Zunächst werden notwendige Funktionen in einer Anforderungsanalyse evaluiert, anschließend muss sich ein Überblick über die am Markt erhältlichen Produkte verschafft werden, um schließlich einzelne Produkte einem detaillierten Test zu unterziehen und anschließend auszuwählen. Lebender u. a. unterteilen die Vorgehensweise bei der Auswahl und Einführung einer Integrationslösung dann auch in die Phasen:[704] Bedarfsermittlung, Marktüberblick und Detailauswahl.

5.3.3.1 Bedarfsermittlung

Ziel der Bedarfsermittlung ist es, möglichst genau zu definieren, zu welchem Zweck die Integrationslösung eingesetzt werden soll, welche Funktionalitäten erfüllt und wel-

---

[703] Vgl. PAC: „SNAPSHOT Integration Platforms GERMANY 2005: EAI, Web Services and Portals", 2006, S. 6.

[704] Vgl. Lebender, M. u. a.: „Business Integration Software", 2003, S. 39-47.

che Leistungen erbracht werden müssen. Es entsteht dadurch ein Anforderungskatalog, dessen Einzelkriterien unternehmensspezifisch gewichtet werden. Zur Erstellung eines Anforderungskataloges ist auch eine grundlegende Marktkenntnis notwendig, damit realistische Anforderungen formuliert werden können bzw. Bedarf erkannt werden kann. Ein Anforderungskatalog entsteht immer vor dem Hintergrund des eigenen Unternehmens, sodass auch ein Abgleich zwischen Soll- und Ist-Situation stattzufinden hat, um die ausgewählte Integrationslösung erfolgreich einzusetzen. Die bei der Erstellung des Anforderungskatalogs zu berücksichtigenden Aspekte zur Beurteilung der Integrationssoftware lassen sich in produktbezogene Kriterien, anbieterbezogene Kriterien, auf das eigene Unternehmen bezogene Kriterien und das Angebot an Komplementärgütern unterteilen.

Produktbezogene Kriterien:

Bei der Diskussion zur Bedarfsermittlung finden produktbezogene Kriterien die mit Abstand größte Beachtung. Die zu untersuchenden Kriterien gleichen denen von EAI, wobei ggf. ein stärkerer Fokus auf die unternehmensübergreifende Aspekte der Integration, z. B. das Angebot von Adaptern für konkrete Marktplatzstandards oder sonstige EDI-Standards, die primär im unternehmensübergreifenden Datenaustausch eingesetzt werden oder Faktoren bzgl. der Umsetzung der Sicherheit z. B. Verschlüsselung, Authentifizierung und Berechtigungskonzepte, gelegt werden sollte, sofern eine Unterscheidung möglich ist.[705] Neben funktionalen Aspekten sind aus betriebswirtschaftlicher Sicht insbesondere die Kosten für Anschaffung und Betrieb ein ausschlaggebendes Kriterium. Zu den produktbezogenen Kosten können sowohl die Kosten für notwendige Lizenzen als auch Kosten für Wartung und Pflege gerechnet werden, die nur vom Anbieter selbst oder einem seiner Kooperationspartner geleistet werden können. Weiterhin werden Referenzprojekte bzw. -installationen sowie Einsatzszenarien als nützlich angesehen sowie eine Benutzerschnittstelle, die ergonomisches Arbeiten z. B. über Visualisierungen erlaubt.[706]

Anbieterbezogene Kriterien:

Der Bereich umfasst Fragen zum Anbieter, die in unmittelbarem, aber auch mittelbarem Zusammenhang zur Integrationssoftware stehen. Zu den anbieterbezogenen

---

[705] Vgl. Kap. 4.1.3.2.

[706] Vgl. Zumpe, S.; Esswein, W.: „Konzeptuelle Schnittstellenanalyse von eCommerce Applikationen", 2002, S. 89.

Kriterien, die in unmittelbarem Zusammenhang mit der Integrationssoftware stehen, zählen bspw.:

- Die Implementierungs- und Nutzungsunterstützung: Hier sind Leistungen wie Support, Schulungen, Service inkl. dessen Erreichbarkeit zu untersuchen. Um Aussagen über die Qualität treffen zu können, geben z. B. die Personalstärke, Referenzkunden, allgemeine Geschäftsbedingungen erste Anhaltspunkte.
- Die Zielgruppe des Anbieters: Die Ausrichtung auf bestimmte Branchen und bestimmte Unternehmensgrößen lassen tendenziell auf eine adäquate Funktionalität und Qualität der Lösung schließen. Käufer profitieren ggf. von Funktionalität, für die sie ex ante keinen Bedarf gesehen haben.

Zu den mittelbaren Kriterien zählt insbesondere die

- Stabilität des Anbieters: Da Investitionen in Integrationssoftware strategischen und langfristigen Charakter haben, gelten diese als risikobehaftet. Vor allem da Integrationslösungen noch nicht problemlos von einer Integrationssoftware zur anderen portiert werden können, begibt sich das Unternehmen tendenziell in eine Lock-in-Situation, sodass eine Kontinuität der Weiterentwicklung der Integrationslösung seitens des Herstellers angestrebt werden sollte. Um Aussagen über die Stabilität des Anbieters zu tätigen, sind Fragen nach der finanziellen Situation, danach ob es sich um das Kerngeschäft des Anbieters[707] handelt, was eine höhere Nachhaltigkeit vermuten lässt, Fragen nach der Unternehmens- und Produkthistorie, nach Unternehmensgröße etc. mögliche Indikatoren.

Auf das eigene Unternehmen bezogene Kriterien:

- Hard- und Softwarevoraussetzungen im Unternehmen: Mit dem Ziel Doppelinvestitionen zu vermeiden und ein einheitliches Systemmanagement zu realisieren, ist zu prüfen, ob bzw. welche Hardware vorhanden ist, die ggf. für den Betrieb der Integrationssoftware geeignet ist. Wird im Unternehmen bereits eine Middleware betrieben, ist zu prüfen, ob sich diese in die neue Lösung integrieren lässt, um evtl. Lizenz- und Schulungskosten zu verringern.
- Verfügbares Personal bzw. Know-how: Wenn das notwendige Know-how zum Betrieb einer Lösung in Form von eigenem Personal bereits im Unternehmen

---

[707] Vgl. Zumpe, S.; Esswein, W.: „Konzeptuelle Schnittstellenanalyse von eCommerce Applikationen", 2002, S. 89.

vorhanden ist, kann dies bei sonst ähnlicher Leistungsfähigkeit ein entscheidendes Kriterium für die Produktwahl sein. Daraus lassen sich die internen Kosten für Einführung, Betrieb, Wartung ableiten.

Angebot an Komplementärgütern:
Das Angebot an Komplementärgütern für Integrationssoftware richtet sich auf die benötigte Hardware, das Angebot an von dritten entwickelten Adaptern und insbesondere das Angebot an Dienstleistungen für das Produkt. Der Umfang ermöglicht auch Aussagen über die Unterstützung und Akzeptanz des Unternehmens in Wirtschaft und Industrie.[708]

5.3.3.2 Marktüberblick

Allgemeine Anbieter- und Produktinformationen helfen zunächst, das Angebot auf dem Markt zu strukturieren und die einzelnen Lösungen vergleichbar zu machen. Die einzelnen Angebote werden dann anhand der gewichteten Kriterien des Anforderungskatalogs grob bewertet. Ziel eines Marktüberblicks ist es, die Eigenschaften der am Markt angebotenen Lösungen mit den im eigenen Unternehmen herausgearbeiteten Anforderungen zu vergleichen. Lösungen, die Mindestansprüche nicht erfüllen, werden herausgefiltert. Ggf. ist der Anforderungskatalog aber auch zu überarbeiten, wenn z. B. geforderte Funktionen nicht erhältlich sind.

Im Jahr 2005 ergibt sich nach einer Gartner-Untersuchung weltweit folgende Rangordnung der Anbieter von Integrationssoftware (siehe Abbildung 30).

Platz	Unternehmen	Marktanteil
1	IBM	37,2%
2	BEA Systems	14,5 %
3	Oracle	8,7 %
4	Microsoft	4,7 %
5	TIBCO	3,7 %

Abbildung 30: Rangordnung der Anbieter von Integrationssoftware 2005 (gemäß Umsatz)[709]

708 Vgl. Zumpe, S.; Esswein, W.: „Konzeptuelle Schnittstellenanalyse von eCommerce Applikationen“, 2002, S. 89.
709 Vgl. Commercemanager.info: „Gartner Says Wordwide Application Integration and Middleware Market Increased 7 Percent in 2005, WWW.

Zukünftig wird erwartet, dass eine Konzentration stattfinden wird und finanzstarke Großunternehmen wie Microsoft, IBM, SAP und Software AG ihre Produkte ausbauen und erweitern und mit diesen in hartem Wettbewerb untereinander stehen werden, wohingegen Spezialisten wie TIBCO, Webmethods, Seebeyond oder Vitria unter starken finanziellen Restriktionen leiden werden.[710]

Neben kommerziellen Integrationsservern entwickeln die Apache Software Foundation unter dem Code-Namen Synapse oder Jboss auch freie Integrationsserver.[711]

In den letzten Jahren konnte insbesondere Microsoft seine Positionierung verbessern.[712] Am Beispiel der Entwicklung des Produkts BizTalk lässt sich die in hier vertretene Ansicht bzgl. der Erfolgswahrscheinlichkeit von Geschäftsdatenstandards für XML-EDI nachzeichnen. Zunächst zusammen mit dem BizTalk Framework gestartet, bestehend aus einer technischen Spezifikation, die eine konsistente Nutzung von XML zum Erstellen von Geschäftsdatenformaten definierte, einem Code-Set, das einige obligatorische und optionale XML-Tags definierte, und der BizTalk-Webpräsenz, die eine Vielzahl von XML-Schemata aus unterschiedlichen Branchen zum Herunterladen anbot,[713] konzentriert sich Microsoft mittlerweile ausschließlich auf die Entwicklung des BizTalk Server.[714]
Im Laufe seiner Entwicklung wurde der BizTalk Server dabei sehr zeitnah und medienpräsent um neue Standards wie Webservices, BPEL oder SOA erweitert. Der BizTalk Server stellt innerhalb eines nachrichtenbasierten Paradigmas Infrastruktur und Werkzeuge zum Dokumentenaustausch bereit. Durch eine Konvertierung der Daten in XML als syntaktischem Format bietet sich eine nach innen und außen generische Schnittstelle, die durch den Einsatz und die Veröffentlichung von XML-Schemata branchenweit standardisiert werden kann. Der BizTalk Server kann neben XML aber auch Datenformate wie EDIFACT, CSV-Dateien oder kundenspezifische Formate (z. B. SAP IDocs) transportieren und konvertieren. Er unterstützt Transport-

---

[710] Vgl. PAC: „Integration Platforms 2005 Germany – Market", WWW.
[711] Vgl. Reiter, M.: „Apache mischt die Integrationsszene auf", 2005, S. 3.
[712] Vgl. Reiter, M.: „Die Top Ten liegt dicht beieinander", 2003, S. 10. Danach war Microsoft im Jahr 2002 (in Deutschland) nicht unter den ersten zehn vertreten.
[713] Vgl. Cover Pages: „BizTalk Framework", WWW. Insbesondere die Webpräsenz zur Veröffentlichung von XML-basierten Datenformaten (Die verwendete Internetadresse (http://www.biztalk.org) verweist inzwischen auf die Seiten zur Produktpräsentation des BizTalk Servers.) konnte als Basis für die Etablierung von Standards aufgefasst werden. Neben Unternehmen, die nach Möglichkeiten zur Differenzierung suchen, dürfte aber gerade ein Hersteller eines Integrationsservers wenig Interesse an der umfassenden Durchsetzung von Standards haben.
[714] 2006 erschien der BizTalk Server in der vierten Generation.

dienste wie HTTP, HTTPS, SMTP, FTP, Flat-file, Fax und Message Queuing. Als Abnehmer der Nachrichten können demnach nicht nur IT-Systeme, sondern auch Personen adressiert werden. Die Sicherheit wird durch Verschlüsselungstechniken wie elektronische Signaturen gewährleistet. Grafische Modellierungs- und Entwicklungswerkzeuge sorgen für eine einfache Handhabung, um das System auch für technisch weniger erfahrene Benutzer handhabbar zu machen. Entwicklungen sind in .Net Sprachen über das entsprechende Microsoft Produkt möglich. Daneben existieren Monitoring-Werkzeuge zur Problemanalyse sowie eine programmatisch erweiterbare Architektur, die Entwicklern eine individuelle Anpassung der Schnittstellen ermöglicht. Geschäftsprozesse und Handelsbeziehungen werden mittels einer grafischen Oberfläche definiert. Ein Transformationswerkzeug erlaubt den Dokumentenaustausch zwischen Anwendungen mit unterschiedlichen Datenformaten.[715] Durch die enge Abstimmung mit Windows 2003 Server und SQL-Server ist der BizTalk Server in das Systemmanagement von Windows-Netzwerken integriert.[716]

5.3.3.3 Detailauswahl

Schließlich können die einzelnen Produkte in eine hierarchische Reihenfolge gebracht werden, sodass eine Auswahl getroffen werden kann, die dann einer detaillierten Prüfung unterzogen wird. Da Produktpräsentationen und ggf. Testinstallationen mit spezifischen Anpassungen aber mit Kosten verbunden sind, auch wenn Testversionen der Integrationssoftware vielfach kostenlos angeboten werden, gilt auch hier abzuwägen, wie viele Produkte dieser Prüfung unterzogen werden und wie detailliert ein Testbetrieb durchgeführt wird.

---

[715] Vgl. Horstmann, R.; Ottenschläger, S.: „Möglichkeiten und Grenzen der Anbindung regionaler Reisedienstleister an einen E-Commerce-Marktplatz", 2001, S. 30-31.

[716] Vgl. Chappel, D.: „Microsoft BizTalk Server 2006", 2005, S. 4.

6 Fazit: Der Erfolg des Internets als Vorreiter für den Durchbruch XML-basierter Geschäftsdatenformate

Das Ziel der vorliegenden Arbeit war die Untersuchung der ökonomischen Auswahl semantischer und pragmatischer Geschäftsdatenformate vor dem Hintergrund von XML, einer sich mehr und mehr etablierenden Auszeichnungssprache. Dabei sollte die Auswahl aus bereits vorhandenen Formaten, die von den jeweiligen Protagonisten gern als Standard bezeichnet werden, erfolgen.

Die Untersuchung hat gezeigt, dass es irreführend ist, von der Auswahl *eines* Geschäftsdatenformats zu sprechen. Schon die Darstellung des Standardbegriffs verdeutlichte, dass Standards immer nur von einer bestimmten Anwendergruppe, für eine bestimmte Zeit und für einen bestimmten Anwendungsbereich verwendet werden. Dieser Dynamik muss sich ein Unternehmen auch und insbesondere bei Überschreiten einer Domänengrenze immer wieder anpassen. Letztendlich muss auch nach dem hier untersuchten Beispiel eingestanden werden, dass eine sichere Vorhersage über Art und Umfang von Standardisierung noch nicht getroffen werden kann. Zwar erlauben die vorgestellten Modelle eine Kategorisierung und erhöhen die Transparenz von Standardisierungsprozessen erheblich, sie bieten aber nach wie vor keine klaren Abgrenzungskriterien, sodass, zumal in einem von Wettbewerb geprägten Umfeld, diese als situations- und dabei insbesondere als personenabhängig einzuordnen sind. Denn auch die wettbewerbliche Analyse ergab, dass Geschäftsdatenformate aus verschiedenen wettbewerbstheoretischen Perspektiven betrachtet als Wettbewerbsparameter eingesetzt werden können und somit einer Dynamik unterliegen.

Übertragen auf Informationssysteme in Unternehmen wird diese betriebswirtschaftliche Dynamik mittels Integrationstechnologien adressiert. Mit diesen wird auch ein Lock-In bei der Wahl eines Geschäftsdatenformats vermieden, wobei aber ggf. ein Informationsverlust in Kauf genommen werden muss. Ein Vergleich von Flat-files und XML zur Integration von Anwendungssystemen ergab, dass beiden Verfahren spezifische Vorteile zuzuschreiben sind, die zunächst kein eindeutiges Votum für das eine oder andere Verfahren zulassen. Die enge Verbindung von XML mit dem Internet zum Transport der Daten und insbesondere die inhärenten Konvertierungsmöglichkeiten lassen XML aber insbesondere für Neuentwicklungen, die weder sehr zeitkritisch sind noch den Austausch einer großen Anzahl an Informationseinheiten erfordern, vorteilhafter erscheinen. Das Internet hat sich als ubiquitäre und preiswerte Infrastruktur für den elektronischen Geschäftsverkehr erwiesen und zur Entstehung elektronischer Marktplätze geführt. Hierin liegt ein entscheidender Unterschied und Vorteil von XML-EDI gegenüber Flat-file-EDI, der zunächst auf VANs und proprietären Technologien zur Abbildung der Informationen basierte und tendenziell bilateral ist. XML kann eine ex ante implementierte Flexibilität attestiert werden. Über XSLT können sehr einfach Transformationen vorgenommen werden, die vorher nur zu sehr hohen Kosten durchgeführt werden konnten. Die Transformationskosten erwiesen sich dabei oft als prohibitiv. Der Wettbewerb zwischen den Technologien (Internet vs. VAN sowie XML- vs. Flat-file-Integrationssoftware) hat aber zu einem Angleichen des Leistungsangebots und der Kosten geführt, sodass mittelfristig mit einer Koexistenz und einem allmählichen Ineinanderübergehen gerechnet werden kann.

Zudem konnte gezeigt werden, dass sich auch weitere Voraussetzungen für E-Business erheblich gebessert haben. So trägt neben dem Zugang zu Datennetzen, meist zum bzw. über das Internet, die kulturelle Akzeptanz und gestiegene Rechtssicherheit zu stetigem Wachstum bei.

(Standards für) Geschäftsdatenformate sind Netzeffektgüter, deren Nutzen zunächst mit der Nutzerzahl steigt; so bedarf es einer Mindestgruppengröße, um die Standardisierungs- bzw. Entwicklungs- und Einführungskosten zu decken. Um elektronische Marktplätze gruppieren sich Nutzer eines bestimmten Standards für Geschäftsdaten. Auf ihnen trifft Angebot und Nachfrage gemäß bestimmter Spezifikationen zusammen, sodass auch von einem elektronischen Marktplatz als Standard gesprochen werden kann. Unternehmen, die ihr Angebot elektronisch präsentieren, müssen abwägen, ob der gewählte Marktplatz ihre Wettbewerbsvorteile entsprechend abbilden kann. Ggf. muss es in der Lage sein, sein Angebot auch auf mehreren Marktplätzen einzustellen. Im Verlauf einer Geschäftsbeziehung kann es des Weiteren zu Tendenzen kommen, den elektronischen Marktplatz, auf dem es zunächst zur Koordination von Angebot und Nachfrage kam, zu umgehen, um durch eine individuelle Verbindung Wettbewerbsvorteile zu erlangen. So lässt sich eine stimmige Organisation aufbauen, um moderne und marktkonforme Strategien umzusetzen und gleichzeitig neue Formen der Arbeitsteilung zu entdecken.[717] Ähnlich wie bei der Produktdifferenzierung gilt es, so viel wie möglich zu standardisieren, um Kosten für Eigenentwicklungen inkl. Qualitätstest usw. zu minimieren, ohne dabei notwendige Merkmale zur Differenzierung aus dem Blickfeld zu verlieren. Die Entscheidung, einem Marktplatz beizutreten oder einen bisherigen Marktplatz zu umgehen, um evtl. Kosten einzusparen oder sich gemeinsam mit seinen Geschäftspartnern in einer Wertschöpfungskette über einen neuen Standard am Markt zu differenzieren, erfordert wiederum Integrationsdienste, die intern oder von einem externen Dienstleister erbracht werden können. Zumindest temporär kann dabei eine effiziente Integrationsfähigkeit noch als Differenzierungskriterium dienen. Ob Integrationsfähigkeit durch Leistungen im eigenen Unternehmen erreicht werden oder über den Markt bezogen werden soll, hängt vom Einzelfall ab.

Die Handlungsempfehlung für Standardübernehmer gemäß der eingangs gestellten Frage nach der Wahl des *einen richtigen* Datenformats kann nur heißen, sich rechtzeitig mit dem Thema Integration auseinander zu setzen, da sich diese Aufgabe zwangsläufig wiederkehrend ergeben wird. Die erstmalige Entscheidung für ein Format kann als annähernd beliebig eingestuft werden. Es gilt, ein verfügbares Format zu wählen, dass die aktuelle Strategie best möglich abbildet. Diese kann durch einen elektronischen Marktplatz, einen Geschäftspartner oder andere Standardisierungsorganisationen determiniert sein.

---

[717] Vgl. Kieß, F.-M.: „Web-Services dienen als Integrationstools“, 2002, S. 10.

Literaturverzeichnis

Akerlof, G. A.: „The Market for „Lemons“: Quality Uncertainty and the Market Mechanism“, in Quarterly Journal of Economics 1970, S. 488-500.

Albers, S. u. a.: „Management Virtueller Unternehmen“, 2002, http://www.uni-potsdam.de/u/eCommerce/Lehre/WS_03_04/Vorlesung__E-Business_und_E-Commerce/berichtvirtuelleunternehmeninstitutspapier.pdf, Abruf: 2006-06-06.

Alpar, P.: „Die kritischen Erfolgsfaktoren für EDI-Dienstleistungsanbieter. Eine Delphi-Studie“, in Wirtschaftsinformatik 1/2002, S. 29-40.

Alpar, P.; Pickerodt, S.: „Vergleich von Standardisierungsvorschlägen für die Nutzung von XML für Bankdienstleistungen“, KPMG und Philipps-Universität Marburg, 2001.

Alt, R. u. a.: „Virtuelle Organisation – Konzept, Realität und Umsetzung“, in HMD 242/2005, S. 7-20.

Alt, R.; Heutschi, R.; Österle, H.: „WebServices – Hype oder Lösung“, in new management 1-2/2003, S. 63-70.

Althaus, M.; Sareyka,J.: „Entwicklung und Nutzung von Produktklassifikationssystemen aus Sicht des Contentmanagement“, in Dorloff, F.-D.; Leukel, J.; Schmitz, V. (Hrsg.): „E-Business-Standardisierung und Integration, Göttingen, 2004, S. 135-156.

Arndt, T.: „Erfolgreich auf B2B-Marktplätzen“, Bonn, 2002.

Arthur, W. B.: „Competing technologies, increasing returns, and lock-in by historical events“, in The Economic Journal 1999, S. 116-131.

Baal, S. v.; Hudetz, K.: „Handel: Ziele auf Online-Marktplätzen noch nicht erreicht“, http://www.absatzwirtschaft.de/pdf/sf/van_Baal.pdf, Abruf: 2005-08-10.

Bailey, J. P.; Bakos, Y.: „An Exploratory Study of the Emerging Role of Electronic Intermediaries“, in International Journal of Electronic Commerce 3/1997, S. 7-20.

Ballnus, R.: „Erfolg mit EDI und E-Commerce“, Marburg, 2000.

Barney, J.: „Firm Resources and Sustained Competitive Advantage“, in Journal of Management 1991, S. 99-120.

Barney, J.: „Resource-based *theories* of competitive advantage: A ten-year retrospective on the resource-based view“, in Journal of Management 2001, S. 643-650.

Barney, J.; Wright, M.; Ketchen Jr., D. J.: „The resource-based view of the firm: Ten years after 1991“, in Journal of Management 2001, S. 625-641.

Baum, D.; Dessaux, C.; Talukdar, N.: „e-Business Integration“, http://www.oracle.com/applications/integration.html, Abruf: 2003-03-25.

Beimborn, D.; Mintert, S.; Weitzel, T.: „Web Services und ebXML“, in Wirtschaftsinformatik 3/2002, S. 277-280.

Berlecon Research: „E-Business-Standards in Deutschland“, Berlin, 2003.

Besanko, D. u. a.: „The Economics of Strategy“, 3. Aufl., Chinchester u. a., 2004.

Besen, S. M.; Farrell, J.: „Choosing How to Compete: Strategies and Tactics in Standardization“, in Journal of Economic Perspectives 2/1994, S. 117-131.

Besen, S. M.; Saloner, G.: „The Economics of Telecommunications Standards“, in Crandall, R.W.; Flamm, K. (Hrsg.): „Changing the Rules: Technological Change, International Competition, and Regulation in Communications“, Washington, 1989, S. 177-220.

Blind, K.: „Innovationen, Normen und ihr Einfluss auf die gesamtwirtschaftliche Entwicklung“, in WIST 4/2000, S. 230-232.

Bodendorf, F.; Robra-Bissantz, S.; Bauer, C.: There's more to IT – vom Innovationspotenzial zur Innovationsfähigkeit", in HMD 239/2004, S. 7-17.

Bogaschewsky, R.: „Virtuelle Plattformen zur Unterstützung von B2B-Partnernetzwerken“, in Supply Chain Management 1/2002, S. 7-14.

Borchers, D.: „20 Jahre TCP/IP“, http://www.heise.de/newsticker/meldung/3338, Abruf: 2003-01-02.

Borowicz, F.; Scherm, E.: „Standardisierungsstrategien: Eine erweiterte Betrachtung des Wettbewerbs auf Netzeffektmärkten“, in ZfBF 6/2001, S. 391-416.

Bosak, J. in einem Interview mit Sommergut, W.: „Web-Servives: Falle für den E-Commerce?“, Computerwoche 42/2002, S. 12-13.

Bosak, J.: „XML, Java, and the future of the web“, http://www.ibiblio.org/pub/sun-info/standards/xml/why/xmlapps.htm, Abruf: 2004-07-05.

Boscher, R.: „Formale oder materiale Topik“, 1999, http://www.ub.uni-konstanz.de/v13/volltexte/1999/301//pdf/301_1.pdf, Abruf: 2005-09-08.

Brandenburger, A. M.; Nalebuff, B. J.: „Coopetition“, Frankfurt, 1996.

Brandenburger, A. M.; Nalebuff, B. J.: „The Right Game: Use Game Theory to Shape Strategy“, in HBR July/August 1995, S. 57-71.

Brousseau, E.: „EDI and Inter-Firm Relationships: Toward a Standardization of Coordination Processes?“, in Information, Economics and Policy, 3-4/1994, S. 319-347.

Brown, T. M.: „The Application Archipelago“, in EAI Journal January 2000, S. 34-40.

Brunt, J.: „Anwender stochern im Standardnebel“, in Computer Zeitung 11/2005, S. 18.

Bullinger, H.-J. (Hrsg.) u. a.: „Trendanalyse Elektronische Marktplätze“, http://www.media-vision.iao.fraunhofer.de/downloads/Trendanalyse_Elektronische_Marktplaetze.pdf, Abruf: 2005-09-05.

Bundesministerium für Wirtschaft und Technologie: „E-Commerce und Recht“, http://www.bmwi.de/BMWi/Navigation/Mittelstand/E-Business/e-commerce-und-recht.html, Abruf: 2006-03-29.

Bunjes, B. u. a.: Integration von Daten, Anwendungen und Prozessen am Beispiel des Telekommunikationsunternehmens EWE TEL“, in Wirtschaftsinformatik 5/2002, S. 421-423.

Bussler, C.: „B2B Integration“, Berlin, Heidelberg, New York, 2003.

Buxmann, P. u. a.: „Kooperationen in Supply-Chains – Ökonomische Bewertungsansätze und Anwendung eines Simulationsmodells“ in Wirtschaftsinformatik 5/2003, S. 509-514.

Buxmann, P.: „Standards und Standardisierung“, S. 434-435, in Mertens, P.: „Lexikon der Wirtschaftsinformatik“, Berlin, Heidelberg, New York, 2001.

Buxmann, P.; König, W.: „Das Standardisierungsproblem: Zur ökonomischen Auswahl von Standards in Informationssystemen“, in Wirtschaftsinformatik 2/1998, S. 122-129.

Buxmann, P.; Ladner, F.; Weitzel, T.: „Anwendung der Extensible Markup Language (XML): Konzeption und Implementierung einer WebEDI-Lösung", in Wirtschaftsinformatik 3/2001, S. 257-267.

Campell, J. L.; Lindberg, L. N.: „The Evolution of Governance Regimes", in Campell, J. L.; Hollingsworth, J. R.; Lindberg, L. N. (Hrsg.): „Governance of The America Economy", Cambridge, 1991, S. 319-355.

Carr, N. G.: „Does software matter?", in Informatik Spektrum 4/2005, S. 271-273.

Caves, R. E., Porter, M. E.: „From Entry Barriers to Mobility Barriers: Conjectural Decisions and Contrives Deterrence to New Competition", in Quarterly Journal of Economics 1977, S. 241-262.

Chanliau, M.: „Selbstbehauptung – Web Services-Sicherheit und die SAML", http://www.entwickler.com/itr/online_artikel/psecom,id,468,nodeid,69.html, Abruf: 2006-06-14.

Chappel, D.: „Microsoft BizTalk Server 2006", http://download.microsoft.com/download/d/6/8/d681470d-6ad9-43c2-9930-d7265f2b3101/WP_Chappell_Ueberblick_BizTalk_Server_2006_de.pdf, Abruf: 2006-06-08.

Clemons, E. K. u. a.: „The Impact of Information Technology on the Organization of Economic Activity: The „Move to the Middle" Hypothesis", in Journal of Management Information Systems 2/1993, S. 9-35.

Commercemanager.info: „Gartner Says Wordwide Application Integration and Middleware Market Increased 7 Percent in 2005, http://www.commercemanager.info/magazine/news_h17319-print_gartner_says_worldwide_application.html, Abruf: 2006-06-19.

Cooper, W. W.; Muench, M. L.: „Virtual Organizations: Practice and the Literature", in Journal of organizational computing 3/2000, S. 189-208.

Cover Pages: „BizTalk Framework", http://xml.coverpages.org/biztalk.html, Abruf: 2006-06-22.

Cover Pages: „Universal Business Language (UBL) Version 1.0 Approved as an OASIS Standard", http://xml.coverpages.org/search?NS-search-page=document&NS-rel-doc-name=/ni2004-11-08-a.html&NS-query=UBL&NS-search-type=NS-boolean-query&NS-collection=CoverPagesHTML&NS-docs-found=461&NS-doc-number=7, Abruf: 2005-04-07.

Dangelmaier, W.; Lessing, H.; Pape, U.; Rüther, M.: „Klassifikation von EAI-Systemen“; in HMD 225/2002, S. 61-71.

Darby, M. R.; Karni, E.: „Free Competition and the Optimal Amount of Fraud“, in Journal of Law and Economics 1973, S. 67-88.

Davenport, T. H.: „Process innovation“, Boston, 1993.

David, P. A.: „Path dependence, its critics and the quest for “historical economics””, http://econwpa.wustl.edu/eps/eh/papers/0502/0502003.pdf, Abruf: 2005-10-19.

David, P. A.; Greenstein, S.: „The Economics of Compatibility Standards: An Introduction of Recent Research, in Economics of Innovation and New Technology, 1990, S. 3-41.

Dorloff, F.-D.: Standards – die neue Sprache für E-Business?“, in Essener Unikate 18/2002, S. 45-53, http://www.uni-essen.de/unikate/pdf/18-Dorloff.pdf, Abruf: 2004-10-19.

Dörr, M. u. a.: „State of the Art in Content Standards”, 2001, http://ontoweb.org/About/Deliverables/D3.1.pdf, Abruf: 2006-07-20.

Dostal, W.; Jeckle, M.; Kriechbaum, W.: „Semantik und Web Services: Vokabulare und Ontologien“, http://www.jeckle.de/semanticWebServices/vokont.html, Abruf: 2006-01-31.

Dybvig, P. H.; Spatt, C. S.: „Adoption Externalities As Public Goods”, in Journal of Public Economics 1983, S. 231-247.

ebXML Quality Review Team: „ebXML Documentation Roadmap v0.93”, 2001, http://www.ebxml.org/specs/qrROAD.pdf, Abruf: 2005-01-23.

ECIF (Integrated Forum on Electronic Commerce): „2002 Survey of Demands for E-Business Standardization in Korea“, Seoul, 2002.

Eckert, S. u. a.: „Sichere Kopplung von ERP-Systemen und elektronischen Marktplätzen, FORWIN-Bericht-Nr.:FWN-2002-008, Bamberg u. a., 2002 oder in Bartmann, D.: „Kopplung von Anwendungssystemen“, Aachen, 2002, S. 61-83.

Economides, N.: „The Economics of Networks”, in International Journal of Industrial Organization 2/1996, S. 675-699.

Economist Intelligence Unit: „The 2005 e-readiness rankings“, http://www.eiu.com/site_info.asp?info_name=eiu_2005_e_readiness_rankings, Abruf: 2005-11-26.

Egeling, T. u. a.: „DCOM und Corba danken ab“, in Computer Zeitung 32-33/2005, S. 20.

Egyedi, T. M.: „Beyond Consortia, Beyond Standardization? Redefining the Consortium Problem“, in Jakobs, K. (Hrsg.): „Information Technology Standards and Standardization Research”, Hershey, London, 2006, S. 91-109.

Ekström, M. A. u. a.: „A Reputation Mechanism for Business-to-Business Electronic Commerce That Accounts for Rater Credibility“, in Journal of Organizational Computing and Electronic Commerce 1/2005, S. 1-18.

Emmelhainz, M. A.: „EDI“, New York, 1993.

Endres, A.: „Wissen bei Menschen und Maschinen – eine informatikbezogene Betrachtung“, in Informatik Forschung und Entwicklung, 3-4/2004, S. 201-206.

Esswein, W.; Zumpe, S.: „Realisierung des Datenaustauschs im elektronischen Handel“, in Informatik Spektrum 4/2002, S. 251-261.

Europäisches Parlament: „Ein großer Schritt nach vorne für den freien Dienstleistungsverkehr“, http://www.europarl.de/presse/pressemitteilungen/quartal2006_1/PM_060216_1, Abruf: 2006-04-04.

Evans, P.; Wurster, T. S.: „Blown to Bits“, Boston, 2000.

Faisst, W.; Stürken, M.: „Daten-, Funktions- und Prozess-Standards für Virtuelle Unternehmen – strategische Überlegungen“, Arbeitspapier 12/1997, Universität Erlangen, Bereich Wirtschaftsinformatik 1.

Farrell, J.; Gallini, N.: „Second-Sourcing as a Commitment: Monopoly Incentives to Attract Competition“, in Quarterly Journal of Economics 4/1988, S. 673-694.

Farrell, J.; Saloner, G.: „Competition, Compatibility and Standards: The Economics of Horses, Penguins and Lemmings“, in: Landis Gabel, H. (Hrsg.): „Product Standardization and Competitive Strategy, 1987, S. 1-21.

Farrell, J.; Saloner, G.: „Standardization and variety”, in Economics Letters, 1986, S. 73-74.

Farrell, J.; Saloner, G.: „Coordination through committees”, in RAND Journal of Economics 2/1988, S. 235-252.

Farrell, J.; Saloner, G.: „Converters, compatibility, and the control of interfaces", in The journal of industrial economics 1/1992, S. 9-33.

Farrell, J.; Saloner, G.: „Installed Base and Compatibility", in The American Economic Review, 5/1986, S. 940-955.

Fearon, C.; Philip, G.: „An Empirical Study of the Use of EDI in Supermarket Chains Using a New Conceptual Framework", in Journal of Information Technology 1/1999, S. 3-21.

Fensel, D.: „Ontologies", Berlin u. a., 2001.

Feßenbecker, M.: „ebXML fasst auch in Europa Fuß", in Computerwoche 4/2003, S. 38-39.

Feßenbecker, M.: „Web Services – Revolution für die B2B- Integration?", in Information Management & Consulting 3/2002, S. 47-50.

Feßenbecker, M.: „Zahlreiche B-to-B-Standards konkurrieren", in Computerwoche 6/2002, S. 42-43.

Fischer, J.: „Datenmanagement", München, Wien, 1992.

Fischer, J.: „Informationswirtschaft: Anwendungsmanagement", München, 1999.

Förderer, K.: „Elektronische Rechnungen: Herausforderung und Chance", http://www.ecin.de/state-of-the-art/elektronische-rechnung/, Abruf: 2006-05-03.

Frank, U.: „Standardisierungsvorhaben zur Unterstützung des elektronischen Handels: Überblick über anwendungsnahe Ansätze", in WI 3/2001 S. 283-293.

Frank, U.: „Vergleichende Betrachtung von Standardisierungsvorhaben zur Realisierung von Infrastrukturen für das E-Business", Arbeitsberichte des Instituts für Wirtschaftsinformatik Nr. 22, Universität Koblenz Landau, August 2000.

Frank, U.: „Zur Verwendung formaler Sprachen in der Wirtschaftsinformatik: Notwendiges Merkmal eines wissenschaftlichen Anspruchs oder Ausdruck übertriebenen Szientismus", in Becker, J. u. a. (Hrsg.): „Wirtschaftsinformatik und Wissenschaftstheorie. Bestandsaufnahmen und Perspektiven", Wiesbaden, 1999, S. 127-160.

Fricke, M. u. a.: „EDI and Business-to-Business Systems: The Status Quo and the Future of Business Relations in the European Automotive Industry", 2002, http://much-magic.wiwi.uni-frankfurt.de/~tweitzel/paper/EDI-automotive.pdf, Abruf: 2004-07-21.

Frisch, J.: „Kundenmanagement führt die Ausbaupläne an“, in Computer Zeitung 7/2003, S. 9.

Frisch, J.: „Megafusion scheitert an Integrationshürden“,in Computer Zeitung 25/2004, S. 1.

Fritsch, W.: „Webservices zwischen Vision und Wirklichkeit“ in Informationweek 28/2001 S. 32-36.

Fuchs, C.: „Die Actor-Network-Theory“, http://cartoon.iguw.tuwien.ac.at:16080/ christian/technsoz/actornetwork.html, Abruf: 2004-12-19.

Gaitanides, M.: „Prozessorganisation“, München, 1983.

Gaitanides, M.; Ackermann, I.: „Die Geschäftsprozessperspektive als Schlüssel zu betriebswirtschaftlichem Denken und Handeln“, 2004, http://www.ibw.uni-hamburg.de/bwpat/spezial1/gaitanides-ackermann.html, Abruf: 2006-03-17.

Gaitanides, M.; Sjurts, I.: „Wettbewerbsvorteile durch Prozessmanagement“, in Corsten, H. (Hrsg.): „Unternehmensführung im Wandel“, Stuttgart u. a., 1995, S. 61-82.

Garbe, H.: „Verwendungsmöglichkeiten unternehmungsindividueller Gesamtmodelle zur Ableitung organisatorischer Gestaltungsalternativen“, in Grochla, E. : Integrierte Gesamtmodelle der Datenverarbeitung, München, Wien, 1974, S. 129-151.

Geer, D.: „Will Binary XML Speed Network Traffic?“, in IEEE Computer April 2005, S. 16-18.

Genschel, P.: „Standards in der Informationstechnik“, Frankfurt, New York, 1995.

Georg, B.: „EDI hat noch lange nicht ausgedient“, http://www2.computerwoche.de/ index.cfm?pageid=255&artid=27128&aktion=print, Abruf: 2002-01-11.

Gerum, E.: „Grundfragen der Arbeitsgestaltungspolitik“, Stuttgart, 1981.

Gerum, E.; Sjurts, I.; Stieglitz, N.: „Der Mobilfunkmarkt im Umbruch“, Wiesbaden, 2003.

Gilpin, M.: „Planning Assumption – How to Select an Enterprise Application Integration, Giga Information Group Positionspapier, Cambridge, 1999.

Glaap, R.: „Die Einheit in der Vielfalt", in Computerwoche Extra 5/2002, S. 25.

Göbel, C.; Hocke, S.; Heinzl, A.: „Simulative Flexibilitätsanalyse interorganisatorischer Geschäftsprozesse", in Bartmann, D. (Hrsg.): „Kopplung von Anwendungssystemen", Aachen, S. 321-347.

Goessner, S.: „Converting Between XML and JSON", http://www.xml.com/pub/a/2006/05/31/converting-between-xml-and-json.html?page=1, Abruf: 2006-06-03.

Griffel, F.: "Componentware, Heidelberg, 1998.

Grimm, R.: „XML-Signaturen in der Anwendung", in DUD 4/2005, S. 190.

Grochla, E.: „Das Kölner Integrationsmodell", in Grochla, E. u. a. (Hrsg.): „Integrierte Gesamtmodelle der Datenverarbeitung", München u. a., 1974, S. 189-360.

Gronau, N.: „Kollaborative Engineering Communities – Architektur und Integrationsansätze", in Loos, P.; Gronau, N.: „E-Business – Integration industrieller ERP-Architekturen, Göttingen, 2002, S. 1-15.

Gruber, T.: „What is an Ontology", http://www-ksl.stanford.edu/kst/what-is-an-ontology.html, Abruf: 2006-05-17.

Gruninger, M.; Lee, J.: „Ontology – applications and design", in Communications of the ACM 2002, S. 39-41.

Haas, M.: „Elektronische Kataloge als zentrales Produktinformationssystem steigern die Effizienz des Unternehmens", IDC, Frankfurt, 2003.

Hackmann, J.: „EDI-Provider müssen sich wandeln", in Computerwoche 8/2002, S. 38.

Hackmann, J.: „Kennzahlen-Korsett für Service-Provider", in Computerwoche 11/2002, S. 66.

Hagel III, J.: „Spider versus Spider", in The McKinsey Quarterly 1/1996, S. 4-18.

Hagel III, J.; Singer M.: „Unbundling the Corporation", in Harvard Business Review March/April 1999, S. 133-141.

Hagenhoff, S.: „Kooperationsformen: Grundtypen und spezielle Ausprägungen", Institut für Wirtschaftsinformatik, Georg-August-Universität Göttingen, Arbeitsbericht 4/2004, http://www.wi2.wiso.uni-goettingen.de/getfile?DateiID=488, Abruf: 2006-07-06.

Hammer, M.; Champy, J.: „Business Reengineering“, Frankfurt, 1995.

Hansch, M. u. a.: „XML-Schema“, in Informatik Spektrum 5/2002, S. 363-366.

Hanseth, O.; Monteiro, E.: „Inscribing behaviour in information infrastructure standards”, http://heim.ifi.uio.no/~oleha/Publications/siste.enkel.doc.html, Abruf: 2004-02-04.

Harrington, A.: „Standard issue“, http://www.vnunet.com/financial-director/analysis/2156747/standard-issue, Abruf: 2006-05-25.

Hars, A.; Schlüter-Langdon; C.: „Chancen und Risiken für verteilte Informationssysteme“, in Information Management & Consulting 3/2002, S. 13-19.

Hasenkamp, U.: „Ausrichtung der betrieblichen IT in Abhängigkeit von E-Business-Strategien“, in Kemper, H.-G.: „Informationsmanagement: neue Herausforderungen in Zeiten des E-Business“, Lohmar u. a., 2003, S. 203-221.

Hasenkamp, U.; Stemmann, B. „Preis-/Leistungsvergleich von X.400-Dienstleistungen verschiedener Anbieter“, Bericht zu VULCAN II - Forschungsprojekt, Marburg, 2000.

Hasenkamp, U.; Stemmann, B.: „Studie: Sind komponentenbasierte Anwendungen Alternativen zu EDI?“, Bericht zu VULCAN II - Forschungsprojekt, Marburg, 2000.

Hasselbring, W.: „Web Data Integration for E-Commerce Applications“, in IEEE Multimedia January 2002, S. 16-26.

Hax, A. C.; Majluf, N. S.: „Strategic Management - An integrative perspective“, Englewood, 1985.

Herrmann, F.: „Elektronische Kataloge zur Deckung maschinell disponierten Bedarfs“, in HMD 228/2002, S. 77-84.

Herzog, M.: „Mit Topik zum konsensfähigen Argument“, http://www.diskussionsforen.ch/topik.htm, Abruf: 2005-09-08.

Hess, T.: „Netzeffekte“, in WIST 2/2000, S. 96-98.

Hesse, W.: „Ontologie(n)“, in Informatik Spektrum 2002, S. 477-480.

Hildebrand, U.: „Wer Edifact kann, ist für XML gerüstet“, in Computerwoche 1/2 2003, S. 18-19.

Hladjk, J.: „Qualität und Effektivität von Gütesiegeln“ in DUD 2002, S. 597-600.

Hoidn, H.-P.: „Web Services aus Sicht der Unternehmensarchitektur“, in Information Management & Consulting 3/2002, S. 31-35.

Holten, R.: „Integration von Informationssystemen“, in Wirtschaftsinformatik 1/2003, S. 41-52.

Holzwart, G., Riem, S.: „Outsourcing: Einziger „Boom“ in der IT?“, in Computerwoche 11/2002, S. 48-49.

Hoppe, U., Krohn, J.: „§ 1 Grundlagen zu B2B-Marktplätzen“, in Gramlich, L, Kröger, D.; Schreibauer, M (Hrsg.): „Rechtshandbuch B2B Plattformen“, München, 2003, S. 1-22.

Hörster, R.: „Enterprise Service Bus steuert flexible IT“, in Computer Zeitung 32-33/2005, S. 20.

Horstmann, R.; Ottenschläger, S.: „Möglichkeiten und Grenzen der Anbindung regionaler Reisedienstleister an einen E-Commerce-Marktplatz“, Bamberg u. a., FORWIN-Bericht-Nr.: FWN-2001-012, 2001, http://www.forwin.de/download/berichte/Internet_FWN_2001-012.pdf, Abruf: 2005-07-21.

Huber, T.; Alt, R.; Lehmann, G.: „Templates: Standardization for Business Networking“, in Österle, H.; Fleisch, E.; Alt, R.: „Business Networking“, Berlin u. a., 2001, S. 211-228.

Huemer, C.: „UML – Was hat das mit elektronischem Datenaustausch zu tun?“; in edi-change 4/2001, S. 18-20.

Hüls, A.: „Integrations-Middleware ist zu teuer“, http://www.cowo.de/index.cfm?pageid=254&artid=52257&type=detail&kw=Integrations-Middleware, Abruf: 2005-06-19.

Hüls, A.: „Sun: Microsoft gefährdet Web-Services-Standards“, http://www.cowo.de/index.cfm?pageid=254&artid=51180, Abruf: 2003-07-21.

Hüther, F.; Fahrnholz, A.: „Das Echtzeitunternehmen setzt EAI voraus“, in Computerwoche 24/2003, S. 42-43.

Huttenloher, R.: „Prozesseinbindung findet über Marktplätze statt“, in Computer Zeitung 39/2001, S. 17.

Iacovou, C. L.; Benbasat, I.; Dexter, A. S.: „Electronic Data Interchange and Small Organisations: Adoption and Impact of Technology", in MIS Quarterly 4/1995, S. 465-485.

IDC: „EDI, the Grandfather of B2B, Set to Continue to Drive Commerce Value in Europe Between 2002 and 2006", http://www.idc.com/getdoc.jhtml?containerID=pr2002_11_11_141352, Abruf: 2002-12-18.

Imai, M.: „Kaizen", New York, 1986.

Institute of Electronic Business: „B2B – Entwicklung von Standards im Electronic Business", Berlin, 2003.

Jablonski, S. u. a.: „Web-Services und Semantic Web", in HMD 234/2003, S. 78-86.

Jacobs, K.: „Standardization Processes in IT", Braunschweig, Wiesbaden, 2000.

Janssen, M.; Verbraeck, A.: „Evaluating the Information Architecture of an Electronic Intermediary", in Journal of organizational Computing and Electronic Commerce 1/2005, S. 35-60.

Jirik, C.; Sint, P. P.: „Kriterien von B2B-Marktplätzen", Wien, 2003, http://www.bmwa.gv.at/NR/rdonlyres/056E77DC-E9A4-4FA0-9573-8FCE20E13065/12625/KriterienB2BMarktplaetzfinal.pdf, Abruf: 2006-07-06.

Johannes, H.: „Standardisierungsanreize bei technischen Systemen", Dissertation Universität – Gesamthochschule Siegen, 1999.

Jones, M.: „X12 EDI: It's Not Dead Yet", http://www.devx.com/opinion/Article/26665, Abruf: 2005-07-30.

Jörns, C.: „Mit Geschäftsprozessmanagement die Chancen von SAP NetWeaver umsetzen", in Information Management & Consulting 1/2004, S. 43-44.

Jost, W.: "Technologie allein reicht nicht für die Integration" in Computer Zeitung 15/2002, S. 19.

Jost, W.: „Compliance-Tools werden zum Steuerpult", in Computer Zeitung 18/2006, S. 18.

Jungermann, S.: „Der Beweiswert elektronischer Signaturen", in DUD 2/2003, S. 69-72.

Kaib, M.: „Enterprise Application Integration", Wiesbaden, 2002.

Katz, M. L.; Shapiro, C.: „Network Externalities, Competition, and Compatibility“, in The American Economic Review 3/1985, S. 424-440.

Katz, M. L.; Shapiro, C.: „Systems Competition and Network Effects“, in Journal of Economic Perspectives 2/1994, S. 93-115.

Katz. M. L.; Shapiro, C.: „Technology Adoption in the Presence of Network Externalities”, in Journal of Political Economy 4/1986, S. 822-841.

Katzy, B. R.: „IT-Werkzeuge für virtuelle Organisationen – eine strategische Sicht“, in HMD 242/2005, S. 42-51.

Kelz, W.: „Allheilmittel? Die Universal Business Language“, http://entwickler.com/itr/online_artikel/show.php3?nodeid=97&id=571, Abruf: 2005-04-14.

Kersten, W.: „Geschäftsmodelle und Perspektiven des industriellen Einkaufs im Electronic Business“, in ZfB-Ergänzungsheft 3/2001, S. 21-37.

Kieß, F.-M.: „Web-Services dienen als Integrationstools“, in Computer Zeitung 9/2002, S. 10.

Klein, S.: „Interorganisationssysteme und Unternehmensnetzwerke“, Wiesbaden, 1996.

Klußmann, N.: „Lexikon der Kommunikations- und Informationstechnik“, Hüthig, Heidelberg, 2000.

Knolmayer, G. u. a.: „Elektronische Marktplätze und Supply Chain Management: Antagonistische oder synergetische Konzepte?“, in Information Management & Consulting 4/2003, S. 50-56.

Knox, R.: „Here's What's Wrong With XML-Defined Standards”, 12/2002, http://lists.oasis-open.org/archives/tax/200301/pdf00000.pdf, Abruf: 2004-07-13.

Koll, S.: „ERP-Suiten behindern Geschäftsprozesse“, in Computer Zeitung 22/2006, S. 4.

König, W.: „Interview with James Hendler on the Semantic Web“, in Wirtschaftsinformatik 5/2002, S. 48-483.

Kronz, A.: „Verteiltes Workflow-Management. Konzept und Architektur“, Lohmar-Köln, 2003.

Kordey, N.; Selhofer, H.: „Stand und Entwicklungsperspektiven des elektronischen Geschäftsverkehrs in Deutschland, Europa und den USA (1999-2001)“, empirica Schriftenreihe, Bonn, 1/2002.

Köster, D.: „Was sind Netzprodukte? - Eigenschaften, Definition und Systematisierung“,http://skylla.wz-berlin.de/pdf/1998/iv98-10.pdf, Abruf: 2005-06-19.

Kotok, A.: „Extensible and More“, 2000, http://www.xml.com/pub/a/2000/02/23/ebiz/, Abruf: 2004-07-06.

Kotok, A.: „XML and EDI Lessons Learned and Baggage to Leave Behind“, 1999, http://www.xml.com/lpt/a/1999/08/edi/index.html, Abruf: 2002-10-01.

Kotok, A.; Webber D.: „ebXML“, Boston u. a., 2002.

Krammer, A.; Luft, O.: „Web Services – wie kleine und mittlere Unternehmen profitieren können“, in Information Management & Consulting 3/2002, S. 51-56.

Krechmer, K.: „Open Standards Requirements“, in Jakobs, K. (Hrsg.): „Information Technology Standards and Standardization Research”, Hershey, London, 2006, S. 27-48.

Krystek, U.; Redel, W.; Reppegather, S.: „Grundzüge virtueller Organisationen: Elemente, Erfolgsfaktoren, Chancen und Risiken“, Wiesbaden, 1997.

Kubicek, H.: „Erfordert die informationstechnische Entwicklung einen Funktionswandel im Management?“, in Schreyögg, G. (Hrsg.): „Funktionswandel im Management: Wege jenseits der Ordnung“, 2000, S. 55-78.

Kubicek, H.: „Organisatorische Voraussetzungen des branchenübergreifenden elektronischen Datenaustauschs“, in Kubicek, H.; Seeger, P. (Hrsg.): „Perspektive Techniksteuerung“, Berlin, 1993, S. 143-168.

Kubicek, H.: „The Organization Gap in Large-Scale EDI Systems“, in Streng, R.J. u. a. (Hrsg.): “Scientific Research on EDI”, Samsom, Amsterdam, 1992, S. 11-41.

Kurbel, K.: „Produktionsplanung und -steuerung“, München u. a., 1993.

Laak, B. v.; Frank, U.: Vergleichende Buchbesprechung Workflow-Management“, in Wirtschaftsinformatik 4/2003, S. 454-461.

Latour, B.: „Science in action“, Cambridge, 1987.

Lebender, M. u. a.: „Business Integration Software“, Stuttgart, 2003.

Lechner, U. u. a.: „Ein Referenzmodell für Gemeinschaften und Medien“, http://e-business.fhbb.ch/eb/publications.nsf/id/51 Abruf: 2005-12-04.

Lehr, T.: „Flexibel für neue Geschäfte“, http://www.computerwoche.de/index.cfm?pageid=267&type=ArtikelDetail&id=80106475&aktion=print, Abruf: 2003-09-01.

Liebowitz, S. J.; Margolis, S. E.: „Network Externality: An Uncommon Tragedy”, in Journal of Economic Perspectives 2/1994, S. 133-150.

Lingenfelder, M.; Lauer, A.; Funk, C.: „Die Markenbereitschaft und Markenakzeptanz von Konsumenten im Lichte der Informationsökonomie“, Arbeitspapier Nr. 5, FB Wirtschaftswissenschaften Philipps-Universität, Marburg, 1998.

Löwer, U. M.; Picot, A.: „Web Services – Technologie-Hype oder Strategie-Faktor?“, in Information Management & Consulting 3/2002, S. 20-25.

Luhmann, N.: „Vertrauen. Ein Mechanismus zur Reduktion sozialer Komplexität“, Stuttgart, 1989.

Mähönen, P.: „The Standardization Process in IT – Too Slow or Too Fast?“, in Jakobs, K.: “Information Technology Standards and Standardization: A Global Perspective”, Hershey, London, 2000.

Majumdar, S. K.; Venkataraman, S.: „Network effects and the adoption of new technology: evidence from the U.S. telecommunications industry”, in Strategic Management Journal 1998, S. 1045-1062.

Malone, T. u. a.: „Electronic Markets und Electronic Hierarchies“, in Communications of the ACM 1987, S. 484-497.

Malone, T. W.; Crowstom, K.: „The interdisciplinary study of coordination“, in ACM Computing Surveys 2/1994, S. 87-119.

Margolis, S. J., Liebowitz, S. E.: „Path dependence, http://www.utdallas.edu/~liebowit/palgrave/palpd.html, Abruf: 2005-10-19.

Markenglossar: „Diffusion“, http://www.markenlexikon.com/glossar_d.html, Abruf: 2006-05-05.

Markus, M. L. u. a.: „The Future of Enterprise Integration: Strategic and Technical Issues in External Systems Integration“, 2002, http://web.bentley.edu/

empl/m/lmarkus/Markus_Web_Documents_(pdf)/The_Future_of_Enterprise_Integration.pdf, Abruf: 2005-03-31.

Markus, M. L.; Christiaanse, E.: „Adoption and impact of collaboration electronic marketplaces", in Information Systems and e-Business Management 1/ 2003, S. 139-155.

Matutes, C.; Regibeau, P.: „'Mix and match': product compatibility without network externalities, in Journal of Economics 2/1988, S. 221-234.

Mautner, R.: „Einsatz von Produktkonfiguratoren", in Bartmann, D. (Hrsg.): „Kopplung von Anwendungssystemen", Aachen, 2002, S. 241-255.

McGee, J.; Sammut-Bonnici, T.: „Network industries in the new economy", in European Business Journal 3/2002, S. 116-132.

McHugh, P. u. a.: „Beyond Business Process Reengineering", Chichester, 1995.

McRae, M.: „Approval of UBL v2.0 as an OASIS Standard", http://www.oasis-open.org/archives/tc-announce/200612/msg00003.html, Abruf: 2007-01-14.

Mendling, J.: „A Survey on Design Criteria for Interchange Formats", http://wi.wu-wien.ac.at/home/mendling/publications/TR04-Interchange.pdf, Abruf: 2004-10-25.

Mendling, J. u. a.: „A Comparison of XML Interchange Formats for Business Process Modelling", 2004; http://wi.wu-wien.ac.at/~mendling/publications/04-EMISA.pdf, Abruf: 2004-10-25.

Mertens, P.: „Integrierte Informationsverarbeitung 1", 14. Aufl., Wiesbaden, 2004.

Mertens, P.; Griese, J.: „Integrierte Informationsverarbeitung 2", 9. Aufl., Wiesbaden, 2002.

Mertens, P.; Griese, J.; Ehrenberg, D.: „Virtuelle Unternehmen und Informationsverarbeitung", Berlin u. a., 1998.

Merz, T.: „Sicherer als Papier", http://www2.computerwoche.de/heftarchiv/2002/20020215/a80106474.shtml, Abruf: 2004-09-27.

Meyer, H.; Simon, P.: „EAI und Web-Services - Konkurrenz oder Ergänzung", 2003, http://www.cowo.de/index.cfm?pageid=255&artid=50687&type=detail&category=40, Abruf: 2005-10-12.

Microsoft: „Mehrwert-Gesellschaft“, http://microsoft.com/germany/loesungen/commerce/initiative/standards4634.htm, Abruf: 2000-03-30.

Microsoft: „Structure of a Flat File Message“, http://msdn.microsoft.com/library/default.asp?url=/library/en-us/sdk/htm/ebiz_prog_edit_riup.asp, Abruf: 2004-08-24.

Migalk. F.; Hammerschmidt, M.: „Erfolgsstrategien mittelständischer Zulieferer auf elektronischen Handelsplattformen“, in HMD 240/2004, S. 32-45.

Miles, R. E., Snow, C. C.: „Organizations: New Concepts for New Forms“, in California Management Review 3/1986, S. 62-73.

Mintert, S.: „XML: Extensible Markup Language“, Bundesverwaltungsamt, INFO 1664, 8/2001.

Mitchell, R.: „Selling Out on Standards“, http://www.computerworld.com/securitytopics/security/story/0,10801,102538,00.html, Abruf: 2005-07-30.

Morell, J. A.: „Standards and the market acceptance of information technology: An exploration of relationships“, http://www.jamorell.com/Jonny/web_new/scanned_articles/Standards-1.pdf, Abruf: 2005-08-10.

Moreton, R.: „Standards, Strategy and Evaluation“, in Jakobs, K.: Information Technology Standards and Standardization: A Global Perspective”, Hershey, London, 2000, S. 103-115.

Moseley, S.; Randall, S.; Wiles, A.: „In Pursuit of Interoperability“, in Jakobs, K. (Hrsg.): „Information Technology Standards and Standardization Research“, Hershey, London, 2006, S. 321-336.

Mossack, P.: „Web-Services sind der lachende Dritte“, in Computerwoche 1/2 2003, S. 40.

Mucha, M.: „Standards im E-Business – Austausch- und Transaktionsformate Beispiel: BMEcat und openTRANS“, http://www.tnem.de/download/E_Business_Standards.pdf, Abruf: 2004-11-02.

Müller, D.: „Der Dauerbrenner EAI wird wieder heiss“, http://www.zdnet.de/itmanager/print_this.htm?pid=39142327-11000006c, Abruf: 2006-06-08.

Naumann, S. u. a.: „Such- und Klassifizierungsstrategien in elektronischen Produktkatalogen“, in Uhr, W.; Esswein, W.; Schoop, E.: „Wirtschaftsinformatik 2003 / Band 1“, Heidelberg, 2003, S. 405-424.

Nelson, P.: „Information and Consumer Behavior“, in Journal of Political Economy 1970, S. 311-329.

Nieschlag, R.; Dichtl, E.; Hörschgen, H.: „Marketing“, 19. Aufl., Berlin, 2002.

Niggl, J.: Die Entstehung von Electronic Data Interchange Standards”, Wiesbaden, 1994.

o.V.: „ACID“, http://searchdatabase.techtarget.com/sDefinition/0,,sid13_gci2 13756,00.html, Abruf: 2004-11-08.

o.V.: „Amazon erhält Patent auf Produktempfehlungen in Online-Shops“, http://www.heise.de/newsticker/meldung/61183, Abruf: 2005-06-29.

o.V.: „Gütesiegelportal“, http://www.initiatived21.de/wettbewerb/wettbewerb_online guetesiegel/pages/show.prl?id=88, Abruf: 2005-02-25.

OASIS: „OASIS Security Services (SAML) TC”, http://www.oasis-open.org/ committees/tc_home.php?wg_abbrev=security, Abruf: 2006-06-14.

OASIS: „OASIS Universal Business Language TC – FAQ“, http://www.oasis-open.org/committees/ubl/faq.php, Abruf: 2006-02-01.

OASIS: „OASIS Web Services Composite Application Framework (WS-CAF) TC”, http://www.oasis-open.org/committees/tc_home.php?wg_abbrev=ws-caf, Abruf: 2006-05-22.

OASIS: „The Framework for eBusiness“, http://www.oasis-open.org/committees/ download.php/17817/ebxmlje-WhitePap, Abruf: 2006-05-18.

OASIS: „UDDI as the registry for ebXML Components”, http://www.oasis-open.org/committees/uddi-spec/doc/tn/uddi-spec-tc-tn-uddi-ebxml-20040219.htm, Abruf: 2005-04-11.

OASIS: „Universal Business Language 1.0“,http://docs.oasis-open.org/ubl/cd-UBL-1.0/, Abruf: 2005-04-12.

Österle, H.: „Business Engineering”, 2. Aufl., Berlin, Heidelberg, New York, 1995.

Osterloh, M.; Frost, J.: „Prozessmanagement als Kernkompetenz“; 3. Aufl., Wiesbaden, 2000.

Otto, B.: „E-Business-Standards“, Stuttgart, 2002.

Otto, B. u. a.: „Marktstudie: Elektronische Marktplätze“, Stuttgart, 2000.

Otto, B.; Beckmann, H.: „Klassifizierung und Austausch von Produktdaten auf elektronischen Marktplätzen“ in Wirtschaftsinformatik 4/2001, S. 351-362.

Otto, B.; Wäsch, J.: „A Model for Inter-Organizational Business Process Integration“, in Uhr, W.; Esswein, W.; Schoop, E.: „Wirtschaftsinformatik 2003 / Band 1“, Heidelberg, 2003, S. 425-445.

Özel, H.: „EDI-Investitionsentscheidungen leicht gemacht“, in edi-change 1/1997, S. 18-22.

PAC: „Integration Platforms 2005 Germany – Market“, http://www.pac-online.com/pac/pac/live/pac_world/browse_search/info_rapport/index.html?document=/pac_sitsi_reports/local_report/DE_EAI_IPP_05_snapshot/index.html, Abruf: 2006-06-08.

PAC: „SNAPSHOT Integration Platforms GERMANY 2005: EAI, Web Services and Portals”, München, 2006.

Park, S.: „Standardization and Network Externalities“, in Jakobs, K. (Hrsg.): „Information Technology Standards and Standardization Research”, Hershey, London, 2006, S. 251-281.

Patil, S.; Newcomer, E.: „ebXML and Web Services“, in IEEE Internet Computing May/June 2003, S. 74-82.

Pedersen, S.; Hasselbring, W.: „Interoperabilität für Informationssysteme im Gesundheitswesen auf Basis medizinischer Standards, in Informatik Forschung und Entwicklung 3-4/2004, S. 174-188.

Peltz, C.: Web Services Orchestration and Choreography“, in Computer 10/2003, S. 46-52.

Pennoni, F.; Tarantola, S.: „The European e-business readiness index based on the year 2004 data of 26 countries”, http://europa.eu.int/comm/enterprise/ict/policy/ebi/ebi-2004-preli1.pdf, Abruf: 2005-11-25.

Petrovic, O. u. a.: „Vertrauen in digitale Transaktionen“, in Wirtschaftsinformatik 1/2003, S. 53-66.

Picot, A.; Reichwald, R.; Wigand, R. T.: „Die grenzenlose Unternehmung“, 5. Aufl., Wiesbaden, 2003.

Porter, M. E.: „Strategy and the Internet“, in HBR March/April 2001, S. 62-78.

Porter, M. E.: „Wettbewerbsstrategie“, 10. Aufl., Frankfurt, New York, 1999.

Porter, M. E.: „Wettbewerbsvorteile“, 6. Aufl., Frankfurt, New York, 2000.

Porter, M. E.: „Towards a Dynamic Theory of Strategy“, in Rumelt, R. u. a. (Hrsg.): „Fundamental Issues in Strategy“, Boston, 1995, S. 423-461.

Porter, M. E.: “Wettbewerb und Strategie“, München, 1999.

Porter, M. E.: „Was ist Strategie“, in Porter, M. E.: „Wettbewerb und Strategie“, New York, Frankfurt, 1999, S. 45-82.

Porter, M. E.; Millar, V. E.: „How Information Gives You Competitive Advantage“, in Harvard Business Review July/August 1985, S. 150.

Porter, M. E.; Millar, V. E.: „Wettbewerbsvorteile durch Information“, in Porter, M. E.: „Wettbewerb und Strategie“, New York, Frankfurt, 1999, S. 83-106.

Prahalad, C. K.; Hamel, G.: „The Core Competence of the Corporation“, in HBR May/June 1990, S. 79-91.

PricewaterhouseCoopers: „Elektronische Marktplätze: Chancen und Risiken für Betreiber und Teilnehmer“, Version 2.0, Düsseldorf, 2002.

Prozeus: „Elektronische Marktplätze auswählen und nutzen“, 11/2005, http://www.prozeus.de/veroeffentlichungen/han_emarktpl_tze.pdf, Abruf: 2006-05-31.

Puschmann, T.; Alt, R.: „Enterprise Application Integration Systems - The Case of the Robert Bosch Group”, in Journal of Enterprise Information Management 2/2004, S. 105-116.

Quicken, M.: „Webplattform verknüpft Lieferanten und Produzenten“, in Computer Zeitung 49/2005, S. 19.

Rautenstrauch, C.; Schulze, T.: „Informatik für Wirtschaftswissenschaftler und Wirtschaftsinformatiker, Berlin u. a., 2003.

Rawolle, J.; Ade, J.; Schumann; M.: „XML als Integrationstechnologie bei Informationsanbietern im Internet“, in Wirtschaftsinformatik 1/2002, S. 19-28.

Rechenberg, P.: „Zum Informationsbegriff in der Informationstheorie", in Informatik Spektrum 5/2003, S. 317-326.

Reichwald, R.; Wagner, M.: „Interaktive Anbahnung in Unternehmensnetzwerken – Auswirkungen intermediärer Webplattformen auf den Prozess der Kooperationsanbahnung", in Information Management & Consulting 19/2004, S. 56-63.

Reiter, M.: „Apache mischt die Integrationsszene auf", in Computer Zeitung 34-35/2005, S. 3.

Reiter, M.: „Auch Informationen nutzen den Service Bus", in Computer Zeitung 32-33/2005, S. 17.

Reiter, M.: „Big Player blockieren SOA-Interoperabilität", in Computer Zeitung 21-22/2006, S. 2.

Reiter, M.: „Die Integration mutiert zur Schaltzentrale, in Computer Zeitung 18/2003, S. 1; 9.

Reiter, M.: „Die Top Ten liegt dicht beieinander", in Computer Zeitung 35/2003, S. 10.

Ribbers, P.: „The need for Interoperability: the Corporate Information Manager becomes a Network Manager?", in Information Management & Consulting 19/2004, S. 20-27.

Richter, R.; Furobutn, E.: „Neue Institutionenökonomik", Tübingen, 1996.

Rogers, E. M.: „Diffusion of Innovations", 5. Aufl., New York, 2003.

Rose, F.: „The Economics, Concept, and Design of Information Intermediaries", Heidelberg, 1999.

Ryder Systems: „Digitale Rechnungen: nicht ohne Mehrwert!", http://www.ecin.de/strategie/ebp/, Abruf: 2006-05-18.

Sammut-Bonnici, T.; McGee, J.: „Network strategies for the new economy, in European Business Journal 4/2002, S. 174-185.

Sauer, J.: „Webservices fehlt noch die Koordination", in Computer Zeitung 32-33/2003, S. 22.

Schader, M.: „Überblick über Produkte für XML-Schema", http://www.wifo.uni-mannheim.de/xml-schema/, Abruf: 2003-03-11.

Schaffry, A.: „EDI: Totgesagte leben länger“, http://www.e-business.de/texte/7767.asp, Abruf: 2003-11-24.

Scheer, A.-W.: „ARIS – Vom Geschäftsprozess zum Anwendungssystem, 3. Aufl., Berlin, Heidelberg, 1998, S. 87-93.

Scheer, A.-W.: „Prozessorientierte Unternehmensmodellierung“, Wiesbaden, 1994.

Scheer, A.-W.: „Wirtschaftsinformatik“, 7. Aufl., Berlin u. a., 1998.

Schelling, T.: „The Strategy of Conflict“, Cambridge, 1960.

Schmid, B.: „Elektronische Märkte“, in Wirtschaftsinformatik 5/1993, S. 465-480.

Schmidt, S. K.; Werle, R.: „Die Entwicklung von Kompatibilitätsstandards in der Telekommunikation“, in Tietzel, M. (Hrsg.): „Ökonomik der Standardisierung“, Homo Economicus XI (3), München, 1994, S. 419-463.

Schober, H.: „Prozessorganisation: Theoretische Grundlagen und Gestaltungsoptionen“, Dissertation, Universität Marburg, 2002.

Schoberth, T.: „DiViCom – Eine Längsschnittstudie der Kommunikationsaktivität in Virtual Communities“, in Bartmann, D. (Hrsg.): „Kopplung von Anwendungssystemen“, Aachen, 2002, S. 125-147.

Schräder, A.: „Management virtueller Unternehmungen: Organisatorische Konzeption und informationstechnische Unterstützung flexibler Allianzen“, Frankfurt, New York, 1996.

Schreyögg, G.: „Unternehmensstrategie“, Berlin u. a., 1994.

Schuh, G.; Millarg, K.; Göransson, A.: „Virtuelle Fabrik: Neue Marktchancen durch dynamische Netzwerke“, München, Wien, 1998.

Schumacher, A.: „Unvollkommene Information in der neoklassischen Informationsökonomik und im evolutionsökonomischen Ansatz“, Frankfurt, 1994.

Schwalm, H.: “Ohne Anpassung taugen Branchenlösungen wenig“, in Computer Zeitung 15/2002, S. 20.

Schwonbeck, S.: „Trau, schau, wem!“, in iX 6/2001, S. 100.

Sefinga, J. u. a.: „Electronic Data Interchange (EDI) Stand und Potentiale“, Zürich, 1996.

Seidel, U.: „Das Recht des elektronischen Geschäftsverkehrs“, Braunschweig, Wiesbaden, 1997.

Shannon, C.; Weaver, W.: „The Mathematical Theory of Communication“, Urbana, 1949.

Shapiro, C.; Varian, H. R.: „Information Rules”, Boston, 1999.

Simon, H.: „Management strategischer Wettbewerbsvorteile“, in ZfB 1988, S. 461-480.

Sjurts, I.: „Kollektive Unternehmensstrategie“, Wiesbaden, 2000.

Social Accountability International: „SA8000”, http://www.cepaa.org/SA8000/SA8000.htm, Abruf: 2005-08-06.

Sommergut, W.: „XML & Co. - was bringt die Zukunft?“, in Computerwoche 4/2003, S. 36-37.

Stähle, W. H.: „Management“, 8. Aufl., München, 1999.

Stähler, P.: „Geschäftsmodelle in der digitalen Ökonomie“, Köln-Lohmar, 2001.

Stahlknecht, P.; Hasenkamp, U.: „Einführung in die Wirtschaftsinformatik“, 11. Aufl., Berlin, Heidelberg, New York, 2005

Stamper, J.: „Standards groups BPMI.org and WfMC consider merger“, http://www.cbronline.com/article_news.asp?guid=69106D65-6F84-4589-A29A-5DAA876D0B29, Abruf: 2005-05-18

Steffen, T.: „Internet-Quellen zu XML/EDI“, in Wirtschaftsinformatik 1/2000, S. 78-86.

Steinmann, H.; Schreyögg, G.: „Management“, 6. Aufl., Wiesbaden, 2005.

Stieglitz, N.: „Strategie und Wettbewerb in konvergierenden Märkten“, Wiesbaden, 2004.

Stieglitz, N.; Heine, K.: „The strategic management of complementarities: Conceptual issues and applications“, Betriebswirtschaftliche Studien der Philipps-Universität Marburg, Arbeitspapier Nr. 26, Marburg, 2003.

Sura, M.: „Unternehmensverbände im Internet. § 6 Kartellrecht“, in Gramlich, L, Kröger, D.; Schreibauer, M. (Hrsg.): „Rechtshandbuch B2B Plattformen“, München, 2003, S. 109-139.

Sydow, J.: „Dynamik von Netzwerkorganisationen - Entwicklung, Evolution, Strukturation“, in Hoffmann, W. H. (Hrsg.): „Die Gestaltung der Organisationsdynamik“, Stuttgart, 2003, S. 327-356.

Sydow, J.: „Management von Netzwerkorganisationen - zum Stand der Forschung“, in Sydow, J.: „Management von Netzwerkorganisationen: Beiträge aus der „Managementforschung“, Wiesbaden, 1999, S. 279-314.

Sydow, J.: „Unternehmenskooperation“, in Schreyögg, G.; Werder, A. v. (Hrsg.): „Handwörterbuch der Unternehmensführung und Organisation“, Stuttgart, 2004, Sp. 1543-1548.

Tacke, V.: „Systemtheorie“, in Schreyögg, G.; Werder, A. v. (Hrsg.): „Handwörterbuch der Unternehmensführung und Organisation“, Stuttgart, 2004, Sp. 1392-1400.

Tauschek, P.: „Zur Problematik der Existenz mehrerer heterogener Trust-Service-Infrastrukturen“, in Banking and Information Technology 3/2002, S. 9-12.

Tauwel, C.; Nickenig, F.: „Serviceorientierung muss erlernt werden“, in Computer Zeitung 32-33/2005, S. 17.

Tesch, T.; Fankhauser, P.; Weitzel, T.: „Skalierbare Verarbeitung von XML mit Infonyte-DB“, in Wirtschaftsinformatik 5/2002, S. 469-475.

Thum, M.: „Möglichkeiten und Grenzen staatlicher Standardisierung“, in Tietzel, M. (Hrsg.): „Ökonomik der Standardisierung“, Homo Economicus XI (3), München, 1994, S. 465-499.

Thum, M.: „Netzwerkeffekte, Standardisierung und staatlicher Regulierungsbedarf“, Tübingen, 1995.

Vakali, A. u. a.: „XML Data Stores: Emerging Practices“, in IEEE Internet Computing March/April 2005, S. 62-69.

Varian, H. R.: „Interdisciplinary Research in Information Systems“, in Wirtschaftsinformatik 1/2005, S. 66-67.

Varian, H. R.; Farrell, J.; Shapiro, C.: „The Economics of Information Technology: An Introduction“, Cambridge, 2004.

Vaterl, P.: „Business Process Reengineering“,http://www.edu.uni-klu.ac.at/~pvaterl/sites/files/oe3/bpr.htm, Abruf: 2005-01-31.

Vinoski, S.: „It's Just a Mapping Problem", in IEEE Internet Computing May/June 2003, S. 88-90.

Vinoski, S.: „Java Business Integration", in IEEE Internet Computing July/August 2005, S. 89-91.

Voigt, K.-I.: „Desintermediation im B2B-Bereich – Perspektiven aus der Sicht der Produzenten", in ZfB-Ergänzungsheft 3/2001, S. 53-72.

Voigtmann, P.; Zeller, T.: „Beiträge zur Integrationsproblematik im Kontext von Electronic Business und Elektronischen Marktplätzen", in Uhr, W.; Esswein, W.; Schoop, E.: „Wirtschaftsinformatik 2003 / Band 1", Heidelberg, 2003, S. 215-237.

Voigtmann, P.; Zeller, T.: „Enterprise Application Integration und B2B Integration im Kontext von Electronic Business und Elektronischen Marktplätzen",
Teil I (2002): Grundlagen und Anforderungen, http://www.forwin.de/download/berichte/Internet_FWN_2002-013.pdf
Teil II (2003): Integrationssysteme und Fallbeispiele, http://www.forwin.de/download/berichte/Internet_FWN_2003-001.pdf, Abruf: 2003-12-03.

Vollmer, K.: „Don't Believe The Hype: EDI And XML Are Just Perfect Together", http://www.internetweek.com/columns01/beat011501.htm, Abruf: 2001-02-05.

Vries, H. J. d.: „IT Standards Typology" in Jakobs, K.: „Information Technology Standards and Standardization Research / Volume 1", Hershey, 2006, S. 1-26.

W3C: „Extensible Markup Language (XML) 1.1", http://www.w3.org/TR/2004/REC-xml11-20040204/, Abruf: 2004-07-05.

W3C: „Namespaces in XML", http://www.w3.org/TR/REC-xml-names/ Abruf: 2006-01-18.

W3C: „OWL Web Ontology Language", http://www.w3.org/TR/owl-features/, Abruf: 2005-04-12.

W3C: „XML Core Working Group Public Page", http://www.w3.org/XML/Core/, Abruf: 2006-05-21.

W3C: „XML Encryption Syntax and Processing", 2002, http://www.w3.org/TR/xmlenc-core/, Abruf: 2004-08-15.

Waldt, D.: „UBL: A Lingua Franca for Common Business Information“, http://www.xml.com/lpt/a/2004/04/28/ubl.html, Abruf: 2005-04-05.

Weber, R.: „Workflow-Interoperabilität über das Internet“, in Wirtschaftsinformatik 3/2003, S. 345-348.

Wegberg, M. v.: „Standardization and Competing Consortia: The Trade-Off between Speed and Compatibility“, in Jakobs, K. (Hrsg.): „Information Technology Standards and Standardization Research”, Hershey, London, 2006, S. 111-127.

Weiber, R.: „Diffusion von Telekommunikation“, Wiesbaden, 1992.

Weitzel, T. u. a.: „Konzept und Anwendungen der Extensible Markup Language“, http://www.wi-frankfurt.de/projectb3/deu/publikat/xml/index.htm, Abruf: 2003-01-04.

Weitzel, T.; Beimborn, D.; König, W.: „Coordination in networks: An economic equilibrium analysis“, in ISeB 1/2003, S. 189-211.

Weitzel, T.; Harder, T.; Buxmann, P.: „Electronic Business und EDI mit XML“, Heidelberg, 2001.

Weitzel, T.; König, W.: „Computational Economics als wirtschaftsinformatischer Beitrag zu einer interdisziplinären Netzwerktheorie“, in Wirtschaftsinformatik 5/2003, S. 497-502.

Weitzel, T.; Wendt, O.; Westarp, F. v.: „Reconsidering Network Effect Theory“, in Hansen, R. (Hrsg.): “ECIS 2000: a cyberspace odyssey; proceedings of the 8th European Conference on Information Systems”, Wien, 2000, S. 484-491.

Wernerfeldt, B.: „A resource-based view of the firm“, in Strategic Management Journal 5/1984, S. 171-180.

WfMC: „WfMC Wf-XML Demo Observer Information Sheet“, http://www.wfmc.org/standards/wfxml_demo.htm, Abruf: 2006-05-22.

WfMC: „Workflow Reference Model Diagram“, http://www.wfmc.org/standards/model.htm, Abruf: 2006-03-23.

White, A. u. a.: „The impact of e-marketplaces on buyer-supplier relationships: a cross industry perspective of the `move to the middle' hypothesis“, in International Journal of Information Technology and Management 2/3/4/2004, S. 127-140.

Wikipedia: „System“, http://de.wikipedia.org/wiki/System, Abruf: 2005-06-14.

Wildemann, H.: „Einkaufspotenzialanalyse: Programme zur partnerschaftlichen Erschließung von Rationalisierungspotenzialen“, München, 2000.

Williamson, O. E.: „The Economic Institutions of Capitalism: Firms, Markets, Relational Contracting“, New York, 1985.

Wüstner, E. u. a.: „Konvertierung von Geschäftsdokumenten“, in Loos, P.; Gronau, N. (Hrsg.): „E-Business – Integration industrieller ERP-Architekturen, Göttingen, 2002, S. 99-112

Wüstner, E.: „Standardisierung und Konvertierung: Ökonomische Bewertung und Anwendung am Beispiel von XML/EDI“, Aachen, 2005.

XML magazin & Web Services: „JAX 2006: Teilnehmerrekord in neuer Location“, http://www.xmlmagazin.de/itr/news/psecom,id,28427,nodeid,68.html, Abruf: 2006-05-17.

Zbornik, S.: „Elektronische Märkte, elektronische Hierarchien und elektronische Netzwerke“, Konstanz, 1996.

Zerdick, A.; Picot, A.; Schrape, K. u. a.: „Die Internet-Ökonomie“, Berlin, Heidelberg, 2001.

Zumpe, S.: „Möglichkeiten der Informationsdarstellung mit XSL“, http://wiim.wiwi.tu-dresden.de/wist/hefte/0006/artikel.htm, Abruf: 2004-07-27.

Zumpe, S.; Esswein, W.: „Konzeptuelle Schnittstellenanalyse von eCommerce Applikationen“, Dresdner Beiträge zur Wirtschaftsinformatik, 36/2002.

Kolibri 360 GmbH
Ferdinand-Jühlke-Straße 7
99095 Erfurt, Deutschland
produktsicherheit@kolibri360.de